KB236858

민속학 자료의 세 가지 문제

민속학 자료의 세 가지 문제

—문헌자료·전승자료·연구사자료의 사례—

박 진 태

도서출판 **역락**

≪머리말≫

민속학이 1930년대부터 근대학문으로 연구되기 시작한 이래 독립과학으로보다는 국문학이나 역사학 같은 인접학문의 보조학문으로 인식·활용되고, 인류학과의 관계설정이 제대로 정립되지 못한 가운데서도 민속학회, 비교민속학회, 역사민속학회를 결성하고, 대학에 민속학과를 설립하려는 노력을 끈질기게 경주하면서—안동대학과 중앙대학이 성공했다—연구인력을 확충하고, 연구물을 축적시켜 왔다. 그리하여 민속학의 영역 전반에 걸쳐 개괄적이고 총체적인 이해를 가능하게 하는『민속학개론(설)』·『민속사』·『민속학사』류의 단행본들이 출간되는 성과를 올렸다.

그러나 어떤 학문이든 자료와 연구방법이 가장 기본적이고 근본적인 문제가 될텐데, 민속학이 비록 현지조사방법을 취한다 하더라도 문헌자료를 활용해야만 역사적인 연구가 성공적으로 이루어질 수 있다고 본다. 그리하여 민속학적 자료를 문헌자료, 전승자료, 연구논저(논문, 저서, 서평 등)로 삼분할 때, 먼저 문헌자료를 처리하고 해석하는 데는 우선적으로 사관과 시각이 정립되어야 할 것 같고, 전승자료를 현지조사할 때는 치밀성과 정확성이 요구되며, 연구사를 검토할 때는 내용에 대한 정확한 이해를 토대로 성과와 한계를 밝히고 영향관계에 의한 연구사적 위치를 자리매김해야 한다고 본다.

이 책은 기본적으로 그와 같은 인식 위에서『삼국유사』에서 고대의 민속사상(民俗事象)을 추출하여 민속체계에 맞추어 분류했고, 경상북도 동북부에 위치하고 있는 산간지역인 영양지방의 민속을 현지조사했으며, 최초의 전업적(專業的)인 민속학자 송석하(宋錫夏)의 민속극에 관련된 논문들을 연구사적으로 검토한 글들을 엮어본 것이다. 물론 〈영양지방의 민속〉에서 세시풍속·통과의례·구비문학이 누락되었듯이—『영양군지』를 편찬할 때 역할을 분담하면서 다루지 못했다—내용의 넓이와 깊이 및 성취도 면에서 만족스러운 것만은 아니지만, 다만 대표적인 사례로 들어서 문제의식을 다지는 기회로 삼고 싶었다.

그리고 〈경상북도 김천지방의 전설〉은 『김천시사』(1999년)의 집필위원으로 참여하면서 확보한 자료로서 내가 직접 조사한 자료들은 아니지만 지방화 시대에 지역의 문화와 역사 및 지역민의 의식과 상상력의 세계를 제대로 이해하려면 앞으로 전설에 대해 새로운 시각과 접근방법으로 연구해야 할 당위성과 필요성을 절감하여 참고자료로 소개했다. 또 〈서평〉도 연구사의 자료로서 활용되어야 마땅하다는 사실을 강조하면서, 아울러 그 동안 서평을 게을리 한 나 자신의 학문활동을 반성하면서 수록했다.

아무튼 철저한 현지조사와 정밀한 민속지(民俗誌)의 작성이 민속학연구의 필수적인 선결작업이라는 대명제 앞에서 『영양군지』(1998년)의 민속분야를 집필하기 위해 자료의 백지상태에서 미련스러울 정도로 동네방네를 헤매던 지궁스러움을 생각하면, 타고난 팔잔가 싶다는 생각도 들고, 달리는 '아직도 토종신인 서낭신이 마을마다 살아있는', 그리하여 '전통의 여운과 변화의 물결이 비교적 완만하게 겹치는' 특수한 지역인 경북의 오지(奧地), 영양지방에 대한 기록을 남겨야겠다는 애틋한 마음 때문에 이 책을 상재할 엄두를 냈음을 밝힌다.

2000. 2. 10.

목 차

I. 문헌자료를 보는 시각 :

『삼국유사』에 나타나는 고대의 민속사상 / 1

1. 머리말 ······1
2. 『삼국유사』에 나타나는 민속사상 ······7
   1) 신앙생활문화 ······7
   2) 통과의례 ······23
   3) 생산기술문화 ······26
   4) 의식주 ······28
   5) 표현문화 ······30
   3. 맺음말 ······31

II. 전승자료에 대한 현지조사 :

경북 영양지방의 민속 / 33

1. 민속놀이 ······33
   1) 아이놀이 ······33
   2) 어른놀이 ······38
2. 생활풍습 ······50
   1) 의생활 ······50
   2) 식생활 ······51
   3) 주생활 ······57
3. 민간신앙 ······59
   1) 가정신앙 ······59
   2) 촌락신앙 ······61
      (1) 성황제 ······61
      (2) 서낭굿 ······133

    (3) 별신굿 ···154
    (4) 산신제 ···170
    (5) 화산제 ···176
    (6) 기우제 ···177
  4. 민속예술 ·· 177
    1) 민속음악 ··· 177
    2) 민속연극 ···181
  5. 민간요법 ···190
    1) 약물요법 ···190
    2) 주술적 요법 ···192
  6. 민간공예기술 ···195
    1) 민구(民具) ···195
  7. 발전방향에 대한 제안 ····································199

Ⅲ. 연구사자료에 대한 평가 :
    송석하의 민속극 연구의 성과와 한계 / 203
  1. 머리말 ···203
  2. 민속극 연구논문에 대한 개별적 검토 ···············205
  3. 맺음말 ···205

【부록 1】 경북 김천지방의 전설 / 227
【부록 2】 서평 : 이두현의 『한국무속과 연희』 / 263

Ⅰ. 문헌자료를 보는 시각

—『삼국유사』에 나타나는 고대의 민속사상(民俗事象)—

1. 머리말

일연(1206~1289)이 1280년 경1)에 편찬한 『삼국유사』는 김부식이 1145년에 편찬한 『삼국사기』에서 누락된 내용, 이를테면 불교적 사실을 주종으로 하고 고조선에서 발원하는 삼국 이전의 역사와 이설(異說)을 부가해서 수록하고 있다. 그러나 『삼국사기』가 유교사관에 입각한 기전체(紀傳體) 정사(正史)라면, 『삼국유사』는 불교사관에 의한 편년체(編年體) 야사(野史)인 점에서 고대사를 기록한 사서(史書)로 쌍벽을 이루면서도 양자는 상호보완적이라기보다는 오히려 대립적인 관계이다. 『삼국사기』가 유교적 합리주의와 인본주의에 의해 공자가 일찍이 주창한 "술이부작(述而不作)"의 태도를 고수한 데 반해 『삼국유사』는 불교적 초월주의 내지는 신화적 종교적 세계관에 의해 세속계(인간)와 신성계(神佛)가 접합한 사건을 중시했다. 그리고 불교적인 신비체험담의 고형(古形; proto-type)이나 원형(原型; arche-type)으로서의 토착적이고 무문화적(巫文化的)인 신이담(神異譚)의 가치를 인정하여 기이편(紀異篇)에 집대성했다.

그리하여 『삼국유사』에는 고대 사회의 역사, 종교, 문학, 예술, 풍

---

1) 삼국유사의 편찬 시기에 대해서는 운문사 시기설과 인각사 시기설 두 가지 주장이 있다. 전자는 김태영(「일연의 생애와 사상」, 『삼국유사와 문예적 가치해명』,1982, Ⅲ-5쪽)에 의해, 후자는 김상현(「삼국유사의 간행과 유통」, 《한국사연구》제38호, 1982, 2~3쪽) 에 의해 주장되었는데, 전자에 의하면 1277년(72세, 충렬왕 3년)이, 후자에 의하면 1284년(79세)이 편찬 시기의 기점이 된다. 이처럼 정확한 편찬 시기를 확인하기 어렵지만, 대체로 1280년 전후로 보아 무방하다.

속, 언어 등과 같은 다기다양한 사상(事象)들이 기록되어 있으며, 그것의 내용과 체제 및 문헌적 성격에 대해 다음과 같이 지적된 바 있다.

"삼국유사는 신화학·국문학·민속학·불교학 내지 역사학의 성전(聖典)이다."2)

"삼국유사는 역사·문학·철학·종교·민속 등 여러 학문 분야에서 취급할 수 있는 광범위한 것이기 때문에 개인의 힘으로 전모를 밝히는 일은 불가능하다고 해도 과언이 아닐 것이다."3)

"삼국유사는 사찬(私撰)으로 문헌자료를 비롯하여 금석문, 고문서, 민간설화 등에 이르기까지 다양한 자료를 수록했다는 점에서 한국 고대의 문화 전반을 폭넓게 담고 있는 민족지(民族誌)라 할 수 있으며, 역사서이며 문학서이고, 종교사이며 문화사라고도 할 수 있을 것입니다."4)

이러한 『삼국유사』의 다층성 내지 복합성 때문에 최남선이 안정복(安鼎福)이 소장했던 이른바 순암수택본(順庵手澤本 : 1512)과 3·4·5권만 잔존해 있던 조선광문회본을 교감하여 「해제」와 함께 《계명(啓明)》(1927.3)에 소개한 이래5) 역사서6), 불교사서 내지 불교문화사서7), 설화집8), 민족지9)로 규정하고 연구하거나, 향가나 이두 연

---

2) 동북아세아연구회 편, 『삼국유사의 연구』(중앙출판, 1982)의 서문.
3) 민족문화연구소 편, 『삼국유사연구 상』(영남대학교출판부, 1983)의 머리말.
4) 한국정신문화연구원 편, 『삼국유사의 종합적 검토』(1987)의 간행사.
5) 일본에선 1904년 동경제대에서 임진왜란 때 가져간 것으로 보이는 中宗壬申本인 德川本과 神田本을 저본으로하여 교정하고 頭註를 붙여 史誌叢書의 하나로 발간했다. 불교사학연구소 편, 『증보삼국유사연구논저목록』, 중앙승가대학, 1995, 16쪽 참조.
6) 이기백, 「삼국유사의 사학사적 의의」, 《진단학보》 제36집, 진단학회, 1973.
　　김철준, 「고려 중기의 문화의식과 사학의 성격」, 《한국사연구》 제9호, 한국사연구회, 1973.
　　김태영, 「일연의 역사의식」, 《경희사학》 제5호, 1974.
7) 김영태, 「삼국유사의 체제와 그 성격」, 《동국대학교논문집》 제13집, 1974.
　　김상현, 「삼국유사에 나타난 일연의 불교사관」, 《한국사연구》 제20호, 한국사연구회, 1978.
　　고익진, 「삼국유사 찬술고」, 《한국사연구》 제38호, 1982.
　　홍윤식, 『삼국유사와 한국고대문화』, 원광대학교출판부, 1985.
8) 장덕순, 「삼국유사의 설화문학적 가치」, 『삼국유사와 문학적 가치해명』, 새문사, 1982.

구의 자료집으로 활용했다.10)

　『삼국유사』는 일연이 문헌조사와 현장답사와 자신의 사상에 의한 문화의 재구성이라는 방법론에 의해 고대사회의 생활양식을 체계화할 수 있는 자료들을 집대성했다는 측면에서 보면 역사적 민족지나 민속지 내지는 민속사로 볼 수 있다.11) 『삼국유사』를 민족지학이나 민속학의 입장에서 접근한 기왕의 작업이나 논의는 조선총독부12), 손진태13), 김열규14), 김택규15)에 의해 이루어졌다.　특히 김택규의 사회·민족지적 연구는 지리·역사적 배경과 종족·언어·문화적 친연관계를 전제로 하여, 경제생활, 정치·법률적 조직, 종교, 사회조직, 가치관과 육아양식, 표현행위 등을 기술하고, 결론적으로 타문화와 접촉에 의한 사회변동을 고찰한 다음 앞으로의 전망을 예측하는 민족지 기술방법론을 적용시킨 본격적인 논의였다. 그리고 『삼국유사』의 민속체계에 초점을 맞추어 민속사상(民俗事象)을 설화와 민속어휘, 물질문화, 사회관습, 민속연희, 종교·신앙의 습합(褶合)으로 구분하여 분석한 작업도 『삼국유사』의 민속지적 성격을 극명하게 부각시켰다.

　　조동일, 「삼국유사설화 연구사와 그 문제점」, 《한국사연구》 제38호, 1982.
　　황패강, 「삼국유사와 불교설화」, (동북아세아연구회 편, 『삼국유사의 연구』, 1982)
　　송효섭, 『삼국유사설화와 기호학』, 일조각, 1990.
9) 김택규, 「삼국유사의 사회·민속지적 가치」, 『한국사회와 사상』, 1984. 『삼국유사연구론선집』, 백산자료원, 1986에 재수록.
10) 박진태 외 5인, 「삼국유사의 종합적 연구(1)」, 《한국민속학》 제 29호, 민속학회, 1997, 502쪽 참조.
11) 김택규, 「삼국유사의 사회·민족지적 가치」, 『한국사회와 사상』, 한국정신문화연구원, 1984 :『삼국유사연구론선집』(1), 백산자료원, 1986, 539쪽 참조.
12) 조선총독부, 『高麗以前の風俗關係資料撮要』, 1941.
13) 손진태, 삼국유사의 사회사적 고찰, 《學風》 제 2권 제 1·2호, 1949. 1·3 : 『손진태선생전집』(6), 태학사.
14) 김열규, 「민속자료로서의 가치 '삼국유사'」, 《다리》 제 4·5호, 1973.
15) 김택규, 「삼국유사의 사회·민족지적 가치」, 『한국사회와 사상』1-57, 한국정신문화연구원, 1984 : 『삼국유사연구론선집』(1), 백산자료원, 1986에 재수록.
　　———, 「삼국유사의 민속체계」, 『삼국유사의 종합적 검토』, 한국정신문화연구원, 1987.

　이처럼 선학들에 의해 『삼국유사』를 사회·민족지, 민속지, 민속사로 볼 수 있는 개연성은 충분히 입증이 되었다. 그럼에도 불구하고 『삼국유사』에 내재되어 있는 민속사상의 전모를 파악하고, 그 토대 위에서 구조와 의미를 체계적으로 분석하는 작업의 필요성을 느낀다.
　이러한 문제의식에서 출발하여 일차적으로 『삼국유사』를 분해하여 민속사상을 추출하여 분류하는 작업을 실시하기로 하는데, 먼저 기왕의 대표적인 사례를 중심으로 하여 민속의 분류체계부터 검토하기로 한다.

　(가) 『한국민속종합조사보고서』(전라남도 편)(문화재관리국, 1977)
　　　① 사회(부락, 친족, 가족, 통과의례, 경제)
　　　② 민간신앙(무속, 부락 및 가정신앙, 유불도)
　　　③ 산업기술(농업, 사냥·채집, 수산, 공예)
　　　④ 의식주(복식, 음식, 거주)
　　　⑤ 민속예술(음악 및 무용, 연희, 세시풍속, 민속놀이)
　　　⑥ 구비전승(민요, 설화, 속담·미언, 풍명·선구류)

　(나) 『한국민속대관』(고려대 민족문화연구소, 1980)
　　　① 사회구조·관혼상제(생활환경과 배경, 사회생활, 의례생활)
　　　② 일상생활·의식주(일상생활, 의생활, 식생활, 주생활)
　　　③ 민간신앙·종교(민간신앙, 기타신앙, 종교)
　　　④ 세시풍속·전승놀이(세시풍속, 전승놀이, 취미)
　　　⑤ 민속예술·생업기술(민속예술, 생업기술, 공예)
　　　⑥ 구비전승·기타(설화, 민속시가, 민속언어)

　(다) 『한국민속학개설』(개정판)(이두현·장주근·이광규, 1987)
　　　① 마을과 가족생활
　　　② 의식주
　　　③ 민간신앙
　　　④ 세시풍속
　　　⑤ 민속예술
　　　⑥ 구비문학

(라)『한국민속학의 이해』(민속학회, 1994)
    ① 민속사회(가족과 촌락, 생업활동, 의식주, 세시풍속)
    ② 민속신앙(신앙, 의례, 속신)
    ③ 민속문학(민요, 무가와 무경, 판소리, 속담과 수수께끼, 금기어, 설화, 은어와 비속어)
    ④ 민속예능(민속극, 민속무용, 민속악, 민속놀이, 민화, 민속공예)
    ⑤ 민속사상(곡령숭배, 언령숭배, 태양숭배, 조상숭배)

(마)「민속학연구 50년사」(장철수, 《한국학보》 제82집, 1996. 봄)
    ① 사회민속
    ② 경제민속(의 · 식 · 주, 생업과 기술)
    ③ 의료민속
    ④ 언어민속(신화, 설화, 전설/ 민담, 민요, 무가, 판소리/ 속담, 수수께끼, 기타/ 지명, 방언)
    ⑤ 의례 · 연희민속(평생의례, 세시의례, 연희, 놀이)
    ⑥ 신앙민속
    ⑦ 예술민속(민간회화, 음악 · 무용, 공예)

(가)는 조사를 목적으로 분류한 것이고, (나)는 연구결과를 집대성하기 위해 분류한 것이다. (다)는 개설서를 집필하기 위한 분류인데, 저자들의 인적 구성 문제로 산업민속과 물질문화가 누락되었다. (라)는 학회의 회원을 동원했기 때문에 가장 포괄적인 내용을 수록할 수 있었고, '민속사상'을 중간개념으로 설정한 특색을 지닌다. 그리고 (마)는 중간개념의 용어를 정비하고, '의료민속'을 추가시켰다.

이밖에도 일본의 세끼 게이고[16]는 ① 사회, ② 생산형태 · 관행, ③ 물질문화 · 기술문화, ④ 신앙 · 지식 · 세계관, ⑤ 구비문예, ⑥ 예능 · 경기 · 기예로, 중국의 장자신(張紫晨)[17]은 ① 巫術민속, ② 신앙민속,

---

16) 세끼 게이고 편, 『민속학』, 동경: 角川書店, 1963. 이두현 외 2인 공저, 앞의 책, 25쪽 참조.
17) 장자신, 『中國民俗與民俗學』, 臺北: 南天書局有限公司, 1995, 155~224쪽.

③ 복식·음식·거주의 민속, ④ 건축민속, ⑤ 제도민속, ⑥ 생산민속, ⑦ 세시절령(歲時節令)민속, ⑧ 인생의례민속, ⑨ 상업무역민속, ⑩ 문예유예(文藝遊藝)민속으로 분류했다. 한편 중국의 민족학 분야[18]에서는 ① 언어문자, ② 물질생활자료, ③ 사회조직, ④ 생활습속과 문화예술, ⑤ 종교신앙으로 분류했고, 북한의 리제오[19]는 ① 물질생활풍습, ② 문화생활풍습, ③ 가족생활풍습으로 초단순화하여 분류하기도 하였다.

『삼국유사』를 해체하여 민속지로 재구성하는 방법에는 두 가지를 상정할 수 있다. 하나는 민속의 분류체계를 수립하고 이에 맞추어 자료를 분류하는 방법이고, 다른 하나는 먼저 『삼국유사』에서 민속사상을 추출하여 그 결과를 가지고 분류하는 방법이다. 여기서는 후자를 택하여 앞으로 고대사회의 생활풍습을 분석하기 위한 자료목록으로 활용하고자 한다

자료에 대해서는 두 가지 시각에서 접근한다. 첫째는 민속문화를 잔존문화로 보는 입장을 취하여 당대에는 지배문화였지만, 후대에 민속문화로 침강한 경우 민속사적인 시각에서 자료에 포함시킨다. 둘째는 자료의 층위 문제인데, 〈어휘 중심의 민속사상 파편〉 보다는 〈전후 맥락을 지닌 자료〉 형태로 추출한다. 〈고조선〉을 일례로 들면, 환인, 환웅, 삼위태백, 천부인, 신단수, 신시 등과 같은 신화소(神話素) 단위로 분해하지 않고, 이것들을 연속체적인 관계로 보고, 천신굿이나 천신신앙으로 개념화하는 방법을 취하는 것이다.[20]

거듭 강조하지만 이 글은 고대사회의 생활문화를 분석하고 해석하기 위한 정지작업으로 『삼국유사』에서 민속사상을 추출하는 것을 목표로 하기 때문에 자료에 대해서 기술하고 분류하는 입장과 태도를 견지하고자 한다.

---

18) 梁刀韜·陳啓新·楊鶴書 편저, 『중국민족학개론』, 운남인민출판사, 1985.
19) 리제오, 『조선민속학』, 김일성종합대학출판사, 1989. 장철수,「한국민속학50년사」, 78~79쪽 참조.
20) 박진태, 『한국민속극연구』, 새문사, 1998, 52~56쪽에서 단군신화와 제의의 상관 관계에 대해 고찰했다.

2. 『삼국유사』에 나타나는 민속사상(民俗事象)

1) 신앙생활문화

(1) 굿과 제사

천신, 산신, 수신(바다, 못), 조상신(시조신)과 관련된 굿과 제사의 기록들이 나타난다.

① 〈고조선〉 ~ 환웅천왕이 천부인 3개를 가지고, 풍백·우사·운사를 거느리고서 태백산의 신단수 아래에 내려와 굴에서 살던 곰과 결혼했다. 천부인(天符印)은 무구(巫具; 거울, 방울, 칼)이고, 신단수(神壇樹)는 제단(祭壇)나무이고, 굴은 신당(神堂)이므로 천신맞이굿과 수신(隧神)굿의 구술상관물로 보인다.

② 〈북부여〉 ~ "天帝降于訖升骨城 乘五龍車 立都稱王"은 제천의식과 관련이 있는 것으로 보인다.

③ 〈동부여〉 ~ 부루가 아들이 없으므로 "祭山川求嗣" 하였다고 한다.

④ 〈고구려〉 ~ "自言天帝子解慕漱 誘我於熊神山下 鴨淥邊室中知私之 而往不返"는 제천의식과 관련이 있을 것이다.

⑤ 〈신라시조 혁거세왕〉 ~ "楊山下蘿井傍 異氣如電光垂地 有一白馬 跪拜之狀 尋撿之 有一紫卵(一云青大卵) 馬見人長嘶上天"은 제천의식과 관련이 있고, "閼英井(一作娥利英井)邊 有鷄龍現而左脇誕生童女"은 우물에서의 용신굿과 관련이 있다.

⑥ 〈제4 탈해왕〉 ~ "此海中元無石崑 何因鵲集而鳴 挈舡尋之 鵲集一舡上 舡中有一櫃子 長二十尺 廣十三尺 曳其船 置於一樹林下"은 수신맞이굿과 관련이 있을 것이다.

⑦ 〈연오랑 세오녀〉 ~ 해와 달의 정령인 연오랑과 세오녀가 일본으로 건너가니, 신라의 해와 달이 정기를 잃으므로, 세오녀가 짠 붉은 비단을 받아다가 귀비고(貴妃庫)에 국보로 소장하고 영일현(迎日縣)과 도기야(都祈野)에서 제천(祭天)했다.

⑧ 〈射琴匣〉 ~ 비처왕이 천천정(天泉亭)에 행차하여 까마귀를 따라

가서 서출지(書出池)에서 나온 노인으로부터 서찰을 받아 거기에 적힌 수수께끼를 풀고 목숨을 구했다. 그래서 15일을 오기일(烏忌日)로 정하고 찰밥으로 제사를 지냈다.

⑨ 〈만파식적〉 ~ 대왕암에서 용신으로부터 옥대와 함께 받아온 대나무로 피리를 만들었다고 하는데, 이는 용신굿에 다름 아니다.

⑩ 〈수로부인〉 ~ "水路姿容絕代 每經過深山大澤 屢被神物凉攬"고 하는 것으로 보아, 산신이 헌화가를 부르며 수로부인과 신성결혼을 한 것 같고, 용신도 수로부인과 신성결혼을 했지만, 용신의 경우에는 순정공과 사람들이 해가사를 불러 수로부인을 되찾았던 것 같다.

⑪ 〈경덕왕 충담사 표훈대덕〉 ~ "王御國二十四年 五岳三山神等 時或現侍於殿庭"했다고 하는 것으로 보아 대궐의 뜰에서 오악과 삼산의 신들을 위한 굿을 했음을 알 수 있다.

⑫ 〈처용랑 망해사〉 ~ 개운포의 처용암에서 동해용신인 처용을 맞이하여 서라벌로 오니, 처용이 역신을 물리쳤다.

⑬ 〈진성여왕 거타지〉 ~ 거타지가 사미(沙彌)로 변신한 여우를 활로 쏘아 죽여서 서해용을 구해주고 그의 도움을 받는데, 이는 해신제와 관련이 있을 것이다.

⑭ 〈김부대왕〉 ~ "百濟甄萱 侵羅至高鬱府 景哀王請救於我太祖 (중략) 王與妃嬪宗戚 遊鮑石亭 宴娛"의 기록은 경애왕이 남산신의 제장(祭場)인 포석정에서 호국의 굿을 한 것으로 보아야 할 것이다.

⑮ 〈남부여 전백제〉 ~ "郡中有三山 曰日山 吳山 浮山 國家全盛之時 各有神人居其上 飛相往來 朝夕不絶"의 기록은 백제의 산신제를 암시한다.

⑯ 〈가락국기〉 ~ 구지봉에서 천신(김수로)을 맞이하고, 망산도에서 수신(허황옥)을 맞이하여 신성결혼시켰던 것으로 보인다.

⑰ 〈선도성모 수희불사〉 ~ "宜取金於予座下 粧點主尊三像 壁上繪五十三佛 六類聖衆 及諸天神 五岳神君 每春秋二季之十日 叢會善男善女 廣爲一切含靈 設占察法會以爲恒規"의 기록은 진평왕 때 선도산 신모가 비구니 지혜에게 안흥사를 중수하고 점찰법회를 하라고 현몽한 것이지만, 황금이 숨겨져 있던 신모의 신사(神祠)에서는 무교적 산신제가 행해졌

을 것이다.

⑱ 〈미추왕 죽엽군〉 ~ "非未鄒之靈 無以遏金公之怒 王之護國 不爲不大矣 是以邦人懷德 與三山同祀而不墜 躋秩于五陵之上 稱大廟云"의 기록은 혜공왕에 대한 김유신의 분노를 미추왕이 무마시켰기 때문에 그 덕을 흠모하여 삼산의 산신과 더불어 호국신으로 제사지냈으며, 오릉보다도 더 상위을 차지하는 대묘(大廟)라 했다고 하는데, 이것은 왕통이 김춘추 직계에서 미추왕 후손에게로 옮겨간 제 37대 성덕왕 이후의 변화로 보인다.

⑲ 〈아도기라〉 ~ 아도의 어머니가 아도에게 말한 서라벌의 칠처가람지허(七處伽藍之墟), 곧 "一日金橋東天鏡林(今興輪寺) 二日三川歧(今永興寺) 三日龍宮南(今皇龍寺) 四日龍宮北(今芬皇寺) 五日沙川尾(今靈妙寺) 六日神遊林(今天王寺) 七日婿請田(今曇嚴寺)"이 모두 전불시대(前佛時代)의 가람지허(伽藍之墟)라는 말은 가람 이전의 명칭들이 '천경림, 용궁의 남과 북, 사천, 신유림' 등과 같이 천신, 산신, 용신과 관련되는 성소였을 개연성을 시사한다.[21]

(2) 회의·목욕

현대의 민속에서 마을굿·동제(洞祭)·동회(洞會)·연희가 결합되어 있는데, 종교제전과 관련된 신성장소가 회의장소를 겸한 예가 신라와 가야만이 아니라 백제에도 있었다. 또 물로 부정을 씻거나, 재생의례를 행한 것이 속죄행위나 형벌로 기능한 사례도 보인다.

(가) 회의

① 〈신라시조 혁거세왕〉 ~ "三月朔 六部祖各率子弟 俱會於閼川岸上議曰 我輩上無君主臨理蒸民 民皆放逸 自從所欲 盍覓有德人 爲之君主 立邦設都乎"의 기록은 오늘날 동제 때의 동회를 연상시킨다.

② 〈진덕왕〉 ~ "王之代有閼川公 林宗公 述宗公 虎林公 廉長公 庾信公 會于南山亏知巖 議國事 (중략) 閼川公膂力如此 處於席首 然諸公皆服

---

21) 김택규, 삼국유사의 민속체계, 609~610쪽 참조.

庾信之威　新羅有四靈地　將議大事　則大臣必會其地謀之　則其事必成　一東
曰靑松山　二曰　南亐知山　三曰　西皮田　四曰　北金剛山"의 기록을 통해 남
산의 우지암을 비롯해 회의 장소가 네 군데나 있었음을 알 수 있다.

　③〈남부여　전백제〉~ "虎嵓寺有政事嵓　國家將議宰相　卽書當選煮名
或三四　函封置嵓上　須臾取看　名上有印跡者爲相　故名之"의 기록은 백제
에서도 재상을 선출할 때 신령스런 장소에서 의논했음을 전한다.

　④〈가락국기〉~ "三月禊浴之日　所居北龜旨　有殊常聲氣呼喚　衆庶二
三百人集會於此"는 육가야연맹의 맹주를 선출하기 위해 성소(聖所)인
구지봉에서 집회를 가졌음을 말한다.

　(나) 목욕
　①〈효소왕대　죽지랑〉~ 익선이 죽지랑을 괄시하고 홀대했을 때 "朝
廷花主聞之　遺使取益宣　將洗浴其垢醜　宣逃隱　掠其長子而去　時仲冬極寒
之日　浴洗於城內池中　仍合凍死"했다고 한다. 목욕이 속죄의 상징적 행위
로 인식되었으며, 동시에 형벌로 활용되었다. 왕은 보다 현실적인 제재
조치를 취하여, 모량리 출신은 관직을 빼앗고, 관공서에 채용하지 않고,
검은 색의 옷을 입지 못하고, 승려가 되어도 종고(鐘鼓)가 있는 절에는
들어가지 못하게 막는 가혹한 벌을 내렸다.
　②〈가락국기〉~ 3월 상사일(上巳日)에 계욕하는 풍습이 있었다.

　(3) 신기대보(神器大寶)·소상(塑像)과 영정
　신이 인간에게 주는 주술적이고 상징적인 보물이 신통한 영험을 보였
는데, 종류로는 베, 피리, 옥대, 여의주, 불상, 가사 등 다양했다. 그리
고 해골숭배에 근거하여 뼈로 소상을 만들어 신상(神像)으로 삼은 특이
한 예도 발견된다.

　(가) 신기대보
　①〈연오랑　세오녀〉~ 일본에 건너간 세오녀가 세초(細綃)를 주었다.
　②〈天賜玉帶〉~ 진평왕 때 상황(上皇)이 보낸 천사(天使)가 궁전의
뜰에 내려와 왕에게 옥대를 전하고 승천한 이후 교사(郊祀)와 묘사(廟

社)와 같은 대사(大祀)에서 옥대를 착용했다.

③ 〈만파식적〉 ~ 대왕암에서 용신이 준 대나무를 가지고 피리를 만들어 만파식적이라 부르고, 천존고(天尊庫)에 보관했다.

④ 〈원성대왕〉 ~ 사미승 묘정이 자라에게 밥을 준 대가로 구슬을 얻어 사람들부터 총애를 받다가 중국 황제에게 빼앗겼다.

⑤ 〈황룡사 장륙〉 ~ 인도의 아육왕이 황철과 황금을 부처 하나와 보살 둘의 모형과 함께 배에 실어 바다에 띄운 것이 신라에 표착하여, 장육존상과 두 보살상을 만들었으며, 장육존상은 황룡사에 봉안했다.

⑥ 〈황룡사 구층탑〉 ~ 자장법사가 중국 대화지(大和池)의 신인한테서 구층탑을 세우고 팔관회를 열 것이며, 자신을 위해서도 절을 지어달라고 부탁하며 옥을 주었다. 만파식적과 황룡사 장륙상과 이 구층탑이 신라를 수호하는 삼대 신기대보였다.

⑦ 〈栢栗寺〉 ~ 효소왕 때의 국선 부례랑과 안상이 적인(狄人)들한테 납치당했을 때 백율사의 부처님이 현금(玄琴)과 신적(神笛)을 가지고 가서 구출해왔다.

⑧ 〈낙산 이대성 관음 정취〉 ~ 의상대사가 낙산의 동굴에서 관음보살로부터 수정염주를 받고, 동해용한테는 여의보주를 받아 낙산의 정상에 관음사를 짓고 봉안했다.

⑨ 〈보양이목〉 ~ 보양법사가 중국에 가서 불법을 가져올 때 서해용왕이 용궁으로 청해 불경을 외게 하더니 금빛 가사 한 벌을 주므로, 귀국하여 작갑사(뒤의 운문사)에 봉안했다.

(나) 소상과 영정

① 〈제4 석탈해〉 ~ "建初四年己卯崩 葬疏川丘中 後有神詔 愼埋葬我骨 其髑髏周三尺二寸 身骨長九尺七寸 齒凝如一 骨節皆連瑣 所謂天下無敵力士之骨 碎爲塑像 安闕內 神又報云 我骨置於東岳 故令安之"의 기록은 처음에는 석탈해의 유골을 분쇄하여 소상을 만들어 석씨의 조상신(시조신)으로 궁궐에 모셨다가 나중에는 토함산으로 신당을 옮겨 산신으로 신격을 바꾼 사실을 의미한다.

② 〈원효불기〉 ~ "旣入寂 聰碎遺骸 塑眞容 安芬皇寺 以表敬慕終天之

志 聰時旁禮 像忽廻顧"는 석탈해의 소상과 함께 해골숭배와 관련된다.

③〈후백제 견훤〉~ "弓裔本新羅王子 而反以家國爲讐 至斬先祖之畵像"은 신라에서 조상의 영정을 그려 모시던 관습이 있었음을 알려준다.

(4) 원시신앙

동물토템과 관련된 뱀과 닭의 신격화, 남근숭배의 흔적, 원혼에 대한 공포심, 귀신에 대한 왕화(王化) 등이 있었다.

(가) 계신숭배(鷄神崇拜)

①〈신라시조 혁거세왕〉~ 알영이 계룡의 몸에서 나왔고, 알영의 입이 계취(鷄嘴) 같았다.

②〈김알지 탈해왕대〉~ "有紫雲從天垂地 雲中有黃金櫃 掛於樹枝 光自櫃出 亦有白鷄鳴於樹下"와 같이 김알지가 탄강할 때 흰닭이 등장했다.

③〈歸竺諸師〉~ "天竺人呼海東云 矩矩吒䃜說羅 矩矩吒 言雞也 䃜說羅 言貴也 彼土相傳云 其國敬雞神而取尊 故戴翎羽而表飾也"는 신라에서 계신을 숭배하고, 닭털을 관모에 꽂았음을 말하고 있다.

(나) 사신숭배(蛇神崇拜)

①〈신라시조 혁거세왕〉~ 혁거세왕이 조천(朝天)하고 시신이 오체(五體)로 분리되어 지상에 떨어져서 합장하려 할 때 뱀이 나타나 방해했다. 이 뱀은 시신의 수호신이다.

②〈48 경문대왕〉~ 밤에 뱀들이 모여들어 왕의 침소에서 왕과 함께 잤다.

③〈가락국기〉~ 김수로왕의 묘당(廟堂)을 30여 척 길이의 대망(大蟒)이 지켰고, 갑옷을 입고 활과 화살을 든 맹사(猛士)도 지켰다.

④〈사복불언〉~ 과부가 아버지도 없이 낳은 아이가 12세가 되었는데도 말도 못하고 일어나지도 못해서 사동(蛇童)이라고 불렀다. 그리고 어머니가 죽자 시신을 짊어지고 땅속으로 들어갔다.

(다) 성기숭배(性器崇拜)

① 〈지철로왕〉 ~ 왕의 옥경이 1척 5촌이었다고 한다.

② 〈경덕왕 충담사 표훈대덕〉 ~ 왕의 옥경이 8촌이었다고 한다.

(라) 원혼관념

① 〈미추왕 죽엽군〉 ~ 혜공왕 때(779년) 유신공의 무덤에서 준마를 탄 장수가 무장한 군사들을 거느리고 미추왕의 죽현릉(竹現陵)으로 들어가서 김유신의 자손이 억울하게 주살당했으니 떠나겠다고 하고 미추왕은 나라와 백성을 위해서 허용할 수 없다고 했는데, 김유신이 자손의 원한을 대신 하소연한 것이다.

② 〈내물왕 김제상〉 ~ "久後夫人不勝其慕 率三娘子上鵄述嶺 望倭國痛哭而終 仍爲鵄述神母 今詞堂存焉"은 김제상(또는 박제상) 부인의 원혼을 치술령의 산신으로 신격화한 사실을 의미한다.

(마) 귀신신앙

① 〈도화녀 비형랑〉 ~ 사륜왕의 혼령과 도화녀 사이에서 태어난 비형랑에게 진평왕이 집사를 제수하자 귀신의 무리를 동원하여 귀교(鬼橋)를 만들고, 자신이 추천하여 집사가 된 길달이 흥륜사 남쪽 문루를 지은 뒤 다시 여우로 변하여 달아나자 붙잡아 죽였다고 하는데, 비형랑은 王化되었지만, 길달은 왕화되는 데 실패했던 것이다.

(5) 예언과 점복

신의(神意)가 인간에게 전달되는 방법으로 천창, 예언, 현몽, 자연현상의 이변을 통한 예조, 점복 등이 있었다.

(가) 천창(天唱)

① 〈태종 춘추공〉 ~ "有天唱空云 三十三天之一人降於新羅爲庚信 紀在於書 出撿視之 驚懼不已 更遣使許無改太宗之號"는 신문왕 때 당의 고종이 태종의 시호를 문제삼았을 때 하늘에서 천창이 있어 꾸짖은 사실을 알려준다.

② 〈가락국기〉 ~ "有如人즙 隱其形 而發其즙曰 此有人否 九千等云 吾徒在(중략) 以之蹈舞 則是迎大王 歡喜踊躍之也"는 천창을 통해 김수로신이 가락국인들한테 계시를 내린 대목이다.

③ 〈정수사구빙녀〉 ~ "夜半有天唱於王庭曰 皇龍寺沙門正秀 宜封王師"는 정수가 겨울에 아이를 낳고 동사할 위기에 처한 여자거지에게 옷을 벗어 덮어준 선행에 하늘이 감동하여 천창으로 왕에게 알린 것이다.

④ 〈대성효이세부모 신문왕대〉 ~ "是日夜 國宰金文亮家 有天唱云 牟梁里大城兒 今託汝家"는 모량리의 빈한한 집에 태어난 김대성이 '보시를 하면 천신의 가호를 받는다'는 말을 듣고 전답을 내놓아 보시를 하자 하늘이 감동하여 김문량에게 천창으로 김대성의 환생을 알리는 대목이다.

⑤ 〈욱면비염불서승〉 ~ 욱면이 미타사의 마당에서 노끈으로 손바닥을 꿰고 염불할 때 "욱면랑은 법당에 들어가 염불하라."는 천창이 있어 절의 중들이 법당 안에 들어가 정진하게 했다.

(나) 예언
① 〈사금갑〉 ~ 신라의 비처왕이 천천정(天泉亭)에 행차했을 때 쥐가 사람의 말로 까마귀가 가는 곳을 따라가라고 했다. 못에서 노인이 나와 문서를 주었는데, 겉에 "開見二人死 不開一人死"라고 씌여 있었고, 그 안에는 "射琴匣"이라고 적혀 있었다.

② 〈선덕왕지기삼사〉 ~ 신라 선덕여왕이 당나라 태종이 보낸 모란꽃 그림을 보고 씨를 뿌리면 향기 없는 꽃이 필 것을 예언했고, 영묘사 옥문지의 개구리가 우는 것을 보고 여근곡에 백제군이 잠복해 있을거라고 예언했고, 문호왕이 낭산의 선덕여왕릉 아래에 사천왕사를 건립할 것을 예언했다.

③ 〈태종 춘추공〉 ~ 귀신 하나가 백제의 궁중에 들어와 "백제는 망한다. 백제는 망한다."하고 외치고 지하로 들어갔다.

④ 〈처용랑 망해사〉 ~ 신라 헌강왕이 금강령과 남산에 갔을 때 산신이 나타나 춤을 추며 "智理多都波都波"라는 노래를 불렀는데, 그것은 '지혜로 나라를 다스리는 자들이 많이 도망하니 장차 도읍이 깨질 것이다'라는 뜻이었다.

⑤ 〈낭지승운 보현수〉 ~ 이량공의 집에서 종살이를 하는 지통이 일곱 살 때 까마귀가 와서 영취산에 가서 낭지의 제자가 되라고 말했다. 산신이 음조(陰助)한 것이다.

(다) 몽조(夢兆)

① 〈동부여〉 ~ "北扶餘王解夫婁之相阿蘭弗 夢天帝降而謂曰 將使吾子孫 立國於此 汝其避之(謂東明將興之兆也) 東海之濱 有地名迦葉原 土壤膏腴 宜立王都"는 천제가 현몽하여 북부여민를 동쪽으로 이주시켜 남부여로 만든 사실을 말해준다.

② 〈제4 탈해왕〉 ~ "夜見夢於太宗 有老人貌甚威猛 曰我是脫解也 拔我骨於疏川丘 塑像安於土含山 王從其言"은 탈해왕이 문호왕의 꿈에 현몽하여 자신의 유골로 신상을 만들어 동악신으로 봉안하라고 시킨 것이다.

③ 〈김유신〉 ~ "新羅庾信是我國卜筮之士楸南也(중략) 其人誓曰 吾死之後 願爲大將必滅高麗矣 卽斬之 (중략) 其日夜大王夢 楸南入于新羅舒玄公夫人之懷"은 고구려의 보장왕 때 점쟁이 추남이 "逆流之水" 현상은 왕비가 음양을 역행한 데 기인한다고 말했다가 처형당하고, 복수하기 위해 신라의 김유신으로 환생한 몽조가 보장왕에게 있었던 사실을 말한다.

④ 〈태종 춘추공〉 ~ "初文姬之姊寶姬 夢登西岳捨溺 瀰滿京城 旦與妹說夢 文姬聞之謂曰 我買此夢 姊曰 與何物乎 曰鬻錦裙可乎 姊曰諾 妹開襟受之"는 보희가 왕비가 될 몽조─선도산은 혁거세왕을 낳은 선도성모의 사당이 있다─를 얻었지만, 그것을 해몽할 줄 몰라서 문희에게 꿈을 판 사실을 말한다.

⑤ 〈원성대왕〉 ~ 원성왕이 즉위하기 전 "夢脫巾業頭 著素笠 把十二絃琴 入於天官寺井中"하는 몽조를 얻었는데, "脫巾業頭者 失職之兆 把琴者 著枷之兆 入井 入獄之兆"라고 흉조로 본 사람도 있었으나, 여삼(餘三)이 "脫巾業頭者 入無居上也 著素笠者 冕旒之兆也 把十二絃琴者 十二孫傳世之兆也 入天官井 入宮禁之瑞也"라고 길상의 징조로 해석했다.

⑥ 〈가락국기〉 ~ "父王與皇后顧妾而語曰 爺孃一昨夢中 同見皇天上帝

謂曰 駕洛國元君首露者 天所降而俾御大寶 乃神乃聖 惟其人乎 且以新莅
家邦 未定匹偶 卿等湏遣公主而配之 言訖升天"은 상제의 현몽에 따라 허
황옥이 김수로왕의 왕비가 됐음을 말한다.

　⑦〈生義寺石彌勒〉~ 선덕왕 때 승려 생의가 "夢有僧引上南山而行
令結草爲標 至山之南洞 謂曰 我埋此處 請師出安嶺上"과 같은 꿈을 꾸
고 돌미륵을 발굴하여 삼화령 위에 옮겨 안치했다.

　(라) 예조(豫兆)
　① 〈태종 춘추공〉 ~ 백제 의자왕이 641년에 즉위했는데, 659년에
㉠ "百濟烏會寺 有大赤馬 晝夜六時遶寺行道", ㉡ "衆狐入義慈宮中 一白
狐坐佐平書案上", ㉢ "太子宮雌鷄與小雀交婚", ㉣ "泗沘岸大魚出死 長三
丈 人食之者皆死", ㉤ "宮中槐樹鳴如人哭 夜鬼哭宮南路上"과 같은 이변이
있었고, 660년에는 ㉥ "王都井水血色 西海邊小魚出死 百姓食之不盡 泗
沘水血色", ㉦ "蝦蟆數萬集於樹上", ㉧ "王都市人無故驚走 如有捕捉 驚仆
死者百餘 亡失財物者無數", ㉨ "王興寺僧皆見如舡楫隨大水入寺門", ㉩
"有大犬如野鹿 自西至泗沘岸 向王宮吠之 俄不知所之 城中群犬集於路上
或吠或哭 移時而散"과 같은 이변이 속출했다. 신라 태종은 백제에 그같
은 괴변들이 발생한다는 소문을 듣고 당에 지원군을 요청하고 신라군을
파견하여 침공했다.

　② 〈혜공왕〉 ~ 혜공왕 666년에는 ㉠ "康州官署大堂之東 地漸陷成池
從十三尺 橫七尺 忽有鯉魚五六 相繼而漸大 淵亦隨大"와 같은 이변이,
667년에는 ㉡ "天狗墜於東樓南 頭如瓮 尾三尺許 色如烈火 天地亦振",
㉢ "今浦縣稻田五頃中 皆米顆成穗", ㉣ "北宮庭中 有二星墜地 又一星墜
三星皆沒入地" ㉤ "宮北厠圊中二莖蓮生 又奉聖寺田中生蓮", ㉥ "虎入禁城
中 追覓失之", ㉦ "角干大恭家梨木上雀集無數"와 같은 이변이 발생하였
는데, 이는 각간 대공(大恭)이 병란(兵亂)을 일으킬 조짐이었다.

　③ 〈효공왕〉 ~ 효공왕 때(912년)에는 ㉠ "奉聖寺外門 東西二十一間
鵲巢"의 현상이, 신덕왕이 즉위한 915년에는 "靈廟寺內行廊 鵲巢三十
四 烏巢四十"과 "三月 再降霜" 및 "六月 斬浦水與海水波相鬪三日"의 괴변
이 있었다.

④ 〈경명왕〉 ~ 경명왕 때(918년) "四天王寺壁畵狗鳴"하여 삼일 동안 說經했고, 920년에는 "皇龍寺塔影 倒立於今毛舍知家庭中 一朔"과 "四天 王寺五方神 弓弦皆絶 壁畵狗出走庭中 還入壁中"의 괴변이 일어났다.

(마) 성괴 · 일괴

① 〈태공 춘추공〉 ~ 고구려와 말갈군이 한산성의 신라군을 포위했을 때 김유신이 성부산에 제단을 쌓고 神術을 행하니, "忽有光耀加大瓮 從 壇上而出 乃星飛于北去"했다.

② 〈월명사 도솔가〉 ~ 경덕왕 때(760년) 하늘에 이일병현(二日竝 現)이 열흘 동안 계속되므로 청양루에 행차하여 연승(緣僧) 월명사를 만나니, 도솔가를 지어주었다.

③ 〈융천사 혜성가 진평왕대〉 ~ 진평왕(579~632년) 때 혜성이 심 대성(心大星)을 범하자 화랑 셋이 풍악에 놀러가는 것을 중단하려 하자 융천사(579~631년)가 혜성가를 지으니, 성괴(星怪)도 사라지고 왜구 도 물러갔다.

(바) 점복(占卜)

① 〈고구려〉 ~ "昔寧禀離王侍婢有娠 相者占之曰 貴而當王 王曰 非我 之胤也 當殺之 婢曰 氣從天來 故我有娠 (중략) 卒爲扶餘之王"은 관상가 가 점을 쳐서 주몽의 미래를 예언한 것이다.

② 〈사금갑〉 ~ 비처왕한테 못〔書出池〕에서 나온 노인이 바친 문서 의 겉에 "開見二人死 不開一人死"이라 쓰여 있는 것을 왕은 "與其二人死 莫若不開 但一人死耳"라고 말하지만, 일관이 "二人者庶民也 一人者王也" 라고 점괘를 풀어 개봉하기를 권했다.

③ 〈김유신〉 ~ 고구려의 보장왕이 점쟁이 추남에게 "國界有逆流之水 (或云雄雌尤反覆之事)"의 이유를 물으니, 추남이 "大王夫人逆行陰陽之道 其瑞如此"라고 해석하여 왕과 왕비의 분노를 샀고, 상자 안에 쥐 한 마 리를 넣고 점을 치게 하니, 여덟 마리라고 하여 죽였으나, 쥐의 뱃속에 서 새끼 일곱 마리가 나왔다.

④ 〈태종 춘추공〉 ~ ㉠ "有一鬼入宮中 大乎曰 百濟亡 百濟亡 卽入地

王怪之 使人掘地 深三尺許 有一龜 其背有文 (曰)百濟圓月輪 新羅如新月
問之巫者 云圓月輪者滿也 滿則虧 如新月者未滿也 未滿則漸盈 王怒殺之
或曰 圓月輪盛也 如新月者微也 意者國家盛而新羅寖微乎 王喜"는 의자왕
이 거북점을 치고서 점괘를 해석할 때 흉조보다는 길조로 풀이했음을
알려준다. ㉡ 소정방의 군영 위에서 새가 회상(回翔)하자 흉조로 알고
출전하지 않자 김유신이 새를 죽인다. ㉢ 태종이 즉위했을 때 "一頭二身
八足"의 돼지가 헌납되었는데, 이에 대해 "是必幷呑六合瑞也"라고 해석
했다.

⑤ 〈진성여대왕 거타지〉 ~ 진성여왕의 왕자 양패가 당에 가는 도중
서해용왕을 달래기 위해 섬에 궁수 하나를 남길 때 "宜以木簡五十片 書
我輩名 沈水而鬮之"하자는 일행의 말에 따라 거타지가 선발되었다.

⑥ 〈가락국기〉 ~ 가락국의 좌지왕이 용녀와 결혼한 것이 빌미가 되
어 나라가 어지러워지자 그 틈을 노리고 신라가 침공하려 했는데, 이때
"卜士筮得解卦 其辭曰 解而拇 朋至斯孚 君鑑易卦乎"와 같은 일이 있었
다.

⑦ 〈낙산 이대성 관음 정취〉 ~ "正趣菩薩之像也 乃作簡子 卜其營構
之地 洛山上方吉 乃作殿三間安其像"처럼 범일국사가 정취보살의 불상을
발견하여 절을 지을 때 간자로 점을 쳐서 길지를 정했다.

⑧《왕력편》〈제17 내물마립간〉 ~ '내물왕의 능이 점성대(占星臺)
의 서남쪽에 있다.'라는 기록은 점성술이 행해졌음을 알려준다.

(6) 주술·금기

인간의 욕망을 충족시키기 위해 강제적이고 위하적(威嚇的)인 방법으
로서 주술이 사용되었고, 위험과 실패로부터 인간을 보호하기 위한 금
기도 있었다.

(가) 주술

① 〈고조선〉 ~ 환웅이 곰과 호랑이에게 준 마늘과 쑥은 영약도 되지
만, 주물(呪物)로도 볼 수 있다.

② 〈혜통항룡〉 ~ 혜통이 흰 콩과 검은 콩을 신병으로 둔갑시키는데,

이에는 콩에 곡령이 깃들어 있다는 관념을 토대로 하고 있으며, 병의 목에 금을 그어 군사들의 목에도 금이 그어지게 만든 행위도 주술 행위이다.

③ 〈신충괘관〉 ~ "忠怨而作歌 帖於栢樹 樹忽黃悴 王怪使審之 得歌獻之 大驚曰 萬機鞅掌 幾忘乎角弓 乃召之賜爵祿 栢樹乃蘇"는 신충이 잣나무에 주술을 걸어 효성왕의 총애를 회복한 대목이다.

(나) 금기

① 〈고조선〉 ~ "不見日光百日 便得人形 熊虎得而食之 忌三七日 熊得女身 虎不能忌 而不得人身"은 곰과 호랑이가 여자가 되기 위해서는 '不見日'의 금기를 지켜야 했음을 알려준다.

(7) 도·불교와 토착신앙의 관계

불교와 도교가 전래되기 이전에는 무교가 지배문화였다. 그러나 왕권 강화라는 정치적 이해와 맞물려 무교와 불교의 투쟁에서 불교가 승리하여 호국불교로 정착되어감에 따라 무교가 불교에 융합되는 무불습합 현상이 생겼다. 그리고 무당이 하던 일을 승려가 하게 되고 토착적인 신이 불교신으로 교체되었다. 또 무교의 신당이 있던 장소가 사찰로 바뀌기도 했다. 한편 도교는 불교보다 포용력이 부족해서인지 고구려에서 무교를 탄압했다.

(가) 불교신·승려가 무교신을 조복시킴

① 〈무왕〉 ~ 과부가 지룡(池龍)과 통정하여 서동을 낳은 것은 순수한 무교적(巫教的) 신성결혼이지만, 무왕과 선화공주가 사자사로 가는 도중에 용화산 아래 큰못에서 미륵삼존이 출현하였으므로 그곳에 미륵사를 창건한 것은 미륵삼존에 의해 용신이 조복(調伏)된 것을 의미한다.

② 〈가섭불연좌석〉 ~ 진흥왕 때(553년) 월성 동쪽에 신궁을 축조했는데, 황룡이 나타나서 왕이 의아하게 여겨 황룡사로 개조했다는 말은 황룡을 조복시켜 호법신으로 만든 걸 의미한다.

③ 〈금관성 파사석탑〉 ~ "自西域阿踰陁國所載來 初公主承二親之命 泛海將指東 阻波神之怒 不克而還 白父王 父王命載玆塔 乃獲利涉"은 호계사의 파사석탑이 波神 곧 용신을 제압한 사실을 말한다.

④ 〈고려 영탑사〉 ~ 평양성의 서쪽 대보산의 암혈 아래에서 좌선할 때 신인(神人)이 나타나 머물기를 청하며 석장을 땅에 꽂고 그 아래에 8면 7층의 석탑이 있다고 했다. 그렇게 해서 생긴 절이 영탑사였다. 산신이 스스로 조복된 것이다.

⑤ 〈황룡사 구층탑〉 ~ 자장법사가 중국의 대화지(大和池)에서 만난 용이 황룡사의 호법룡은 법왕의 명령을 받은 자기의 아들이니, 신라로 돌아가서 황룡사에 구층탑을 쌓으라 하고, 또 자신을 위해서도 서라벌 남쪽에 절을 지어달라고 한 사실은 대화지의 용신 부자가 조복되어 호법신이 된 사실을 알려준다.

⑥ 〈흥륜사 벽화 보현〉 ~ 경명왕 때(921년) 제석천이 경루(經樓)에 내려와 열흘 동안 머물다가 승천했다는 기록은 '청신-오신-승천'으로 진행되는 무교적 굿의 형태로 제석굿을 한 사실을 의미한다.

⑦ 〈前後所將舍利〉 ~ 신라 말기의 보요선사가 중국의 남월에서 대장경을 구해가지고 올 때 용왕이 풍랑을 일으켜 대장경을 빼앗으려 하므로, 용을 조복시켜 데리고 돌아와서 해룡왕사에 불경을 안치하고 용은 절 안의 용왕당에 머물게 했다.

⑧ 〈어산불영〉 ~ "昔天卵下于海邊 作人御國 即首露王 當此時 境內有玉池 池有毒龍焉 萬魚山有五羅刹女 往來交通 故時降電雨 歷四年 五穀不成 王呪禁不能 稽首請佛說法 然後羅刹女受五戒而無後害 故東海魚龍遂化爲滿洞之石 各有鍾磬之聲"는 천신계 무당왕 수로가 독룡과 나찰녀(만어산의 산신)를 통어하지 못하고 부처가 설법하여 조복시킨 사실을 말한다.

⑨ 〈臺山五萬眞身〉 ~ 보천이 동굴의 물을 마시기 위해 울진의 장천굴(掌天窟)에 가서 수구다라니경(隨求陀羅尼經)을 외니 굴신이 현신하여 보살계를 받기를 청했다.

⑩ 〈원광서학〉 ~ 삼기산(三岐山)의 신이 은둔한 원광법사에게 당에 가서 불도를 배우라고 권하고, 귀국한 이후에는 산신에게 감사하고 계

를 주었다. 산신이 자신의 진용(眞容)을 보고 싶어하는 원광에게 구름을 뚫고 하늘까지 닿는 팔뚝을 보여준 뒤 사신(捨身)했다. 원광이 산신을 불도에 귀의시킨 것이다. 한편 산신은 주술을 익히는 승려에 대해서는 적대적이었다.

⑪ 〈보양이목〉 ~ 보양법사가 중국에서 귀국할 때 서해용왕이 용궁으로 청하여 불경을 외게 한 후 아들 이목에게 법사를 모시고 가게 했다. 용왕이 스스로 조복된 것이다.

⑫ 〈關東楓岳鉢淵藪石記〉 ~ ㉠ 진표율사가 변산의 부사의방(不思議房)에서 지장보살과 미륵보살의 교법을 받고 금산사를 창건하기 위해 오니, 큰못에 이르렀을 때 용왕이 나타나 옥가사를 바치고 율사를 모시고 금산수(金山藪)로 갔다.

⑬ 〈혜통항룡〉 ~ 혜통에게 쫓긴 용이 기장산에 가서 웅신(熊神)이 되어 백성들을 괴롭히니 혜통이 용에게 불살계(不殺戒)를 주었다.

⑭ 〈명랑신인〉 ~ 명랑법사가 중국에서 돌아올 때 용왕의 요청에 의해 용궁에 들어가 비법을 전했다.

⑮ 〈仙桃聖母隨喜佛事〉 ~ 진평왕 때 비구니 지혜가 안흥사를 수리할 때 선도산 신모가 꿈에 나타나 신사(神祠)에 있는 황금을 사용하라고 말했다. 산신이 스스로 호법신이 된 것이다.

⑯ 〈사불산 굴불산 만불산〉 ~ ㉠ 죽령 동편의 산꼭대기에 진평왕 때(587년) 사방여래상을 새긴 바위가 하늘에서 떨어져 그 옆에 대승사를 창건했다. ㉡ 경덕왕이 백율사에 행차했을 때 땅속에서 염불소리가 나므로 파보니 사방불이 새겨진 바위가 나와서 굴불사를 세웠다.

(나) 불교신의 산신화
① 〈낭지승운보현수〉 ~ 영취산의 산신은 변재천녀(辯才天女)였는데, 여신은 음악·지혜·변재(辯才)·재복의 주재자로 두 개나 여덟 개의 팔을 가졌다.

② 〈포산이성〉 ~ 포산의 산신 정성천왕(靜聖天王)은 일찍이 가섭불 때 부처님의 부탁을 받고서, 산중에서 1000명의 출세(出世)를 기다려 남은 과보(果報)를 받겠다고 했다.

(다) 해원(解冤)을 위한 사찰 건립

① 〈장춘랑 파랑〉 ~ 백제와의 황상벌 싸움에서 전사한 장춘랑과 파랑이 훗날 백제를 침공할 때 태종의 꿈에 나타나 종군하고 싶다고 하므로, 모산정(牟山亭)에서 설경하고 한산주에 장의사(壯義寺)를 창건했다.

② 〈원종흥법 염촉멸신〉 ~ 법흥왕 때 이차돈이 귀족들의 사찰건립 반대에 책임을 지고 참수되었을 때 그 목이 날아가 금강산 마루에 떨어져서 자추사(刺楸寺; 뒤의 백율사)를 창건했다.

③ 〈혜통항룡〉 ~ 신문왕의 등창이 왕이 전생에서 신충의 재판을 잘못 판결하여 그의 원한을 산 데 기인하므로 그를 위해 절을 세우라는 혜통의 말을 좇아 신충봉성사(信忠奉聖寺)를 창건했다. 절이 완공되자 "왕이 절을 지어주셨기 때문에 괴로움에서 벗어나 하늘에 태어났으니 원한은 이미 풀렸습니다."라는 노래가 공중에서 들려서 그 자리에 절원당(折怨堂)을 지었다.

④ 〈대성효이세부모〉 ~ 김대성이 토함산에서 곰사냥을 한 뒤 꿈에 곰귀신이 나타나 환생하여 복수하겠다고 협박하고, 자기를 위해 절을 지어주면 용서하겠다고 해서 곰이 죽은 자리에 장수사(長壽寺)를 창건했다.

(라) 승려의 축귀(逐鬼)에 의한 치병(治病)

① 〈密本摧邪〉 ~ ㉠ 선덕왕이 병이 걸렸을 때 밀본법사가 약사경을 읽자 육환장이 날아가 승려 범척과 늙은 여우 한 마리를 찔러서 밖으로 내팽개쳤다. ㉡ 김양도가 두 귀신들 때문에 말을 못하므로 밀본법사가 대력신과 천신들을 동원하여 귀신들을 잡아가게 했다.

② 〈혜통항룡〉 ~ 당나라 고종의 공주가 병이 들었을 때 혜통이 흰콩과 검은콩을 신병으로 둔갑시켜 병마를 쫓으니 교룡이 되어 달아났다.

(마) 도교의 무교 탄압

① 〈寶藏奉老普德移庵〉 ~ "王喜以佛寺爲道舘. 尊道士 坐儒士之上. 道士等行鎭國內有名山川. 古平壤城勢新月城也. 道士等呪勅南河龍. 加築爲

滿月城. 因名龍堰城. 作讖曰龍堰堵. 且云千年寶藏堵, 或鑿破靈石(俗云都帝嵓. 亦云朝天石. 蓋昔聖帝騎此石朝上帝故也)"는 금개소문의 주청에 따라 보장왕이 당에서 도교를 수용하니, 도사가 만월성을 개축하여 남하 곧 대동강의 용을 제압하고, 동명성왕이 하강하고 승천하는 조천석을 파괴했음을 알린다.

2) 통과의례

통과의례는 공간통과의례와 시간통과의례로 양분하고, 후자는 다시 계절의례와 평생의례로 나눌 수 있다. 공간통과의례로는 〈제4 탈해왕〉에서 탈해가 토함산 위에서 석총(石塚)을 만들고 그 속에서 7일 동안 머문 사례가 보이고, 계절의례로는 앞의 《신앙(2)》에서 소개된 계욕(禊浴)과 〈진덕왕〉에 나타나는 궁궐의 신년의례인 정단례(正旦禮)가 있었다. 이에 비해 평생의례의 자료는 비교적 풍부하다.

(1) 기자(祈子)
① 〈고조선〉 ~ 웅녀가 신단수 아래에 가서 잉태하게 해 달라고 주원(呪願)했다.
② 〈동부여〉 ~ 동부여왕 부루가 산천에 제사지내 후사를 얻게 해 달라고 빌었다.

(2) 태몽(胎夢)
① 〈효소왕대 죽지랑〉 ~ 술종공이 삭주도독사로 부임하기 위해 군대의 호위를 받으며 죽령을 넘을 때 한 거사가 고갯길을 닦고 있었는데, 한 달 뒤 부부의 꿈에 거사가 방으로 들어왔다. 거사가 죽어서 술종공의 아들로 환생한 것이 죽지랑이었다.
② 〈가락국기〉 ~ 김수로왕과 허황옥이 결혼한 후 왕후가 곰을 얻는 꿈을 꾸고 태자 거등을 낳았다.
③ 〈자장정율〉 ~자장의 어머니가 별 하나가 품안으로 떨어지는 꿈을 꾸고 자장을 낳았는데, 그날이 석가모니의 탄생일이라 선종랑(善宗郞)

이라고 이름을 지었다.

④ 〈원효불기〉 ~ 진평왕 때(617년) 유성(流星)이 품안으로 들어오는 꿈을 꾸고 태기가 있었다.

⑤ 〈명랑신인〉 ~ 꿈에 청색 구슬을 머금고 임신이 되었다.

(3) 출산의례

① 〈신라시조 혁거세왕〉 ~ 알에서 나온 혁거세를 동천(東泉)에 목욕시키고, 계룡의 몸에서 나온 알영을 월성 북쪽의 발천(撥川)에서 목욕시키니 닭부리가 입술에서 떨어졌다.

② 〈제4 탈해왕〉 ~ 아진의선이 아진포에 표착한 배를 나무숲 밑으로 끌어다 놓고 , "길조인지 흉조인지 알 수 없습니다."하고 하늘을 향해 서원을 했다.

③ 〈가락국기〉 ~ 구지봉에 하강한 알이 담긴 금합자를 아도간의 집 탑(榻) 위에 올려놓고 만 하루 뒤에 가서 상자를 열어보니 알에서 여섯 아이가 나와 있었다.

(4) 즉위식

① 〈신라시조 혁거세왕〉 ~ 남산 기슭에 궁실을 세우고 박혁거세와 알영을 길러 13세가 되자, 박혁거세가 왕이 되고, 알영을 왕비로 맞이했다.

② 〈가락국기〉 ~ 보름날 왕위에 올랐다. 가궁을 세우고 거처했는데, 지붕에 이은 이엉을 자르지 않았고, 흙으로 쌓은 계단은 3층이었다.

(5) 결혼식

① 〈신라시조 혁거세왕〉 ~ 즉위식 참조.

② 〈가락국기〉 ~ 김수로왕이 유천간은 배를 타고 망산도에 가고, 신귀간은 준마를 타고 승점에 가서 허황옥 일행을 기다리게 하니, 허황옥이 탄 붉은 돛을 단 배가 붉은 기를 펄럭이며 남쪽에서 왔다. 유천간이 망산도에서 횃불을 올리니, 신귀간이 대궐로 소식을 전했다. 유천간이 배를 타고 가서 허황옥을 곧장 대궐로 인도하려고 하니 허황옥이 거절했다. 이에 김수로왕이 대궐 아래 서남쪽으로 60보쯤 되는 산기슭에 장

막을 쳐서 임시 궁전을 만들어 놓고 기다리고, 허황옥은 산 밖의 별포 나루터에 배를 대고 높은 언덕에 올라 쉬면서 비단바지를 벗어 산신에게 폐백을 바쳤다. 허황옥이 임시 궁전 가까이 오자 왕이 나아가서 왕비를 맞이하여 궁전으로 들어갔다.

(6) 장례식

① 〈신라시조 혁거세왕〉 ~ 왕이 하늘로 올라간 지 7일만에 몸이 오체로 나뉘어 떨어졌다. 뱀의 방해로 오체를 하나로 합하여 장사지내지 못하고, 오릉을 만들었다.

〈왕력편 제4 탈해니사금〉 ~ 왕이 죽자 수장(水葬)했다. 장지는 소정구(疏井丘)가 아니다.

②《왕력편》〈제34 효성왕〉 ~ 법류사에서 화장하여 동해에 뼈를 뿌렸다.

③ 〈가락국기〉 김수로왕이 죽자 대궐 동북쪽 평지에 한 길 높이와 300보 둘레의 빈궁(殯宮)을 세우고 장사지냈다.

④ 〈문호왕 법민〉 과 〈만파식적〉 ~ 대왕암에 유골을 수장했다.

⑤ 〈관동풍악발연수석기〉 ~ 진표율사가 발연사 동쪽 바위 위에서 죽으니 제자들이 시체를 그대로 두고 공양하다가 뼈가 흩어져 떨어지자 흙으로 덮어 무덤을 만들었다. 풍장 뒤에 매장을 한 것이다.

⑥《왕력편》〈제51 진성여왕〉 ~ 화장하여 뼈를 모량리의 서악(또는 미황산)에 뿌렸다.

⑦《왕력편》〈제52 효공왕〉 ~ 사자사 북쪽에서 화장하여 구지제(仇知堤)의 동산 기슭에 장사지냈다.

⑧《왕력편》〈제53 신덕왕〉 ~ 화장하여 뼈를 잠현(箴峴)의 남쪽에 장사지냈다.

⑨《왕력편》〈제54 경명왕〉 ~ 황복사에서 화장하여 뼈를 성등잉산의 서쪽에 뿌렸다.

⑩ 〈혜현구정〉 ~ 백제의 혜현이 법화경을 외는 것을 업으로 삼다가 죽자 동학들이 시신을 석실(石室) 안에 운반해 두었는데, 범이 유해를 다 먹고 해골과 혀만 남겼다.

(7) 위령제
① 〈월명사 도솔가〉 ~ 월명사가 누이동생이 죽자 재를 지내며 제망
매가를 부르니, 지전이 서쪽으로 날아갔다.

(8) 환생
① 〈김유신〉 ~ 고구려의 점쟁이 추남이 원사하여 김유신으로 환생하
였다.
② 〈보장봉로 보덕이암〉 ~ 수나라 양제가 고구려인에 의해 저격당하
자 수나라 양명이 복수하기 위해 고구려의 대신으로 환생하여 고구려를
멸망시키겠다고 했다.
③ 〈선율환생〉 ~ 명부에서 망덕사의 선율을 붙잡아갔으나 반야경을
만드는 공사를 완성하라고 되돌려보냈다.
④ 〈대성효이세부모〉 ~ 모량리의 가난한 김대성이 고용살이로 얻은
밭을 보시하고 국상 김문량의 아들로 환생했다.

3) 생산기술문화

생산방식은 농경, 수렵, 어로가 주종을 이루었는데, 농경문화는 불교
와 융합이 원만했지만, 어업문화와 수렵문화는 살생을 금하는 불교의
교리 때문에 불교와의 갈등이 심각했던 것으로 나타난다. 그리고 철제
도구가 제작되었다.

(1) 농사
① 〈제3 노례왕〉 ~ 보습을 만들었다.
② 〈광덕 엄장〉 ~ 엄장이 화전을 했다.
③ 〈이혜동진〉 ~ 혜공이 취해서 삼태기를 지고 가무하며 돌아다니니
부궤화상(負簣和尙)이라고 불렀다.

(2) 수렵 · 어로
① 〈법왕금살〉 ~ 백제의 법왕이 즉위한 599년에 살생을 금지시키

고, 민가에서 기르는 매나 새매를 놓아주고, 또 물고기 잡는 기구들을 불살랐다.

②〈臺山月精寺五類聖衆〉 ~ 공주에 살던 신효거사가 어머니에게 바칠 고기를 구하기 위해 학 다섯 마리를 활로 쏘니 한 마리가 날개깃 하나를 떨어뜨리고 갔는데, 그 깃으로 눈을 가리고 사람을 보니 모두 짐승으로 보였다. 그래서 자기의 넓적다리를 베어 어머니한테 바쳤다.

③〈영취사〉 ~ 신라 신문왕 때(683년) 충원공이 매한테 쫓긴 꿩이 새끼 두 마리를 안고 우물 속에 피신해 있고 매도 공격하지 않는 광경을 목격하고 그 자리에 영취사를 지었다.

④〈이혜동진〉 ~ 진평왕 때 혜숙이가 사냥을 하는 국선 구참공을 따라가서 자신의 다리의 살을 베어 주면서 구참공의 잔인함을 비난했다.

⑤〈대성효이세부모〉 ~ 김대성이 토함산에서 사냥한 곰의 귀신이 꿈속에 나타나 복수하겠다고 하므로 장수사를 세우고 사냥을 금했다.

⑥〈오대산 문수사 석탑기〉 ~ 어부가 고기잡이를 하는데, 고기들이 탑의 그림자를 보고 달아나므로 어부가 화가 나서 도끼로 탑을 찍었다.

⑦〈혜통항룡〉 ~ 혜통이 잡아먹은 수달의 뼈가 새끼들을 껴안고 있는 광경을 보고 출가했다.

⑧〈선도성모수희불사〉 ~ 경명왕이 매사냥을 갔다가 선도성모의 음조로 잃어버린 매를 되찾고 신모를 대왕에 봉작했다.

(3) 철기·수레
①〈제3 노례왕〉 ~ 거승(車乘)
②〈제4 석탈해〉 ~ 석탈해는 야장무(冶匠巫)였다[22]. 호공의 집에 숯과 숫돌을 몰래 파묻어 놓고 조상이 살던 집이라고 주장하여 호공과 쟁송을 일으키고, 관아에 가서 "我本冶匠 乍出隣鄕 而人取居之 請掘地撿看"을 요구하여 목적을 이루었다.

---

22) 이두현, 『한국무속과 연희』, 서울대학교출판부, 1996, 81~88쪽에서 석탈해를 야장무임을 고증했다.

4) 의식주

음식으로는 떡문화와 술문화가 일찍부터 발달했던 것으로 나타난다. 복식은 신라의 경우 태종 때 중국으로부터 수입한 것으로 나타난다. 주택은 모옥(茅屋), 초옥(草屋), 와옥(瓦屋) 등이 있었다.

(1) 음식
① 〈제3 노례왕〉 ~ ㉠ 유리왕이 석탈해와 떡(餠)을 물어 이빨의 수를 헤아려 연장자를 식별했다. ㉡ 장빙고(藏氷庫)를 만들었다.
② 〈태종 춘추공〉 ~ "王膳一日飯米三斗 雄雉九首 自庚申年滅百濟後 除晝膳 但朝暮而已 然計一日米六斗 酒六斗 雉十首"에서 태종의 식사가 백제 멸망 이후에 횟수는 줄었지만 음식의 전체 양은 증가했다. 특히 술이 새로 추가되었다.
③ 〈가락국기〉 ~ "每歲時釀醪醴 設以餠飯茶菓庶羞等奠"에서 김수로왕 묘사(廟祠)에서 제사지낼 때의 제수가 술, 감주, 떡, 밥, 차, 과일임을 알 수 있다.
④ 〈욱면비염불서승〉 ~ "每給穀二碩 一夕舂之 婢一更舂畢"에서 노비인 욱면이 방아를 찧은 사실이 확인된다.
⑤ 〈원효불기〉 ~ "古傳 昔有主寺者 給寺奴一人 一夕饌栗二枚 奴訟于官 官吏怪之 取栗檢之 一枚盈一鉢 乃反自判給一枚 故因名栗谷"은 밤을 식량으로 한 사실을 알려준다.
⑥ 〈선율환생〉 ~ 선율이 명부에서 만난 여자가 감추어 둔 참기름과 베를 찾아 참기름으로는 불등에 불을 켜고, 베는 경폭(經幅)으로 하여 명복을 빌어준 사실에서 참기름이 식용에서 등화용(燈火用)으로, 베가 옷감에서 불경필사의 도구로 전용되었음을 알 수 있다.
⑦ 〈효소왕대 죽지랑〉 ~ "以所將酒餠饗之 請暇於益宣 將欲偕還"에서 죽지랑이 득오를 만나 술과 떡으로 잔치를 벌일 계획이었음을 알 수 있다.
⑧ 〈진정사 효선쌍미〉 ~ 진정사의 어머니가 쇠솥(鐺)을 시주해서 와분(瓦盆)으로 밥을 지었다.

(2) 복식 · 관모

① 〈태종 춘추공〉 ~ 태종 때 자장율사가 당나라 황제에게 청하여 중국의 의관과 아홀(牙笏)을 가져왔다.

② 〈경문대왕〉 ~ 경문왕의 귀가 당나귀인 사실을 복두장(幞頭匠)만이 알았다.

③ 〈귀축제사〉 ~ 신라사람들은 계신을 숭상해서 닭의 깃털을 머리에 장식했다.23)

④ 〈욱면비 염불서승〉 ~ 욱면의 상전인 귀진의 집터에 세운 법왕사를 회경대사가 중건할 때 꿈에 노인이 삼과 칡으로 삼은 신을 각각 한 켤레씩 주었다.

⑤ 〈광덕 엄장〉 ~ 엄장은 신삼기를 했다.

(3) 주택

① 〈진한〉 ~ 35개 금입택(金入宅)이 있었는데, "南宅-北宅-亐比所宅-本彼宅-梁宅-池上宅(本彼部)-財買井宅(庚信公祖宗)-北維宅-南維宅(反香寺下坊)-隊宅-賓支宅(反香寺北)-長沙宅-上櫻宅-下櫻宅-水望宅-泉宅-楊上宅(梁南)-漢岐宅(法流寺南)-鼻穴宅(上同)-板積宅(芬皇寺上坊)-別敎宅(川北)-衙南宅-金楊宗宅(梁官寺南)-曲水宅(川北)-柳也宅-寺下宅-沙梁宅-井上宅-里南宅(亐所宅)-思內曲宅-池宅-寺上宅(大宿宅)-林上宅(靑龍之寺東方有池)-橋南宅-巷叱宅(本彼部)-樓上宅-里上宅-楡南宅-井下宅"과 같은 것들이었다.

② 〈又四節遊宅〉 ~ "春 東野宅 夏 谷良宅 秋 仇知宅 冬 加伊宅"

③ 제49대 헌강왕 시대에는 서라벌에서 해변에 이르기까지 담장이 연이었고, 초옥(草屋)이 없었다.

④ 〈가락국기〉 ~ ㉠ "俾創假宮而入御 但要質儉 茅茨不剪 土階三尺" ㉡ "築置一千五百步周廻羅城 宮禁殿宇 及諸有司屋宇 虎庫倉廩之地 事訖四宮 徧徵國內丁壯人夫工匠 以其月二十日資始金陽 暨三月十日役畢 其宮

---

23) 당나라 장회태자 묘의 벽화에 삼각모를 쓴 신라인—고구려인이라는 설도 있지만—의 삼각모에 새털을 두 개 꽂았다. 김병모, 『금관의 비밀』, 푸른역사, 1998, 55쪽 그림 참조.

闕屋舍 俟農隙而作之 經始于厥年十月 逮甲辰二月而成 涓吉辰御新宮"은 성곽의 축조, 궁궐 건물의 종류, 동원된 기술자와 노동인력, 공사 일정, 이삿날의 택일 등을 알려준다.

⑤〈대산월정사오류성중〉 ~ 자장법사가 진신을 보려고 모옥(茅屋)을 짓고 살았다.

5) 표현문화

(1) 예능 · 연희

①〈지철로왕〉 ~ 이사부가 우산국(울릉도)을 정복할 때 목우사자(木偶師子)를 만들어 협박했다.

②〈가락국기〉 ~ 희락사모지사. "此中更有戲樂思慕之事 每以七月二十九日 土人吏卒 陟乘岾 設帷幕 酒食歡呼 而東西送目 壯健人夫 分類以左右之 自望山島 駮蹄駿駿而競湊於陸 鷁首泛泛而相推於水 北指古浦而爭趨 盖此昔留天神鬼等望后之來 急促告君之遺迹也"

③〈양지사석〉 ~ 노동요(풍요)

④〈원효불기〉 ~ 바가지춤, 무애무. "偶得優人舞弄大瓠 其狀瑰奇 因其形製爲道具 以華嚴經一切無㝵人 一道出生死 命名曰無㝵 仍作歌流于世 嘗持此 千村萬落且歌且舞 化詠而歸 使桑樞瓮牖玃猴之輩 皆識佛陁之號 咸作南無之稱 曉之化大矣哉"

⑤〈경흥우성〉 ~ 배해지무(徘諧之舞)로 경흥의 우울증을 치료했다.

⑥〈월명사 도솔가〉 ~ "明常居四天王寺 善吹笛 嘗月夜吹過門前大路 月馭爲之停輪 因名其路曰月明里"

⑦〈김현감호〉 ~ 복회(福會; 탑돌이)

⑧〈포산이성〉 ~ 물계자의 琴(금)

(2) 국제적인 기술 교류

①〈무왕〉 ~ 무왕이 미륵사를 지을 때 진평왕이 백여 명의 공인들을 보내 도왔다.

②〈황룡사 구층탑〉 ~ "善德王議於群臣 群臣曰 請工匠於百濟 然後方

可　乃以寶帛請於百濟　匠名阿非知　受命而來　經營木石　伊干龍春(一作龍樹)幹蠱　率小匠二百人　初立刹柱之日　匠夢本國百濟滅亡之狀　匠乃心疑停手　忽大地震動　晦冥之中　有一老僧一壯士　自金殿門出　乃立其柱　僧與壯士皆隱不現　匠於是改悔　畢成其塔"

　③〈삼소관음 중생사〉～ 중국의 화공이 신라에 와서 중생사의 관음보살상을 만들었다.

3. 맺음말

　『삼국유사』는 〈왕력편―기이편―흥법편～효선편〉과 같은 체제로 되어 있기 때문에 근대적 개념의 민족지나 민속지가 아님에도 불구하고, 역사적 관점에서 고대사회의 민족학이나 민속학을 연구할 때 문헌자료로 활용할 수 있는 최고(最古)의, 그리고 최상(最上)의 문헌이 된다. 이러한 관점에서 『삼국유사』에 내재되어 있는 민속사상(民俗事象)을 추출한 결과 신앙생활문화(굿과 제사, 회의와 목욕, 신기대보와 신상, 각종 원시신앙, 신의 계시와 점복, 불양(祓禳), 주술과 금기, 무불습합), 통과의례(기자, 태몽, 출산, 성년식, 결혼식, 즉위식, 장례식, 위령제, 환생), 생산기술문화(농업, 수렵, 어로), 물질문화(의식주), 표현문화(예술, 연희, 건축, 조각, 회화, 민요) 등 생활문화 내지 민속문화의 전 분야에 걸쳐 자료가 검출되었다.

　특히 신앙생활문화 분야가 양적으로 압도적인 현상을 보였는데, 이것은 일연선사가 전통적인 무교적인 신이사관(神異史觀)과 불교사관을 접맥시키려 한 『삼국유사』의 편찬의도에서 비롯된 필연적인 결과이기도 하겠지만, 한편으로는 신앙이 고대사회인의 생활문화 속에서 차지하는 비중이 상대적으로 컸던 사실을 반영한다고 볼 수도 있다. 그런데 신앙에 대해서는 무교를 비롯한 토착신앙과 불교의 관계에 주목하여 불교 이전의 고유신앙의 실상을 파악하고, 불교의 전래 이후 어떻게 갈등과 융합, 공존의 관계를 맺어왔는지 민속사적 시각에서 체계적으로 기술하고 분석하는 작업이 하나의 과제로 떠오른다.

　한편 오늘날 동해안 무속에서 남자무당을 '화랭이'라고 부르는 사실은 화랑(花郞)과 무당의 관계를 시사하고, 세시풍속과 사회구조에 관한 자료도 산견되는 것을 포함시키지 못했기 때문에 보완작업을 해야겠다.

【참고문헌】

김열규, 「민속자료로서의 가치 '삼국유사'」, 《다리》 제 4·5호, 1973.

김택규, 「삼국유사의 사회·민족지적 가치」, 『한국사회와 사상』, 한국정신문화연구원, 1984. ;『삼국유사연구론선집』(1), 백산자료원, 1986.

──, 「삼국유사의 민속체계」, 『삼국유사의 종합적 검토』, 한국정신문화연구원, 1987.

민속학회, 『한국민속학의 이해』, 문학아카데미, 1994.

박진태 외 5인, 「삼국유사의 종합적 연구(1)」, 《한국민속학》 제 29호, 민속학회, 1997.

『삼국유사색인』, 정신문화연구원, 1980.

손진태, 「삼국유사의 사회사적 고찰」, 《學風》 제 2권 제 1·2호, 1949. 1·3 ; 『손진태선생전집』(6), 태학사.

이두현·장주근·이광규, 『한국민속학개설』(개정판), 학연사, 1987.

장철수, 「민속학연구 50년사」, 《한국학보》 제 82집, 1996. 봄호.

조선총독부, 『高麗以前の風俗關係資料撮要』, 1941.

최남선 편, 『삼국유사』, 민중서관, 1971.

『한국민속종합조사보고서』(전라남도 편)(문화재관리국, 1977.)

『한국민속대관』(고려대 민족문화연구소), 1980.

Ⅱ. 전승자료에 대한 현지조사

—경북 영양지방의 민속—

1. 민속놀이

1) 아이놀이

(1) 개인놀이

① 연날리기

연날리기를 하기 위해선 연과 실과 얼레가 있어야 한다. 연은 종이와 대나무살로 만들며, 모양과 색깔에 따라 방패연, 꼬리연, 가오리연 등등 다양하다.

연날리기는 음력 12월 중순께부터 시작해서 정월 15일에 액막이로 날려 보내는 것이 보통이었다. 또 연줄을 걸어서 잡아당겨 상대방의 줄을 끊는 연싸움도 했다.

요새는 연을 직접 만들지 않고 재료를 사다가 조립하거나, 아니면 아예 완제품을 사서 날리는 추세이다.

② 제기차기

음력 정월 초를 전후해서 겨울철에 성행한 놀이로 정신집중력을 길러주는 다리 운동이다.

제기는 얇은 종이와 엽전같이 가운데에 구멍이 뚫린 쇠붙이만 있으면 쉽게 만들 수 있는데, 요새는 비닐로 만든 제기를 사서 논다.

제기차기의 방법은 한 발을 땅바닥에 고정시키고, 다른 발의 안쪽 옆면으로 제기를 차 올리는데, 제기 차는 발을 공중에서만 올렸다 내렸다 하는 개칙구, 차는 발을 땅에 댔다 올리며 차는 맨제기, 두 발을 번갈아 가며 차는 쌍발제기가 있고, 발등을 쓰기도 한다.
2사람 이상 서너 명이 편을 지어 내기를 한다.

③ 팽이치기

팽이치기는 겨울철에 땅 위에서나 얼음 위에서 팽이채로 팽이를 때려 돌리는 놀이인데, 팽이는 박달나무, 대추나무, 소나무로 만들며, 팽이 밑부분에 구슬을 박기도 한다. 요새는 팽이를 깎지 않고 나무나, 플라스틱이나, 쇠로 만든 팽이를 사서 논다. 팽이채도 나뭇가지 끝에 노끈이나 닥나무 껍질을 묶어 만들었는데, 요새는 때리는 팽이보다 끈으로 감아 던져서 돌게 하는 식으로 팽이 돌리는 방식도 바뀌었다.

④ 비석차기

비석차기는 납작한 돌을 사용하여 맞은 편에 비석처럼 세워 놓은 상대방의 돌을 맞추어 넘어뜨리는 놀이인데, 다음과 같은 순서로 한다.
㉠ 저쪽 선 위에 세워놓은 돌을 이쪽 선 위에 서서 돌을 맞추어 넘어지게 한다.
㉡ 돌을 던져 놓고 앙감질하여 한발 뛴 다음 발로 차서 맞춘다.
㉢ 돌을 던져 좋은 다음 앙감질하여 세 발 뛰어가 발로 차서 맞춘다.
㉣ 돌을 오른 발등에 얹어 놓고 왼발을 한 발 자욱 뛴 다음 발등의 돌을 던져 맞추어 넘어지게 한다.
㉤ 돌을 오른 손에 들고 오른 발 가랭이 속으로 던져 맞춘다.
㉥ 돌을 배 위에 얹어 놓고 걸어가서 세워 놓은 돌을 맞추어 넘어지게 한다.
㉦ 돌을 어깨 위에 얹고 가서 내려뜨려 세워놓은 돌을 맞추어 넘어지게 한다.
㉧ 돌을 볼 위에 얹은 다음 걸어가서 내려뜨려 세워 놓은 돌을 맞추어 넘어지게 한다.
㉨ 돌을 이마 위에 얹고 고개를 뒤로 재끼고 걸어가서 내려뜨리면서 세워 놓은 돌을 맞추어 넘어지게 한다.
㉩ 돌을 머리 위에 얹고 가서 내려뜨리면서 세워놓은 돌을 맞추어 넘

어지게 한다. 이것을 「떡장수」라고 한다.

㉎ 돌을 궁둥이에 얹고 뒷걸음으로 걸어가 내려뜨려 세워 놓은 돌을 맞추어 넘어지게 한다.

㉏ 돌을 허리에 얹고 뒷걸음으로 걸어가 내려뜨려 세워 놓은 돌을 맞추어 넘어지게 한다.

⑤ 자〔尺〕치기

원점에서 오른손의 긴 막대기로 왼손의 짧은 막대기를 쳐서 멀리 보낸 다음, 떨어진 지점에서 긴 막대기로 짧은 막대기의 한쪽 끝을 때려서 공중에 뜨게 하고, 그것을 다시 긴 막대기로 쳐서 멀리 가게 하는데, 그같은 방식으로 3번 해서 가장 멀리 보내는 쪽이 이긴다.

⑥ 못치기

굵은 못 한 개씩을 가지고, 둘이 놀면 '–'자를, 셋이 놀면 'ㅜ'자를, 넷이 놀면 '+'자를 땅위에 그은 다음 가위·바위·보를 해서 이긴 순서대로 못을 땅에 꽂아 각자의 출발점에서부터 못이 꽂힌 구멍까지 선을 그어나가면서 상대방을 포위하는데, 못이 땅에 꽂히지 않으면 다음 사람이 하며, 이렇게 해서 상대방의 출구를 먼저 막는 사람이 이긴다.

⑦ 딱지(때기)치기

예전에는 얇은 유지(油紙)를 동그랗게 오려서 땅 위에 있는 상대방의 딱지를 쳐서 그 밑으로 들어가게 하거나 뒤집으면 그것을 가졌고, 만일 상대방의 딱지 위에 올라가게 치면 그 딱지는 상대방이 가졌다. 이긴 사람이 계속해서 쳤는데, 못 먹으면 상대방한테 공격권이 넘어갔다.

그러나 중년에 종이를 정사각형으로 두껍게 접어 땅 위에 있는 상대방의 딱지를 쳐서 뒤집으면, 그것을 먹는 식으로 바뀌었다.

⑧ 사방놀이

땅재먹기 또는 땅따먹기라고도 부르는 놀이로 두 사람 이상이 노는데, 원이나 네모꼴을 크게 그리고 가위·바위·보를 해서 이긴 사람이 한쪽 끝에서부터 한 뼘씩 땅을 넓혀가 땅을 많이 차지하는 사람이 이긴다.

⑨ 짜개받기

보통 '공기놀이'라고 부르는 여자아이들의 놀이로 대추알 크기의 짜개돌(공기돌) 5개를 사용한다.

놀이하는 순서는 하나집기, 둘집기, 셋집기, 모두집기의 순서로 하는데, 하나집기에서는 짜개돌 하나를 올리면서 네 개는 바닥에 놓은 뒤 짜개돌을 한 번 올릴 때마다 바닥의 짜개돌을 한 개씩 집는다. 둘집기에서는 한 번에 두 개씩을, 셋집기에서는 먼저 세 개를 한꺼번에 집고 다음에 한 개를, 모두집기에서는 한 번에 네 개 모두를 집는다. 이렇게 짜개돌을 집을 땐 곁의 다른 것을 건드려서는 안 된다. 그리고 처음엔 짜개돌을 높이 올렸다가 받고, 다음엔 낮게 올렸다 받으면서 한 차례씩 하는 것을 '1동 난다'고 말하고, 이런 식으로 동나기 시합을 한다.

⑩ 화가투(花歌鬪)놀이

시조를 적은 종이(명함 크기)를 수십 장 만들어 방바닥에 깔아놓고, 한 사람이 시조책을 읽으면 그 시조가 적힌 종이를 줍는다. 많이 줍는 사람이 이기는데, 시조 공부의 효과를 내는 놀이이다.

≪제보자 : 안윤락(71세, 영양읍 서부1리, 1996.8.16)≫

(2) 집단놀이

① 장치기

장(杖)치기는 타구(打毬), 격구(擊毬)라고도 부르는데, 필드하키와 비슷한 것으로 여러 사람이 같은 수로 편을 갈라 공을 장채로 쳐서 상대편의 문 안에 넣는 놀이이다.

놀이 기구는 장채와 공인데, 장채는 오늘날의 골프채처럼 끝이 안으로 구부러져야 하기 때문에 그런 모양의 소나무 마디 부분을 잘라서 만들거나 지게 작대기로 대신했으며, 공은 소나무 마디를 어른 주먹 크기로 깎아서 만들었다.

놀이 장소는 벌판이나 산의 평지나 논밭이었는데, 지금은 거의 놀지 않는다.

②보리타작놀이

음력 정월 14일에 동네 아이들이 모여 수숫대의 껍질을 벗겨 가농작물(假農作物)—보리, 나락, 조, 기장, 콩, 양대, 팥—과 가농기구(假農器具)—쟁기, 지게, 써레—등을 만들어 각자 자기 집의 거름더미 위에 꽂아 두고 그 해의 농사가 풍년이 들기를 빈다. 그리고서 이튿날인 대보름날 달맞이를 하고 난 뒤 곧바로 아이들이 모여 동네 남의 집 보리를 막대기로 두들겨 파손시키는데, 그 집 임자는 못하게 막아 실랑이를 벌인다. 그후 부서진 곡식(가농작물)을 주워 모아 불에 태워 그 재를 꿀밤 깍지로 "한 섬. 두 섬."하고 되어서 모아두었다가 농사 때 비료(재)로 사용하면 풍작이 된다고 믿었다.

≪제보자 : 안윤락(71세, 영양읍 서부 1리, 1996.)≫

③ 목말타기

두 사람 이상이 한 조가 되어 두 조가 가위·바위·보를 하여 진 조가 말과 마부가 되는데, 한 사람이 서서 마부가 되고, 다른 사람들은 허리를 굽혀 말이 된다. 이긴 조의 사람들이 뛰어서 말 등에 올라 가위·바위·보로 승부를 가려 지는 쪽이 말이 되는데, 이때 이긴 조의 전원이 말 등에 타지 못하면 진 걸로 간주된다.

④ 원부놀이

네 사람 이상일 때 가능한 놀이로 두 사람 이상이 한 조가 되어 가위·바위·보를 하여 이긴 쪽이 순사가 되고 진 쪽이 도둑이 된다. 순사끼리, 도둑끼리 손을 잡고서 쫓고 쫓기는데, 순사의 손이 도둑의 몸에 닿으면 진다. 그러나 순사끼리 서로 잡은 손이 풀어지면 순사가 진다.

≪제보자 : 안윤락(71세, 영양읍 서부1리, 1996)/조세락(70세, 일월면 주곡동, 1997)≫

2) 어른놀이

(1) 개인놀이

① 널뛰기

널뛰기는 음력 정월 초순, 5월 단오날, 8월 한가위 등 큰 명절 때 주로 큰애기(처녀) 사이에서 성행했다.

『경도잡지(京都雜誌)』에 "항간의 부녀자들이 흰 널조각을 짚단 위에 가로로 놓고, 양쪽 끝에 갈라서서 굴러뛰어 몇 자까지 올라간다. 그때 패물이 울리는 소리가 쟁쟁하고, 지쳐 떨어져 나가는 것으로 낙을 삼는다. 이것을 초판희(超板戲)라 한다."라고 하였다.

널뛰기와 그네뛰기는 전국적으로 행해지던 대표적인 여성놀이인데, 평소에 유교적인 분위기 속에서 자연스럽고 자유스러운 몸놀림이 억제되었던 시기인지라 널뛰기야말로 널판을 박차고 허공에 솟구치며 해방감과 가벼운 현기증을 느꼈을 것이다.

널판은 관(棺)을 만드는 송판을 사용하며, 아녀자와 처녀들이 요새도 띈다.

② 그네뛰기

그네뛰기는 여자의 단오놀이로 남자의 씨름과 대조적이다. 땅바닥에서 겨루는 씨름은 우람한 황소가 상징하고, 허공에 솟구치는 그네는 날렵한 제비가 상징한다.

우리나라 문헌에는 13세기 초에 여자들이 그네뛰기를 했다고 하는데, 중국의 『형초세시기(荊楚歲時記)』에 의하면, 원래 북쪽 변방 민족이 한식날 그네뛰기를 하여 가볍고 날랜 몸가짐을 익혔는데, 이것을 중국 여자들이 배웠다. 나무기둥을 세우고 그 위에 나무가지를 가로 질러 맨 다음 물감 들인 줄 위에 앉거나 서서 밀고 잡아 당기며 놀았는데, 추천이라고 불렀다.

우리나라 그네뛰기가 중국에서 유래했는지, 아니면 스스로 발생했는지는 단정짓기 어렵다.

그네틀을 만들지 않고 나무를 이용할 땐 그네줄을 보통 버드나무나 소나무나 느티나무의 가지에 매다는데 청기면 토구리의 창마와 넓은골 앞의 도로변 숲에는 느티나무에 볏짚이 아닌 삼으로 동아줄을 드려서 만든 그네줄을 매달아 놓아 마을 사람만이 아니라 차를 타고 지나가던 사람도 잠시 차에서 내려 그네를 뛸 수 있다.

그네뛰기 대회도 영양군청에서 단오날 행사로 씨름대회와 병행해서 주관해오다가 중단했던 것을 영양청년회의소(1974년 창립)에서 전통문화의 창달과 군민의 화합을 다지기 위해 부활시켜 1977년부터 매년 단오날에 개최하는데, 장소는 황룡천에서 하다 복개공사 이후엔 군민회관 앞 광장으로 옮겼으며, 개인부와 단체부로 나누어 실시하고 있다.

그네틀은 16-17m의 전주 2개를 세워 만들고, 그네줄을 매달고, 발판에 줄자를 묶어 높이를 재는데, 1996년 남자부 최고 기록은 20-25m였다.

《제보자 : 琴宰淵(청년회의소 회장), 1996.8.27》

③ 윷놀이

윷놀이는 대표적인 정월놀이의 하나로 남녀노소 구분 없이 놀 수 있는 서민적인 놀이이다. 남자들은 마당에 멍석을 펴놓고, 여자들은 안방이나 마루방에 방석을 깔아 놓고, 윷가락을 내던져 엎어지고 뒤집어지는데 따라 희비가 엇갈리는 게 특징이다.

『경도잡지(京都雜誌)』에 "붉은 싸리나무 두 토막을 쪼개어 네 쪽으로 만든다. 길이는 3치 가량, 혹 작게는 반쪽의 콩만큼 만들기도 한다. 이것을 던지는 것을 사희(柶戲)라 한다. 4개가 모두 엎어진 것을 '모', 4개가 모두 잦혀진 것을 '윷', 3개가 엎어지고 1개가 잦혀진 것을 '도', 2개가 엎어지고 2개가 잦혀진 것을 '개', 1개가 엎어지고 3개가 잦혀진 것을 '걸'이라고 한다. 그리고 말판에 29개의 점을 찍고 두 사람이 상대하여 던지는데, 각각 4필의 말을 쓴다. 도는 1점을 가고, 개는 2점을 가며, 걸은 3점을 가고, 윷은 4점을 가며, 모는 5점을 간다. 말판에는 돌아가는 길과 지름길이 있고, 말에는 느린 것과 빠른 것이 있어 내기를 결정한다. 설날에 이 놀이가 가장 성하다."라고 기록되어 있다.

윷의 종류는 서울을 비롯한 중부지방에서는 장작윷(길이 15-20㎝,

지름 3-5cm)으로 놀고, 남부지방에서는 밤윷(밤알 크기의 윷 네 짝을 밥공기 등에 담아 내젓다가 내던진다.)으로 노는데, 영양에는 장작윷과 밤윷 외에도 중간윷과 개윷이 더 있어 윷놀이 문화가 매우 발달한 지역임을 알 수 있다.

장작윷(큰윷)은 참나무나 박달나무로 만들며, 멍석 가운데에 40-50cm 높이의 줄을 치고, 그 줄을 넘겨서 멍석 안에 떨어뜨리는데, 두 손으로 던지며, 기술을 부리기가 어렵다. 중간윷은 싸리나무로 만들며, 줄 없이 한 손으로 던지므로 기술을 부릴 수 있다. 밤윷은 대개 방안에서 놀고, 장작윷과 중간윷은 마당에서 논다. 개윷은 아주 가는 싸리나무로 만들며, 부채를 펴듯이 쫙 깔아 던지는데, 요새는 잘 안 논다. 요새 여자들과 아이들은 공장에서 만들어서 파는 보통윷을 많이 논다. 예전엔 윷놀이 말판을 그린 멧방석이 있었는데, 지금은 없어졌다.

지금 윷놀이는 정월 대보름이나 잔치날, 그리고 사람이 많이 모이는 날에 노는데, 점심때가 되면 내기를 하여 묵, 편, 닭, 술을 시켜 먹는다. 다른 지역에 유행하는 "빽도"(이 윷가락이 뒤집혀 '도'가 되면 뒤로 한 칸 후퇴한다.)가 영양에는 없다. 1996년 단오날에 영양읍에서 영양청년회의소가 주관하여 그네뛰기 대회를 할 때 시장 안에서 면대항 윷놀이 대회를 열었다.

④ 씨름

씨름은 5월 단오날, 7월 백중날, 8월 한가위날의 민속놀이지만, 명절이나 계절에 구애 받지 않고 잔디밭이나 모래밭에서 씨름을 하는 경우도 많다.

씨름은 두 사람이 허리를 굽혀 서로 껴안고 싸우는 바, 몸이 땅에 먼저 닿는 사람이 지기 때문에 힘과 기술이 있어야 이길 수 있다.

이같은 씨름은 류득공(柳得恭)의 『경도잡지(京都雜誌)』와 홍석모(洪錫謨)의 『동국세시기(東國歲時記)』에 기록이 나타나고, 중국 길림성 통구에 있는 고구려의 고분 각저총의 벽화와 조선 후기 김홍도(金弘道)의 풍속화에도 씨름하는 장면이 있듯이 씨름의 역사는 길고, 단순한 민속놀이만이 아니라 군사들의 무예로서도 장려되었었다.

씨름 잘하는 사람을 고려 시대엔 '용사(勇士)'라고 불렀고, 조선 시대 초기에는 '역사(力士)'라고 불렀는데, 민간에선 흔히 '장사(壯士)'라고 불러 왔으며, 지금은 천하장사, 백두장사, 한라장사 등으로 부르고 있다.

영양군에선 자연부락 단위의 자연발생적인 씨름을 넘어서서 군 단위의 씨름대회를 개최하고 있는데, 원래 영양군청에서 주관하여 1975년부터 1985년까지 단오날에 송아지를 상품으로 내걸고 황룡천(黃龍川)에서 그네뛰기 대회와 함께 실시하다가 중단했던 것을 애향청년회(1988년 창립)에서 1989년부터 지역주민의 화합과 전통문화의 계승발전을 도모하기 위해 부활시켜 매년 단오날을 전후해서 개최하고 있다.

선수는 남자부(초등부, 중등부, 청년부, 장년부)와 여자부로 나누어, 읍·면의 체육회에서 추천받으며, 지역민의 관심을 환기시키고, 씨름의 수준을 향상시키기 위해 이 고장 출신 씨름선수인 이봉걸 장사의 자문과 지도를 받으며, 또 1996년 4월엔 영양병원에서 프로씨름 선수단인 대경씨름단의 시범경기를 유치한 적도 있다. 그리고 씨름대회를 군민의 화합과 단결을 위한 한마당축제로 승화시키기 위해 해군의장대의 사열, 농악대와 사물놀이패의 공연, 연예인의 초청 공연 등도 곁들이기도 한다.

샅바와 씨름판은 대한씨름협회에서 정한 규격에 맞추어 제작한다.

㉮ 샅바(색깔: 청·홍색)

㉯ 씨름판(모래판의 높이: 운동장보다 20㎝ 이상 70㎝ 이내)

≪제보자: 권용우(애향청년회 회장, 1996.8.26)≫

⑤ 팔목

네 사람이 팔목으로 노는데, 팔목은 너비 1㎝ 정도, 길이 15㎝ 정도의 한지(韓紙) 합지(合紙)에 인(人), 어(魚), 조(鳥), 치(雉), 성(星), 마(馬), 토(兎), 장(獐)을 각각 쓰는데, 인(人)은 1인에서 9인까지 쓰고 인장(人長)은 제(帝)자(字)를 쓰며, 다른 것도 같은 요령으로 쓴다. 다만 어장(魚長)은 용(龍)자를 쓰고, 조장은 봉(鳳)자를, 치장은 응(鷹)자를, 성장은 두(斗)자를, 마장은 추(騶)자를, 토장은 취(鷲)자를, 장장은 호(虎)자를 쓴다. 이렇게 종류별로 10매씩 도합 80매를 만드는데, 종이에 글씨를 쓴 뒤 참기름을 바르면, 색깔도 노랗게 되어 보기 좋고, 냄새도 좋고, 오래 사용할 수 있다.

먹는(따는) 법은 인·어·조·치는 노(老)로 먹고, 성·마·토·장은 소(少)로 먹는데, 인(人)의 경우 인장인 제(帝)는 9인보다 위이고, 9인은 8인보다 위이다. 어·조·치도 마찬가지이다. 성의 경우는 성장인 두(斗)가 최상위이고, 다음이 1성이고, 그 다음이 2성이고, 9성이 꼴찌이다. 마·토·장도 마찬가지이다. 요컨대 장(長)은 어느 경우에나 가장 높고, 나머지 9매의 우열 순위는 인·어·조·치는 나이 많은 것(큰 수)이 상위이고, 성·마·토·장은 젊은 것(작은 수)이 이긴다.

놀이 방법과 순서는 다음과 같다.

㉮ 인·어·조·치의 팔목을 20매씩 양손에 쥐고 ×표로 서로 섞어서 ×표로 놓고, 연장자부터 몇 장씩 떼어서 인·어·조·치 순서로 선(先)을 결정한다. 화투에서 선을 떼는 방식과 같다.

㉯ 선은 다시 팔목을 섞어서 선부터 4매씩 팔목을 떼어 든다. 40매를 전부 떼면 한 사람이 10매씩 가지게 된다.

㉰ 성·마·토·장의 팔목 40매도 같은 방식으로 나눈다.

㉱ 한 사람이 20매의 팔목을 화투 펴들듯이 들고 선이 먼저 한 장을 낸다. 이때 일례를 들어 선이 1어부터 어장인 용까지의 10매와 1마부터 마장까지의 10매를 들었다고 가정할 때, 선이 9마를 내놓으면 다른 세 사람은 마가 한 장도 없으므로 다른 종류의 팔목을 내놓게 되고, 그리하여 4매의 팔목은 선이 먹게 되는데, 이 4매를 1수(首)라고 한다.

㉲ 만일 선이 9어를 냈을 때 다른 사람이 어장을 내면 어장이 1수를 먹는다. 이런 식으로 인·어·조·치는 노(老), 곧 큰 수로 먹고, 성·마·토·장은 소(少), 곧 작은 수로 먹는다. 반드시 선이 낸 팔목과 같은 종류의 팔목 중에서 우위의 것을 내어야 가져올 수 있다.

㉳ 수부지(首不知)는 벌칙으로 3수를 빼는데, 수부지란 일례를 들면, 인장, 9인, 8인이 낙엽(落葉)이 진 뒤라면 다음 번에 인으로 먹을 차례는 7인인데도 7인으로 먹지 않은 경우가 된다.

㉴ 수(首)가 제일 많은 사람이 승자가 되고, 승자가 다시 선이 된다.

㉔ ㉠ ㄱ(선)·ㄴ·ㄷ·ㄹ 네 사람이 놀이를 하는 경우를 가상해 볼 때, 선 ㄱ이 7인을 낙엽하고, ㄴ이 8마를, ㄷ이 9성을, ㄹ이 1치를 낙엽하면, ㄱ이 1수를 먹고, ㉡ 선 ㄱ이 8인을 낙엽하고, ㄴ이 9어를, ㄷ이 7성을, ㄹ이 9인을 낙엽하면, ㄹ이 1수를 먹고 선이 된다. ㉢ 선 ㄹ이 8인을 내고, ㄱ이 7마를, ㄴ이 5어를, ㄷ이 7추를 내어 ㄷ이 먹을려고 할 적에는 수부지가 된다. 왜냐하면 인장이 아직 낙엽지지 않고 있기 때문이다.

또는 성을 가상해서 성장, 1성, 2성, 4성, 5성이 낙엽졌으면, 다음 차례엔 3성이 우위인데, 6성으로 먹으려 하면 수부지가 된다. 따라서 팔목이 거의 낙엽지고 한 사람이 4~5매씩 쥐고 있을 때 낙엽을 기억하지 못하면 수부지가 되어 지게 된다.

《팔목의 글씨 쓰는 방법》

| 一 | 人 | 一 | 魚 | 一 | 鳥 | 一 | 雉 |
| 人 | 長 | 魚 | 長 | 鳥 | 長 | 雉 | 長 |

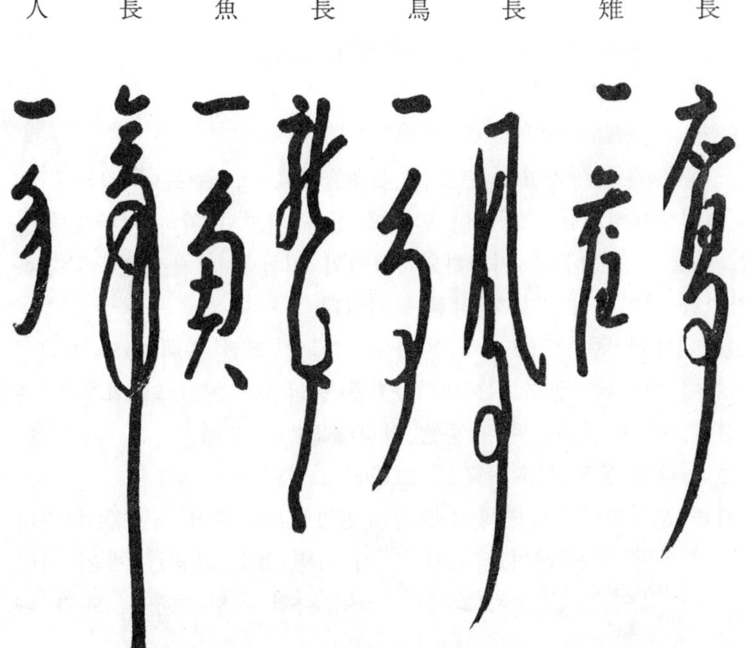

一　星　一　馬　一　兎　一　獐
星　長　馬　長　兎　長　獐　長

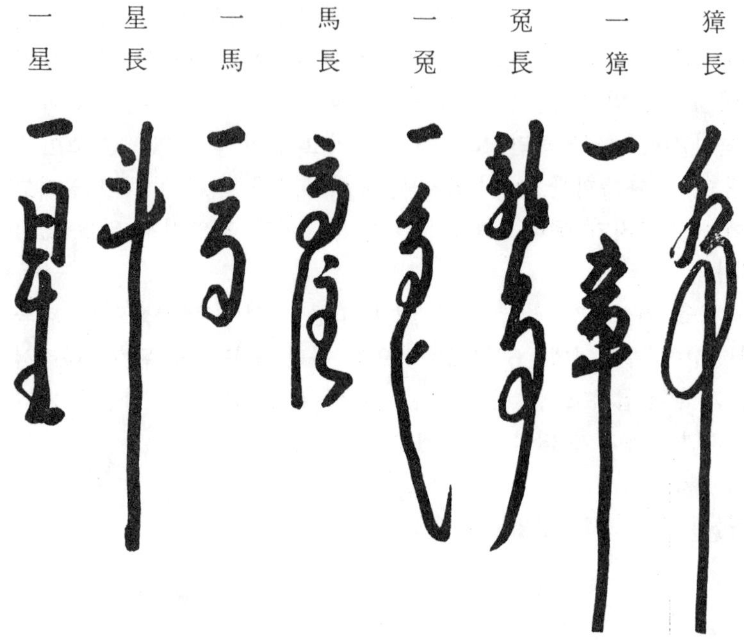

≪제보자 : 조세락(70세, 일월면 주곡리, 1997)≫

⑥ 종경도(從卿圖)놀이

　승경도(陞卿圖)놀이라고도 부르는 실내놀이로 청소년들이 관직에 진
출하여 입신출세하기를 소망하여 연초에 점을 치고 기원하는 뜻에서 놀
았는데, 아울러 향학심을 자극하고, 관직의 이름을 외게 하고, 승진에
대한 지식을 심어주는 의도도 담긴 놀이였다.

　놀이를 위해선 종경도(조선조의 벼슬 이름이 적힌 종이판)와 오각형
윷이 있어야 하는데, 종경도는 내직 89종(영의정이 최고)과 외직 54종
(팔도 감사, 수사, 군수, 현감 등), 벌직(罰職)은 유배, 파직 등 12종,
물러서는 자리인 봉조하(奉朝賀)가 그려진 그림이다.

　주사위는 오각형의 각 면에 1·2·3·4·5의 금을 내어 끗수를 나타내
고, 처음 시작할 때 주사위를 던져 '도'가 나면 유학(幼學), '개'가 나면
진사(進士), '걸'이 나면 무과(武科), '윷'이 나면 은일(隱逸), '모'가 나

면 문과(文科)부터 시작하며, 두 번째부턴 끗수에 따라 전진하여, 봉조하에 가서 모나 윷을 치면 퇴직하여 승자가 되지만, 도·개·걸을 치면 좌천이 되어 말판에 쓰여진 관직을 따라 다시 가야 한다.

≪제보자 : 조세락(70세, 일월면 주곡리, 1997)≫

(2) 집단놀이

① 풍물놀이

농악대가 주축이 되어 서낭당에서 서낭신을 서낭대에 내리든가, 또는 무당의 힘을 빌어 서낭신을 강신시켜 서낭대를 앞세우고 집집마다 돌면서, 마당의 잡귀를 밟고, 마루(성주), 부엌(조왕), 장독, 고방(庫房), 우물 등에 있는 가신(家神)한테 축원하고, 그곳의 잡귀를 내쫓고서, 집주인으로부터 곡물(쌀), 음식, 술을 대접받는 이른바 지신밟기(또는 걸립)을 하는데, 일월면의 주실과 가마실, 섬촌과 도계, 청기면의 소청, 영양읍의 무창, 청기면 행화리의 납대기가 특히 활발했다.

주실은 꽹매기, 징, 북, 소북, 사대부, 여자, 거지, 꼽추, 섬촌은 꽹매(2), 징(1), 소고(10-15), 사대부, 포수, 각시로 편성되었으나 지금은 단절되었고, 소청은 꽹매(4), 징(2), 북(2), 소고(20), 상모꾼, 사대부, 팔대부, 포수, 각시, 지게꾼으로, 납대기는 꽹매(3), 징(2), 장고(1), 북(1), 소고(2)로 편성되며 아직도 전승력을 잃지 않고 있다.

이밖에 동제(洞祭)만 지내는 마을에서 14일이나 15일의 밤에 당제(堂祭)를 지내고, 파제(罷祭)날인 그 이튿날 모여 음복하고 회의를 할 때 풍물을 치며 논다. 또는 동제와 무관하게 명절이나 잔치나 모임에서 풍물놀이를 하기도 하는데, 전반적으로 기능보유자들의 사망이나 고령화 및 청장년층의 인구 감소로 지신밟기(걸립)만이 아니라 오락적인 풍물놀이도 급격하게 쇠퇴 내지 단절되는 추세이다.

이같은 상황에서 영양군의 교육청에서 초등학생(13개교)·중등학생(6개교)·고등학생(3개교)을 모두 참가시키는 '해달뫼한마당잔치'(1996년이 제15회)를 개최하여, 고적대, 음악, 무용, 연극, 체조, 육상, 합기도, 태권도 등과 함께 농악놀이의 경연대회를 연다. 13개 초등학교 중에서 방전, 가곡, 석보, 수비, 중앙, 영양, 일월, 입암, 청기, 청북, 청일 등 11개 학교에서 농악부(사물놀이반, 풍물반)를 만들어 농악을 지도하는데, 중앙초등학교와 영양초등학교가 특히 우수하며, 영양초등학교는 1995년 경상북도가 주최하는 농악경연대회에 참가하기도 했다. 고등학교로는 영양고등학교가 풍물반을 만들어 농악의 전통을 계승하려 노력하고 있다.

이처럼 영양의 농악은 아직도 마을에서 명맥을 유지하고 있는 어른농악과 학생 수의 감소와 지도교사의 부족 등과 같은 어려운 여건 속에서도 점차 활기를 띠면서 농악 전통의 계승과 농악인구의 조기 교육과 저변 확대에 이바지하고 있는 학생농악으로 나뉘어, 농악놀이가 어른의 집단놀이에서 어린이의 집단놀이로 바뀌고 있다.

② 줄다리기

줄다리기는 수도재배(水稻栽培)문화와 밀접한 관련이 있는 세시풍속 놀이인데, 주로 정월 대보름과 8월 한가위 때 하며, 남자와 여자, 동부와 서부로 편을 갈라 하는 편싸움 형태의 집단놀이로, 예전엔 여자나 서부가 이겨야 풍년이 든다고 믿는 기풍(祈豊)·점풍(占豊)의 주술적 기능이 있었으나, 지금은 단순히 스포츠로서 한다.

영양읍에선 예전부터 음력 정월 보름날 낮에 동부와 서부로 나뉘어 줄다리기를 하고, 밤에 성황제를 지냈다.

1960년에는 군청의 앞길을 경계선으로 해서 수비면, 일월면, 청기면을 포함해서 동부팀을 만들고, 석보면, 입암면을 포함해서 서부팀을 만들어 전 군민이 동과 서로 나뉘어 줄다리기를 했는데, 그때 줄이 끊어지는 바람에 부상자가 많이 생겨 그 이후로 줄다리기가 중단되었다.

줄다리기가 끝나면 사람들(동해안 어부)이 고기가 잘 잡힌다고 줄을 사갔다.

≪제보자: 박성이(83세, 영양읍 서부 1리, 1996.)/ 최계훈(78세, 같은 주소)/박위조(여,84세, 같은 주소≫

③ 화전놀이

화전놀이는 주로 봄철 청명절에 사대부 부녀자들이 야외에 나가 진달래꽃으로 화전을 부쳐 먹으며 상춘(賞春)하던 놀이이다. 일월면 주실마을에선 음력 삼월 삼짇날에 남성의 교육기관인 월록서당을 빌려, 하루 동안 여성의 놀이공간으로 전환시켜, 일상의 노동과 제약에서 해방된 여성만의 문화공간을 만들었다. 이때 진달래꽃을 따다 전을 부쳐 먹고, 두 편으로 나뉘어 꽃술싸움을 하고, 규범으로부터 일탈현상까지 보인 사실이 화전가라는 내방가사에 우아한 문체로 표현되었다. 대표적인 화전가를 소개하면 다음과 같다.

어화 우리 벗님네야 / 화전노름 놀러가세 / 앞집식딕 뒤집식딕 / 모도 갓치 놀러가세

백년금고 시집사리 / 빠져나기 어렵기로 / 양춘가절 화개춘에 / 화로 소풍 못할소냐

집히집히 접어너흔 / 농옷 찾아 터러입고 / 압서거니 뒤서거니 / 장사진을 이루면서

반석조코 물조흔곳 / 차즈보니 매방산밋 / 월록서당 놉흔난간 / 올라서니 선경이요

날을듯이 놉은충혀 (추녀?) / 아담하게 지은정자 / 우리조상 대대손손 / 문인재사 배양할시

지평종가 형제간에 / 옥천승지 이름높고 / 동네남정 독서소리 / 오늘하로 쉬난도다

동구습혜 (숲에) 숨은춘풍 / 산들산들 반기는듯 / 물소리도 은은하게 / 글소리와 흡사한데

하루전날 모은쩍쌀 / 새벽부터 쩌어지고 / 번철위에 바를기름 / 두루미로 이고오니

고직이는 쪼차나와 / 황공해서 조아리며 / 썰나무도 갓다주고 / 숫쑤경도 걸어줄제

일월산을 바라보니 / 봉화춘향 (춘양) 접경이요 / 홍림산을 쳐다보니 / 안동쌍이 지척이라

꼬불꼬불 저산길로 / 가마타고 오고가고 / 빅년고락 입타인에 / 우리 신세 한탄할제

동니남정 공부하는 / 월록서당 하로빌려 / 널븐대청 압뒤문을 / 활짝 열어 달아매니

문전옥토 한복판에 / 구비치는 냇물이랑 / 산간벽촌 앞뒤산에 / 두견화가 만발토다

어화춘풍 조흘시고 / 오늘우리 화전이라 / 한양조씨 주실딸니 / 오랫만에 친정와서

삼삼오오 작반하야 / 모여드니 한방이요 / 악수상봉 즐긴후에 / 싸인회포 터러노코

동니안에 부녀모하 / 하로소풍 시키랴고 / 어린딸니 산에보나 (보내) / 두견화를 꺾게하니

아롱명주 겹저고리 / 자주고름 팔랑팔랑 / 잇씨물감 당홍치마 / 꽃과 석겨 바꿔볼듯

필통봉에 진달래꽃 / 어린품에 다안겻나 / 아희마다 한아람식 / 썩거온꽃 진달래라

화심을랑 고히두고 / 화판만을 고이짜소 / 차노치썩 구을적에 / 보기 좋게 석거두어

물신물신 김이날째 / 맛이잇게 노나먹고 / 화전노름 꽃싸움에 / 누가 지나 내기하세

이기면은 떡한두레 / 지고나면 절하기라 / 동부서부 두퓌모듬 / 우슴 속에 니기로다

이기는쪽 춤을추고 / 지는쪽이 노래하면 / 산간벽촌 꽃마을에 / 앞뒷 산도 깃버흐고

미방산밋 송림사이 / 두루미도 춤을추리 / 어화춘풍 조흘시고 / 오늘 우리 화전이라

밤나즈로 짜던베틀 / 오늘이랑 나랑쉬고 / 달밤에도 돌던물레 / 오늘 나제 잠을자네

어화지야 반갑도다 / 화전목판 들어오네 / 노골노골 차노치에 / 살작 익은 꽃냄새라

노릿노릿 익은화전 / 골나내서 따로담아 / 장유유서 잇지말고 / 고룩
고루 노나주소
실큰먹고 남는쩍은 / 이긴편에 상을주게 / 소두뱅이 마튼사람 / 세도
너무 하지마소
어화춘풍 조흘시고 / 오늘우리 화전이라 / 시집갓다 근친온쌀 / 허긔
병을 고쳐가고
싀집사리 하는새댁 / 꿀덕꿀덕 채할시라 / 중늘근이 부녀들은 / 상기
아직 못먹었네
못다먹은 화전쩍은 / 긴수건에 꼭꼭싸고 / 꽃속싸움 노름터에 / 호기
잇게 닥아안자
화심쏩아 고이걸어 / 묘리잇게 쌩겨보세 / 동부편에 하희숙주 / 다섯
명을 이겼도다
박수갈채 환희속에 / 원촌형주 맛붓트니 / 에헤조타 장쾌로다 / 서부
쪽의 서광이오
사람마다 지고이겨 / 승패수가 자즈메라 / 어느편이 개선할지 / 누가
미리 짐작할꼬
한참동안 백병전에 / 동부편이 승리로다 / 받장대소 승전곡에 / 앞뒤
산이 진동할새
어화우리 조흘시고 / 이긴편이 춤을추네 / 패한편은 안즌채로 / 목을
뽑아 노래하네
풍정잇는 하회쌀내 / 시딕중에 호걸이요 / 률잘하는 원촌부녀 / 퇴계
쌀내 대표로다
어화오늘 조흘시고 / 화전노름 제일이라 / 노소동락 오늘하로 / 시집
사리 잊은하로
내기붓쳐 이긴쩍은 / 머리우에 고히언쪼 / 둥실둥실 엉둥춤에 / 사람
마다 요절이요
하로종일 먹고놀고 / 일어서며 하는말이 / 삼년묵은 현긔증이 / 화전
으로 골을막고
싀집사리 썩은속이 / 오늘이라 거풍햇네 / 동방이라 예의지국 / 삼강
오륜 여필종부

잘밧들어 가장이요 / 묵숨밧쳐 럴녀로다 / 어화춘풍 조흘시고 / 오늘 우리 화전이라

가세가세 어서가세 / 화전쩍을 이고가세 / 노래하며 늘근이들 / 마당으로 너려가니

동니시댁 헐수업시 / 무릅쓰고 나서는데 / 자주무름 귀귀마다 / 진주옥판 달랑달랑

분홍단혀 옥색단혀 / 뽀족뽀족 뵐듯말듯 / 하루쉬고 다시틀에 / 굴레쓰고 가는괴상

우리들도 싀집가면 / 피지못할 운명이라 / 양춘가절 낙화유수 / 우리쌀니 정경이라

서로잡고 울다보니 / 희는서산 넘어가네 / 헛브도다 초로인생 / 어느때나 또모일꼬

긔약못할 모듬이라 / 눈물모아 먹을갈고 / 펼처노흔 긴수건에 / 적어노니 화전가라

한양성남 천리박게 / 우리죠씨 은거함을 / 세상이야 알든말든 / 우리쌀니 작사로다

≪김진영(1937년생) 소장본, 1994. 10.7~9에 국어교육과 학술조사 당시 필사≫

2. 생활풍습

1) 의생활(衣生活)

(1) 복식(服飾)

평상복과 작업복을 구분하며, 노년층에서 한복을 평상복으로 입는 사람도 있지만, 일반적으로 한복은 명절복이나 의례복으로 입는다. 젊은층은 대개 양복을 의례복으로 입는다. 시사(時祀) 때 의례복으로 한복을 입을 때 두루마기 위에 도포를 입는 사람이 아직도 있으며, 다만 갓 대신 유건(儒巾)을 쓴다.

상례(喪禮) 때 삼베로 만든 굴건제복(屈巾祭服)을 의례 간소화 정책에 따라 입지 않다가 요새 옛 풍습이 되살아나는 경향이 있으며, 집에서 만들지 않고 장의사에서 사서 입는다.

돌날에는 아들은 도령복을, 딸은 치마와 저고리를 입힌다.

예전엔 혼례식 때 신랑은 사모관대(紗帽冠帶)를 하고, 신부는 원삼(圓衫)을 입고 족도리를 썼으나, 지금은 보관은 하고 있으면서도 사용은 하지 않고, 신랑은 검정색 양복을, 신부는 흰색 웨딩드레스를 입는다.

(2) 길쌈

예전엔 모시베, 삼베, 무명베, 명주베를 손수 짰으나, 지금은 하지 않으며, 다만 길쌈 때 쓰던 베틀을 보관하고 있는 집은 간혹 있다.

(3) 바느질 · 빨래 · 다듬질

반짇고리는 있으나, 거의 바느질을 하지 않고, 재봉틀을 사용한다.

빨래도 작업복을 빨 때는 초벌 빨래는 손으로 하지만, 대개 세탁기를 이용한다.

다듬질할 다듬이돌과 다듬이방망이, 그리고 재래식 다리미를 보관하고는 있어도 사용하지 않고, 전기 다리미를 사용한다.

≪제보자 : 이창기(여, 63세, 영양읍 감천1리, 1996)/이제호(여, 77세, 같은 주소)/김복순(여, 74세, 같은 주소)≫

2) 식생활(食生活)

(1) 개관

경상북도는 식생활이 소박한 편이다. 그러나 음식이 자극성이 강하고 간이 센데, 이는 기후와 밀접한 관련이 있다. 동해안 지방은 생어물(生魚物)을 먹을 수 있지만, 내륙 지방은 육류, 그 중에서도 개고기와 닭고기를 크게 숭상했다. 특히 영양군의 주실마을에선 개고기가 일차적 고급요리여서 집안 노인의 생신일이나 사돈이 내방하였을 때 소고기나 닭고기보다 개고기를 상위 요리로 대접하는 풍습이 있었다.

영양군은 도내 최고의 산 일월산이 있어 산나물이 풍부한 까닭에 산나물 요리가 발달했는데, 그 중에서도 참나물과 금죽(錦竹)이 특히 유명하다. 또 산간 고지대이기 때문에 일교차가 심하여 고추의 맛이 매우 면서도 달고 향기로우며, 껍질이 두꺼워 가루가 많은 것이 특징인데, 고추의 명산지답게 고추를 이용한 반찬이 다양하다.

일상 음식은 대부분 곡물과 그 가공식품에 의존하고, 따라서 장류(醬類)의 가공, 콩의 이용 등이 일상 음식에 널리 적용되는데, 이같이 비교적 소박한 식생활 풍습 속에서도 제례(祭禮)나 동제(洞祭) 같은 때의 의례음식은 크게 숭상되어 지금도 옛 풍습을 그대로 유지하고 있는 마을이 많다.

(2) 일상음식(日常飮食)
반찬은 국, 찌게, 김치, 장아찌(장지라고 부른다), 나물무침, 채소의 볶음 등이 있다.

① 국
○ 산나물에 콩가루 묻혀서 국을 끓인다.
○ 무우청, 배추를 삶아서 썰어서 콩가루 묻혀서 시레기국을 끓인다.
○ 무우생채를 넣고 콩나물국을 끓인다.
○ 소고기, 무우생채, 파를 넣고 탕국을 끓인다.
○ 소고기, 배추, 옥파, 토란, 고사리를 넣어서 찜국을 끓인다.
○ 파에 콩가루를 묻혀서 국을 끓인다.
○ 김치국
○ 아욱국
○ 시금치국

② 산나물
○ 취는 삶아서 쌈을 싸거나, 갖은 양념(간장, 깨소금, 참기름)에 무치거나, 무우생채와 된장과 간장을 넣고 끓이다가 불을 약하게 낮추고

취를 잘게 썰어 콩가루를 묻힌 것을 넣은 다음 다시 불을 높여 국을 끓인다.

○ 두릅은 개두릅과 참두릅이 있는데, 개두릅은 삶아서 초장에 찍어 먹든가, 갖은 양념(참기름, 깨소금, 간장)에 무쳐서 먹는다. 그리고 참두릅은 삶아서 초장에 찍어 먹든가, 밀가루와 계란을 묽게 반죽해서 묻히고, 머리부분을 쪼개고 그 속에 소고기를 채썰어서 군데군데 넣어 지짐한다.

○ 더덕은 껍질을 깎아서 칼등으로 자근자근 두드려 납작하게 만들고, 고추장, 간장, 참기름, 마늘, 깨, 설탕, 꿀을 버무려 그곳에 적셔서 숯불의 적쇠에 구웠다. 요새는 후라이팬에 기름을 약간 바른 뒤 굽는다.

○ 고사리는 삶아서 우려낸 다음 갖은 양념(참기름, 마늘, 깨소금)에 무치거나, 콩가루를 묻혀서 국을 끓인다. 제사지낼 땐 마늘을 넣지 않는다.

금죽은 삶아서 우려낸 다음 소고기국에 넣거나, 무치거나, 쌈을 싸서 먹는다.

○ 참나물(미나리처럼 생겼는데, 향이 좋다.)은 생으로 먹거나, 쌈을 싸서 먹거나, 삶아서 무쳐서도 먹는다.

○ 고깔나물은 생으로 먹거나, 삶아서 무쳐서 먹거나, 삶아서 말렸다가 가을에 식혜(멸치젓)와 마늘, 생강, 설탕, 깨를 넣어 김치를 담근다.

○ 싸리대는 삶아서 갖은 양념에 무쳐서 기름에 볶아 먹는데, 맛이 쌉쌀하다.

③ 고추

○ 생고추를 씻어 단지에 담고, 멧젓(멸치젓)을 위에 붓고 짚으로 덮은 다음 돌로 눌러 놓았다가(약 1개월 동안) 김장 때 꺼낸다. 그리고 고추가루, 깨, 마늘, 생강을 찹쌀 달인 물에 개어서 고추와 버무린다.

○ 간장에 담갔다가 국수 삶아서 먹을 때 고추를 잘게 썰어 양념간장에 넣는다.

○ 고추를 소금물에 담그면 누렇게 삭는데, 동치미(무우, 배추) 담글

때 넣는다.

○ 가을에 맹아리(아주 작은 고추)를 따서 밀가루, 콩가루와 섞어서 무친다. 또는 쪄서 양념(고추가루, 마늘, 깨소금)에 무친다.

○ 작은 고추는 밀가루를 묻혀서 먹는다. 또는 쪄서 말렸다가 겨울에 볶아서 갖은 양념을 해 먹는다. 또는 설탕이나 소금을 뿌려서 그냥 먹는다.

○ 고추잎을 삶아서 고추가루는 넣지 않고, 마늘, 참기름, 간장, 깨소금을 넣어 무친다.

○ 고추잎을 삶아서 말렸다가 다시 삶아서 무친다.

○ 무우말랭이와 고추잎 말린 것과 무우청 말린 것, 그리고 찹쌀 달인 물에 고추가루, 마늘, 깨, 설탕, 엿을 버무린 것, 집간장(또는 소금)을 섞어서 짠지를 담근다. (오징어를 넣기도 한다.)

④ 김치

○ 배추를 소금물에 절여서 양념(찹쌀 달인 물에 고추가루, 마늘, 생강, 깨, 멧젓물을 버무린 것)에 버무리는데, 갈치 비늘을 벗기고 잘게 썰어 소금, 마늘과 함께 무쳐서 하루밤 재어서 배추 속을 넣을 때 무우 생채, 갓, 쪽파도 함께 심을 박는다.

○ 갈치를 넣으면 갈치김치, 생굴을 넣으면 생굴김치, 새우젓을 넣으면 새우젓김치가 되며, 예전엔 광어를 포 떠서 광어김치를 담갔다.

○ 무우로 물김치(동치미), 총각김치, 깍두기를 담근다.

⑤ 기타

○ 메주콩을 10월 중순에 삶아 둥글 납작하게 메주를 만들어 집 밖에서 1달 가량 말린 다음 방 안에서 1달 가량 띄웠다가 음력 정월~2월 사이에 간장을 담근다. 물, 소금, 메주, 숯, 대추, 고추를 넣고, 예전엔 항아리에 금줄을 쳤으나 지금은 안 한다. 담근 지 1달 후에 달인다.

○ 간장 담근 메주를 건져서 주물러 된장을 만든다.

○ 된장 담근 다음에 메주가루, 고추가루, 소금, 물엿으로 고추장을

담근다.

○ 찌게는 김치찌게, 두부찌게, 된장찌게가 있다.

○ 애호박은 썰어서 마늘, 간장을 넣고 냄비에 볶고, 된장찌게에 넣고, 밀가루 묻혀서 돈적을 굽고, 채 썰어서 밀가루에 반죽해서 굽고, 생 것을 후라이판에 구워서 갖은 양념에 무친다.

○ 가지는 삶아서 무치거나, 말렸다가 삶아서 기름에 볶은 뒤 갖은 양념에 무치거나, 생 것을 채 썰어서 또는 통째로 쨔어서 소고기에 갖은 양념을 한 것을 속에 넣고 찐다.

≪'일상음식'의 제보자 : 정휘선(여, 71세, 영양읍 서부리, 1996.)≫

(3) 명절음식(名節飮食)

○ 설날에 골비와 만두를 넣고 떡국을 끓인다. 이때 예전엔 닭고기를 넣었는데, 요새는 주로 소고기를 넣는다.

○ 대보름날 산채, 호박, 가지, 토란잎, 고사리, 도라지, 시금치, 고지(덜 여문 박을 썰어서 말린 것), 콩나물, 무우생채를 삶아서 기름에 볶는다.

찹쌀, 대추, 밤으로 찰밥을 짓고, 찹쌀, 기장쌀, 수수쌀, 차줍쌀, 대추, 밤, 검정콩(완두콩), 팥으로 오곡밥을 짓는다.

○ 단오날에 산에서 취를 뜯어서 삶아 쌀과 섞어 가루를 만들어 쪄서 절편을 만든 다음 콩가루를 묻혀서 먹는다. 약떡이라고 먹는다. 쑥떡도 만들어 먹는다. 또 미나리는 삶아서 무쳐서 먹는데, 단오 이후에는 냄새가 나서 잘 안 먹으므로 단오를 미나리 환갑날이라고 한다. 약미나리라고 먹는다.

○ 추석에는 햇콩, 팥, 밤, 깨, 대추로 속을 넣어 송편을 만든다. 또 쌀가루에 막걸리를 넣어 발효시킨 것을 보자기를 펴고 쪄서 참기름 발라서 먹는데, 기지떡이라 부른다.

○ 동지에 팥을 삶아서 걸른 물에 찹쌀새알(멥쌀, 기장도 넣는다)과 찹쌀을 넣고 죽을 끓이는데, 일년의 액땜을 위해 성주고사, 조왕고사를 지낸다. 예전엔 팥죽을 마루와 부엌에 뿌렸다.

≪제보자 : 정 휘선(여, 71세, 영양읍 서부리, 1996.)≫

(4) 의례음식(儀禮飮食)

① 제례음식(祭禮飮食)

기제사(忌祭祀)와 시사(時祀)의 음식이 같은데, 마늘과 고추가루를 넣지 않는다. 메, 국(콩나물국, 무우국), 탕(소고기와 무우), 삼채소(고사리, 콩나물, 시금치), 어물(상어, 방어, 고등어, 문어, 조기), 포(대구포나 명태포), 닭고기(온 마리로 찐다), 쇠고기 산적(또는 돼지고기 산적), 전(煎)(쌀가루로 만든다), 조약(쌀가루로 둥글납작하게 만들어 전을 부친 판에 튀긴 다음 콩가루와 깨소금을 속에 넣고 반으로 접어 반달형으로 만든 것), 떡을 차리는데, 어물과 고기는 상어를 맨 밑에 놓고, 그 위에 방어, 고등어, 조기, 쇠고기 순서로 탑을 쌓듯이 올려놓아 '도적(都積)'을 만든다. 그리고 떡도 맨 밑에 시루떡을 놓고, 그 위에 절편, 인절미, 경단, 전의 순서로 차곡차곡 올려놓고, 전 위에는 대추구리(또는 깨구리)를 둥글게 원을 그리면서 바깥쪽에 배열하고 그 가운데에 조약을 놓은 다음 마지막으로 그 위에 편적(소적)—배추잎과 밀가루나 쌀가루로 만든다—으로 덮는다. 송편은 기제사와 명절 때 모두 사용하는데, 만일 기제사 때 송편을 하면 앞의 떡은 안 하는 게 원칙이다. 술은 탁주를 쓴다.

② 혼례음식(婚禮飮食)

혼례식 때는 밀국수(손국수)를 만들어 먹고, 막걸리를 마시는데, 부자집에선 떡국을 끓였다. 한편 묵이나 두부를 쌀과 함께 소반 위에 받쳐 초례상과 신랑 사이에 놓았는데, 신랑이 젓가락으로 묵(또는 두부)을 뒤집었다.

③ 동제음식(洞祭飮食)

동제의 음식은 기제사의 음식과 기본적으로 동일하다. 다만 여당(女堂)일 경우엔 비린 것을 쓰지 않는다 해서 육류(쇠고기)를 쓰지 않으며, 술도 막걸리 대신 감주(단술)를 쓰며, 닭고기를 바칠 때도 장닭을 바치는 점이 특이하다. 마을에 따라선 성황제에서 돼지머리를 바치기도 한다.

포는 대구포나 광어포가 비싸고 구하기 어려우므로 명태포, 심지어는 오징어포를 쓰기도 하며, 어물은 대구, 문어, 상어, 청어, 조기, 방어, 고등어, 동태, 가자미, 가오리, 이면수 같은 해물이 쓰이며, 갈치, 멸치, 꽁치 같이 '-치'가 들어간 생선은 기피한다. 과일은 삼실과(대추, 밤, 곶감)가 원칙이지만, 보통 배와 사과를 보태어 오실과를 놓으며, 시대의 변화에 따라 참외, 수박, 귤을 놓는 마을도 있다. 채소도 삼채소로 백색(무우, 콩나물, 도라지), 갈색(고사리), 녹색(배추, 시금치, 쑥갓, 냉이)을 따져서 삼색을 갖추려는 경향이 아직도 강하다. 탕은 소고기나 명태를 사용하고, 떡은 백설기(백편)를 일부분 또는 온시루째 놓는다.

④ 돌잔치·생일의 음식

돌날에는 만두, 수수떡, 설찜(백설기)를 만드는데, 만두는 아이의 속이 넓으라고, 수수떡은 살(煞)을 막으라고, 백설기는 백 살까지 살으라고 만든다.

밥과 미역국과 떡 한 쟁반(요새는 사과쟁반, 배쟁반도 놓는다)을 차린 상 위에 실, 돈, 연필, 붓, 공책도 함께 놓는다.

생일날에는 미역국을 반드시 끓여 먹는다.

≪'의례음식'의 제보자 : 이창기(여, 63세, 영양읍 감천 1리, 1996.)
／이제호(여, 77세, 같은 마을)／김복순(여, 74세, 같은 마을)≫

3) 주생활(住生活)

(1) 주택의 형태

주택의 형태, 곧 평면 구성은 일자(一字)집, 겹집, 기역자집, 뜰집 네 가지 유형이 있다.

일자집은 측면이 한 칸(間)이어서 홑집이라고 하는데, 안채와 사랑채의 구분 없이 부엌, 안방, 중방, 사랑방이 일자형으로 배치되어 있으며, 겹집은 측면이 두 칸이므로 부엌이 넓어 부엌 안에 고방이 있는 경우가 많으며, 한 칸 마루가 있고, 사랑방은 두 칸 방으로 넓기 때문에 중간에 미닫이문을 하여 필요에 따라 방 두 개로 사용할 수 있다. 기역자집은 일자집에 다른 방들을 기역자로 배치한 형태이다. 뜰집은 구자형(口字型) 또는 정자형(井字型)으로 되어 건물 안에 뜰을 가지고 있는 집인데, 대청마루를 중앙으로 하고, 왼쪽의 안방에서 기역자로 부엌과 고방과 다른 방을 배치하고, 오른쪽의 건넌방에서 기역자로 다른 방이나 고방을 배치하고, 사랑방을 전방에 배치하여 안주인의 생활공간과 바깥주인의 생활공간을 완전히 분리시킨 형태이다. 그리고 뜰집에는 대개 소슬대문에 행랑방과 마굿간, 외양간이 딸려 있어 행랑채(문간채)를 이룬다.

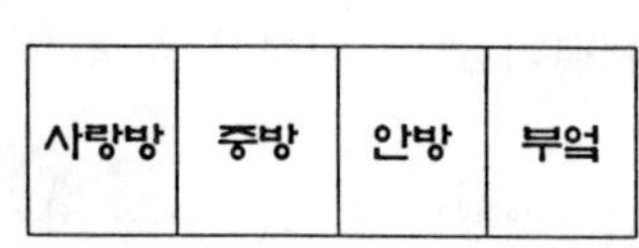

사랑방	중방	안방		부엌
	마루	(고방)		

(홑집) (겹집)

(2) 주택의 이용

안방은 부부가, 중방은 자녀가, 사랑방은 조부모가 거처하며 취침한다. 접객은 주로 중방을 이용하며 웃어른은 안방에서 맞는다. 제사는 사랑방에서 모신다. 안방에서 텔레비젼을 보고, 단란한 시간을 가지며, 가족 전체가 모일 땐 가장 큰 방을 이용한다. 바느질은 안방에서 하고, 식사는 웃어른은 사랑방에서 하고, 부부와 자녀는 안방에서 한다.

≪제보자 : 오상호(50세, 영양읍 감천 1리, 1996.10.14)≫

3. 민간신앙

1) 가정신앙

가정신앙이란 가정의 각 처소마다 그 처소를 관장하는 신이 존재한다고 믿고, 주부가 제사, 고사 등을 지내며 집안의 평안과 가족의 운수를 기원하는 민간신앙이다.

경상북도의 가정신앙 또는 가신(家神)신앙을 보면 안방에는 삼신(삼신할매)와 조령(祖靈)(조상할매, 신주단지, 조상단지)과 성주를, 마루엔 성주(성주단지)와 삼신을, 부엌엔 조왕, 성주, 용단지를, 변소엔 칙신, 변소각시, 정낭각시를, 곳간(고방)엔 용단지와 성주를, 뒷곁에는 칠성과 터주신을 모신다.

영양에는 대체로 성주신, 삼신, 조왕신, 용단지, 터주신이 확인된다.

(1) 성주

성주신은 가택(家宅) 수호신인데, 거의 전국적으로 마루에 모신다.

영양에선 한지 온 장을 접어서 타래실로 매어 마루의 기둥이나 안방 문 뒤의 기둥에 매단다. 또는 성주단지에 쌀을 넣어 마루 한쪽에 놓거나 고방에 용단지와 함께 놓기도 한다.

석보면 소계리에선 상량일(上樑日)에 '성주 생일'이라고 해서 성주고사를 지내는데, 영양읍 감천1리에선 햇곡식 날 때 부엌에서 솥뚜껑을 뒤집어 놓고, 밥, 과일 등을 차려 놓고 고사를 지내며, 영양읍 서부리에선 1년 중 설, 보름, 추석 때 밥, 떡, 어물, 채소, 과일, 포를 차려 놓고 성주고사를 지내는데, 햅쌀 날 때는 택일해서 한다.

정월 대보름날 새벽에 정화수를 우물에서 제일 먼저 떠서 성주단지 위에 올려놓으면 그 해에 농사가 잘 되고 운수대통한다고 해서 처녀 총각들이 공동우물에 모여 닭소리를 기다리며 날을 새기도 했다.

≪제보자 : 안윤락 (71세, 영양읍 서부 1리, 1996.)≫

(2) 삼신

삼신은 산육신(産育神)으로 아이의 잉태, 출산, 성장을 관장하는 신이다. 흔히 '삼신할매'라고 불러 여신이다.

삼신바가지에 쌀을 담고 그 위에 타래실을 얹고, 조선종이로 덮고 명주실로 동여 매어 안방 시렁 위에 올려 놓는다.

수태(受胎)와 순산(順産)과 명복(命福)을 비는데, 출산하면 밥, 미역국, 간장, 물을 소반에 차려 놓고, 3일, 첫이레, 두이레, 세이레 때 빈다. 평소에도 아이가 홍역을 앓거나 산모의 젖이 잘 나오면, 소반에 물한 그릇 떠놓고 빈다. 이때 맵고 짜고 비린내 나는 음식을 절대 금물이다.

(3) 조왕

마루의 성주, 안방의 삼신과 함께 조왕은 가신신앙의 대표적 신격이다. 부엌의 아궁이와 부뚜막을 관장하는 화신(火神), 재물신(財物神)으로 '조왕할매'라고 부르는 걸로 보아 여신이다.

영양에선 솥뚜껑을 뒤집어 놓고 밥, 떡, 과일, 고기, 채소와 함께 숯덩이를 올려놓고 대주(大主)가 절하고 축원하며, 대주가 없을 때 안주인이 한다. 따라서 가신신앙이 주부가 사제자가 되는 일반적인 현상과 대조적이다. 대체로 텃제(터주고사)를 지낼 때 조왕고사도 같이 지내는데, 무당을 불러다 성주고사, 조왕고사, 텃제를 지내기도 한다.

(4) 터주

터주신은 토지신인데, 1년에 한번 택일해서 마당에서 돼지머리, 온시루떡, 밥, 실과, 술, 나물 등을 차리고 제사를 지낸다. 날짜를 일정하게 정해 놓고 하기도 한다.

(5) 용(龍)단지

용은 물과 비와 바람을 관장하는 신이므로 농사가 잘 되기를 기원하는 뜻에서 용단지에 쌀을 넣어 성주단지와 함께 고방에 놓는다. 햇곡이나면 묵은 쌀은 먹고 맨 먼저 수확한 햇곡을 새로 담는다. 용단지, 성주단지를 영양읍 감천1리에선 지금도 모신다.

≪'가신신앙'의 제보자 : 오증호(76세, 영양읍 감천 1리, 1996.10.14)/오상호(50세, 감천1리, 1996.10.14)// 박위조(여, 84세, 영양읍 서부리)/ 권태남(여, 79세, 서부리)/정연이(여, 93세, 서부리)/김남이(여, 84세, 서부리)/정 휘선(여, 71세, 서부리)~1996.10.14에 경로당에서 조사≫

2) 촌락신앙

(1) 성황제

성황(城隍)은 중국에서 성지(城池)에 있으면서 성을 지키는 수호신이었는데, 우리나라에선 고려시대 문종(文宗) 때 신성진(新城鎭)에서 최초로 성황에게 제사를 지냈다. 그 후 성황신은 마을공동체를 지키는 동신(洞神)으로 자리잡으면서, 토착신앙인 천신신앙, 산신신앙과 복합되고, 음도 '서낭'으로 변하였다. 또 마을을 개척한 입향시조신과 복합되어 골매기서낭신이 되기도 했다.

마을을 수호하고, 동민의 무병과 득남과 풍년을 관장하는 동신(洞神)으로는 마을 뒷산의 산신당, 마을 입구의 서낭당(성황당), 그리고 서낭당 옆의 장승이나 솟대가 일반적인데, 영양은 일월산 산신인 황씨부인당 이외엔 산신당이 극소수이고, 서낭당이 대부분이며, 장승과 솟대는 전무하다. 서낭당의 위치도 산악지대인 관계로 주령, 울티재, 장갈령 같은 고개 위에 큰 서낭당이 있는 게 특징이다.

서낭신의 성(性)을 보면, 남당이나 여당 단독으로 있는 마을이 가장 많으며, 그것도 남당보다 여당이 숫적으로 훨씬 많다. 그러나 이웃 마을의 남서낭신과 여서낭신이 부부신의 관계로 발전한 경우(일월면 주곡리와 가곡리 및 도계와 섬촌, 청기면 정족리의 학교마을과 새마을, 영양읍 하원리의 문현과 원당), 한 마을에서 선주민의 여당과 이주민의 남당이 병존하는 경우(수비면의 발리1리와 2리, 영양읍 감천1리), 한 당에 부부신을 함께 모신 경우(영양읍 동부·서부·현동, 영양읍 양구리)

등 음양 구조를 보이기도 한다.

신격(神格) 내지 신의 유래 면에선 자연신이 대부분이지만, 객사한 사또의 딸을 모신 옥녀당(수비면 주령), 박문수를 모신 문수당(수비면 신원1리), 머슴의 원혼이나(청기면 소청) 호식(虎食)당한 오씨 부인을 (영양읍 무창1리)을 모신 서낭당 등 인신계(人神系)가 있다. 또 일월산의 인신계 산신인 황씨부인이나 그녀의 딸을 서낭신으로 모신 마을(청기면 행화리의 납대기와 모시골, 일월면 오리리의 평지, 청기면 토곡리의 광암)도 있는가 하면, 당방울이 따라와서 서낭신으로 모셨다는 마을 (일월면 주곡리, 수비면 발리2리)도 있다.

서낭당의 형태 면에선 누석단(累石壇)과 당나무와 당집이 함께 조성되어 있는 마을은 드물고(입암면 노달리), 누석단과 당나무, 또는 당나무와 당집이 함께 조성된 마을도 상당수 있지만, 당나무만 있는 마을이 대부분인데, 당집 안이든 당나무 옆이든 신석(神石)을 모신 마을이 많은 것도 특징이다. 그리고 당나무는 느티나무와 소나무가 주종을 이루는 가운데 게두릅나무, 노간주나무, 소태나무, 참나무, 버드나무, 아카시아인 마을도 있다.

제일(祭日)은 음력 정월 15일과 14일로 양분되는데, 일반적으로 큰 당은 15일, 작은 당은 14일이다.

서낭제의 절차는 대체로 음력 정월 초이렛날에 동회를 열어 생기복덕을 가려 도가(주파), 제관(헌관), 축관을 선임하면, 이들은 목욕재계하고 근신하는데, 도가와 제관의 집 및 서낭당에 금줄을 치고 황토를 뿌려 잡귀와 부정을 막는다. 제물은 도가의 집에서 마련하고, 제주(祭酒)를 담그는데, 이 술을 '조라'라고 부른다.

제물은 메(밥), 백편, 국, 탕, 포, 어물, 삼채소, 삼실과 등을 진설하는데, 집제사와 크게 다르지 않지만, 육류나 비린 생선을 기피하는 경향이 있고, 제주도 남신은 술(막걸리)를 바치지만, 여신은 술 대신 감주를 쓴다.

15일이나 14일 밤 12시를 기해 제사를 지내고, 그 이튿날 도가집에 모여 음복을 하고, 결산 보고를 가지고, 농악놀이나 윷놀이를 하며 논다. 대동놀이로서의 걸립(지신밟기)은 농악의 쇠퇴로 거의 사라져가고 있으며, 영양읍에서 성황제의 앞놀이로 보름날 낮에 동부와 서부가 벌인 줄다리기도 중단된 지 오래이다.

제관과 도가도 생기복덕을 보아 선임하였으나, 공동체의식의 약화와 주민 수의 격감 등으로 인해 굴뚝 순서로 정해서 맡든가, 아예 서낭제를 폐지한 마을도 점차 늘어가는 추세이다.

그러나 아직도 서낭제의 전승 상태는 다른 지역에 비해 비교적 양호한데, 몇 마을의 서낭제를 소개한다.

① 영양읍의 성황제
◎ 현리(縣里)의 현동

영양읍 서쪽의 관문으로 들어서면, 우측에 3층 석탑(신라 시대의 북악사 터)이 있는 들판과 마을이 있는데, 본래 영양현의 관사(官司)가 이곳에 있었으나, 1358년(고려 공민왕 7년) 왜구의 침탈로 소실된 이래 300여 년 동안 중건되지 못하다가 지방민들의 상소에 의해 1676년 현재의 군청 자리에 동헌(東軒)이 들어섬에 따라 중심지가 동부리와 서부리로 이동하고, 현동이나 현감골이란 지명만 남아 있게 되었다.

현동(현리1동)에서 음력 정월 보름날 밤에 제사를 지내는 제당(祭堂)은 작약산의 거두산성(巨頭山城)안에 있는 성황당과 송영당(送迎堂)이란 소(沼) 근처의 조산(造山), 그리고 석탑과 조산 사이의 하당(下堂)인데, 조산은 수령이 400여 년 되는 느티나무(1982년 11월 10일에 군의 보호수로 지정)이고, 하당은 반변천 가의 당나무(소나무)가 죽은 후 1979년에 건립한 당집이다.

상당(上堂)인 성황당은 청기와 지붕에 단청을 칠한 목조건물로 3위(位)의 석불상(가운데가 도련님신이고, 좌측이 할머니신, 우측이 할아버지신이다)이 안치되어 있고, 그 뒷벽에 부적이 각각 한 개씩 붙어 있다. 석불상은 합장하고 결가부좌한 모습인데, 흰 고깔을 쓰고, 적색과 녹색의 목댕기를 두르고 있다. 40여 년 전에 불상을 모두 도난당해 신점을 쳐서, 곧 성황신을 나림받아 석보면 소계리에 찾으로 갔으나 실패하고, 지금의 불상을 새로 모셨다고 한다. 할아버지신은 산, 숲, 개천, 연못 등 마을의 제반사를 관장하고, 할머니신은 아들이 없는 사람이 와

서 빌면 아들을 점지해 주며, 도련님신은 농사와 관계되는 일을 관장한
다.

한편 하당에도 석불상이 같은 모습으로 한 위 안치되어 있는데, 할머
니신이라고 하고, 조산의 느티나무는 남신인지 여신인지 불분명하다.

성황당이 언제 조성되었는지는 정확히 알 수 없고, 다만 옛날에 조성
되었다고만 전해지는데, 임경업 장군이 말을 타고 가다가 말발굽이 떨
어지지 않아 이상히 생각하고 위를 쳐다보니 당이 있기에 말에서 내려
참배하니 말의 발굽이 떨어져 지나갈 수 있었다는 전설이 있다.

또 영양 원님이 부임할 때 집막골 쪽에서 말이 버티고 안 가니까 마
부한테 그 연유를 물은즉 성황당 앞이라 내려서 지나가야 한다고 말했
으나, 영양에선 자기가 제일 어른엔데 그럴 수 없다 하고서 성황당에
불을 지르라고 명령했다. 그래서 성황신 부부가 도망가다가 팔 하나를
선두(船頭)뚝에 떨어뜨렸기 때문에 그곳에 주과포(酒果脯)를 차려놓고
고사를 지냈다는 전설도 전한다. 현동이 배혈(船穴)이어서 선두뚝, 노
저골 같은 지명이 있다는 것이다.

성황당엔 영양읍의 동부리와 서부리가 음력 정월 보름날 밤에 번갈아
가며 제사를 지내고, 그 다음날 줄다리기를 했는데, 줄다리기의 전승은
중단되었다.

성황제는 현리 1동(현동)·2동(산성과 양평동)·3동(현동교 건너 마
을)도 공동으로 지내는데, 동부리와 서부리가 동제를 마친 뒤에 지낸
다. 현리 1동에선 제관 1명, 축관 1명, 도가 1명, 짐꾼 2명을 내고, 2
동과 3동은 제관 1명씩 내야 하는데, 요근래엔 3동에선 제관이 참석하
지 않는다.

성황제를 마치면 현동(현리1동)만 별도로 하당과 조산에 제관(1명),
축관(1명), 짐꾼(1명)이 가서 제사를 지낸다.

제물은 성황제엔 메, 국, 탕, 과실(밤, 대추, 곶감, 배, 사과), 고대
포, 어물(대구, 문어), 소고기 산적 등 최대한으로 고급스럽게 차린다.
그대신 조산은 삼실과(밤, 대추, 곶감)만 놓고, 어물은 쓰지 않는 식으
로 간소하게 차린다. 그리고 백편을 전혀 쓰지 않는 점이 다른 동네와
다르다.

현1동의 들판 가운데 서있는 신라시대의 3층 석탑.
뒤편의 산 중턱에 성황사(상당)가 있다.

1층의 탑신에 사천왕상이 양각되어 있다. 한편 아랫층 기단에는
12지신상이, 윗층 기단에는 팔부신중상이 조각되어 있다.

하당 안의 성황신상. 불교와 습합된 모습을 보여준다.

현1동의 성황당(하당). 근처에 신라시대의 3층 석탑과 당간지주가 남아 있어 불교문화의 뿌리가 깊음을 알 수 있다.

축문은 30여 년 전에 오수백이라는 사람이 문서를 분실해서 새로 작하여 사용하고 있다.

끝으로 성황당은 1892년(임진 년)과 1937년(정축 년)에 중수된 사실이 두 개의 현판에 쓰여진 중수기에서 확인된다.→사진(1)(2)(3)(4)

≪제보자 : 정윤식(동장, 1996.10.13)/조훈기(73세, 1996.10.13)≫

◎ 하원리(下元里)의 문헌과 원당

문헌의 성황당은 여당(느티나무)이고, 원당의 성황당은 남당(느티나무)인데, 음력 정월 보름밤에 제관(1명)과 유사(1명)가 할아버지당에서 먼저 제사를 지낸 다음 할머니당에 가서 지내면, 이튿날 아침 동민들이 제관한테 가서 인사하고 음복하며, 이어서 동회를 연다.

여당의 제물은 메(밥), 탕(명태), 백편(흰떡), 어물(대구, 상어, 문어, 청어), 과실(밤, 대추) 등이며, 제주는 막걸리이고, 닭을 바친다. 남당에도 닭을 바치는데, 원래 흰닭을 바쳤으나 요새는 가리지 않는다.

남당은 예전에 동네 입구 숙운정(宿雲亭) 옆에 당집이 있었으나, 소실되어서 현재의 위치인 논 가운데로 옮겨졌다.

또 예전엔 서낭을 내려서 서낭대가 서는 집에서 제관을 맡았다고 한다. 그리고 걸립(乞粒)할 땐 사대부, 각시, 총쟁이(포수), 할미 같은 잡색이 따라다녔고, 16일부터 3일간 했는데, 두 동네면 5일간 했다고 한다. 지금은 풍물은 있으나 상쇠가 80세 고령이어서 놀 수 없는 형편이다.

≪제보자 : 김경태(63세, 문현, 1996.9.22)/김갑진(68세, 원당, 1996.9.22)≫

◎ 상원(上元) 1리의 사두와 중마을

사두의 성황당은 할아버지당이고, 중마을은 할머니당인데, 당나무는 모두 느티나무이다.

제일(祭日)은 음력 정월 보름밤이고, 예전엔 10년마다 무당을 불러다 별신굿을 했다. 서낭대는 대나무로 만들었는데 없어졌다. 제관(1명), 축관(1명), 도가(1명)가 있었고, 지신밟기할 땐 사대부, 각시가 따라다녔다. 지금은 동제 다음엔 도가집에 모여 음복하고 풍물을 치며 논다.

제물은 메, 국, 백편, 명태포, 소고기꼬지, 고등어, 물명태, 과실(밤, 대추, 사과), 나물(콩나물, 배추나물), 제주(막걸리) 등이다.

≪제보자 : 고진환(69세, 1996.9.22)≫

◎ 상원 2리의 비리동(飛鯉洞)

세 그루의 느티나무 사이에 신석(神石)이 모셔져 있고 당집은 없는데, 할머니당이다.

제일은 음력 정월 보름밤이고, 4가구가 차례로 돌아가며 내외가 제관이 된다.

메, 국, 백편, 과일, 채소, 어물(조기, 청어, 가자미, 문어) 등을 제물로 차리며, 축문은 없고 소지만 올리며 축원한다.

한양 조씨가 400여 년 전에 입향했으며, 옛날 어떤 학자가 겨울철에 어머니의 병환을 고치려고 잉어를 잡기 위해 얼음 위에 무릎을 꿇고 하늘에 비니 얼음에 구멍이 뚫리며 잉어가 솟아나왔다는 소(沼)가 있었던 자리에 "비리동천(飛鯉洞天)"이라 새긴 비석이 성황당 근처에 있다.→사진(5)(6)

≪제보자 : 조동환(63세, 1996..9.22)≫

◎ 상원 2리의 당평

당나무는 개두릅나무이고, 할아버지신이다.

제일은 음력 정월 14일 밤이고, 상주가 아니고 임산부가 없는 사람으로 제관(1명)과 도가(1명)를 정한다.

제물은 메(밥), 국, 탕, 백찜, 대구포, 어물(고등어, 명태), 과실(밤, 대추, 곶감, 배, 사과), 삼채소(무우, 고사리, 잎이 푸른 채소), 막걸리 등이며, 도가집(모시는 집)에 모여 음복하고 풍물을 치며 논다.

≪제보자 : 박경팔(64세, 수비면, 1996.9.22)/권종순(65세, 영양읍, 1996.9.22)≫

서낭당 근처의 비석

비리동의 서낭당

◎ 상원 3리의 수월

　마을과 반변천 사이에 성황당이 있는데, 느티나무 옆에 신석이 모셔져 있다. 할아버지당이다. 제일은 음력 정월 보름밤이고, 제관 1명, 도가 1명이다. 제주는 집에서 담그고, 비린내 나는 고기는 안 쓰며, 동제 다음날 음복하고 풍물놀이, 윷놀이를 하고, 동회를 열어 다음해의 제관을 뽑는다.

　일본인들이 배를 옮기는 데 사용한다고 당나무의 일부를 베어갔다. 또 예전엔 돌담 안에 신석을 모셨으나, 지금은 축대 위에 금줄로 감은 신석을 모셔 놓고, 그 밑에 제단을 만들었다.→사진(7)

　≪제보자 : 황 영 진 (57세, 1996.9.22)≫

상원3리 수월의 서낭나무와 신석

◎ 대천리(大川里)의 옥산

삼구정(三龜亭) 옆의 참나무가 당나무인데, '당할아버지'라고 부른다.

원래는 음력 정월 보름밤에 제사지냈으나, 5년 전부터 14일 밤으로 바꾸었다. 제사는 조용히 모셔야 되는데, 보름날 아이들이 떠들고 돌아다니며, 그로 인해 개들도 짖어대기 때문에 제일을 바꾸었다.

당나무 앞에 신석이 모셔져 있고, 평소에도 그 옆에 불을 밝히는 사기그릇 기름종지가 놓여 있는데, 행사가 있을 때나 출타할 때 당할아버지한테 술잔을 바치고 축원한다.

제관 2명, 원도가(元都家) 1명인데, 내외가 같이하기 때문에 제사는 6명이 지내며, 초엿새날 선임한다.

제물은 메, 백편, 대구, 명태포, 동태, 문어, 삼실과(밤, 대추, 곶감, 배, 사과), 삼채소(배추, 콩나물, 시금치), 탕 등이며, 술은 원도가집에서 담근다.

소지를 올릴 땐 원도가집의 소지부터 올리며, 원도가집과 제관집은 온 식구의 소지를 올리고, 다른 동민은 호주의 소지만 올리며, 별고사(別告祀)라고 해서 학업, 군대, 사업으로 인해 타지에 나간 아들들을 위해 따로 기부금을 낸 사람들의 소지도 올린다.

제관과 도가는 유고 없이 깨끗한 사람으로 선임했으며, 1년 내내 궂은 일에 못 가고, 심지어 쥐도 잡아선 안 되었다고 하는데, 지금은 굴뚝 차례로 돌아가면서 맡고, "옥산동안(玉山洞案)"과 함께 국음으로 된 축문이 보존되어 있다.→사진(8)

≪제보자 : 김상수(56세, 1996.9.22)≫

대천2리 옥산의 서낭나무와 신석

◎ 대천리의 황골

당나무는 느티나무이고, 그 앞에 신석이 모셔져 있다. 남당이라고 하지만 메(밥)는 두 그릇을 담는다. 음력 정월 14일 밤에 제사지내며, 제관은 내외가 된다.

보름날 동민이 모여 음복하며, 제비(祭費)의 결산 보고를 듣는다.

≪제보자 : 장성규(62세, 1996.9.22)≫

◎ 대천리의 문양

떡버드나무가 당나무이고, 그 앞에 신석이 모셔져 있다. 남당이며 음력 정월 14일 밤에 제사지낸다.

≪조사일 : 1996.9.22≫

◎ 대천리의 선당(仙塘)

두들마와 골마 사이의 숲에 느티나무, 단풍나무, 뽕나무, 마태나무(느릅나무)와 함께 수령이 500여 년 되는 당나무가 있는데 여당인 것은 분명하지만, 당나무의 수종(樹種)은 식물학자들도 밝히지 못한다고 한다. 둥근 제단 중앙에 신석이 모셔져 있는데, 당나무가 주위의 산들에 의해 에워싸인 모습이 마치 연꽃의 꽃잎이 꽃술을 에워싸고 있는 형국이어서 마을의 이름을 '선당(仙塘)'이라고 부른다고 한다.

음력 정월 14일 밤에 동제를 지내는데, 불교와의 관련 때문에 제물로 어물, 육류, 술을 일체 사용하지 않으며, 메(1그릇), 국, 백편, 감주, 삼채소, 삼과실을 차린다.

정월 초이렛날 동회에서 출산, 초상, 자식의 객지 횡사가 없는 사람으로 제관과 축관을 선임하면, 집에 금줄을 치고, 술과 담배를 끊고 근신하며, 13일 밤에 시장에 가서 제물을 사온다.

감주로 잔을 올리고, "○○생 경상북도 영양군 아무개 소지 올립니다."고 가가호호마다 대주의 이름을 부르며 소지를 올린다.

파제일(罷祭日), 곧 이튿날 오전에 동민들이 제관집에 모여 수고했다고 인사하고, 백편 한 조각과 감주 한 잔씩 음복한 다음 품삯, 양수기의 전기요금, 초상집에 동군 동원하는 일 등의 동네 문제에 대해 의논한다. 또 1년 동안 동네의 일을 맡아할 유사를 뽑는다.

≪제보자 : 한영환(68세, 1996.9.20)≫→사진(9)(10)

대천리 선당의 서낭당

대천리 선당의 서낭당 중앙에 있는 신석

◎ 대천리의 고드레골

당나무는 소나무이며, 여당(女堂)이다. 음력 정월 14일 밤에 제사지내며, 제관은 2명이다. 제물은 메, 국, 백편, 채소, 과일, 어물 등이며, 여당이지만 쇠고기, 술(막걸리)을 쓴다.

예전엔 골짜기 안에 40여 호가 살았으나 지금은 없다.

≪제보자 : 박정희(여, 67세, 1996.9.22)≫

◎ 화천(化川) 1리의 한골[漢谷]

마을 앞의 아카시아나무에 신석(神石)과 한지를 금줄로 묶어 놓았다. 원래 느티나무였는데, 죽어서 아카시아로 바꾸었다고 한다. "김씨 터전에 임씨 골매기"라고 하여 골매기성황신이 분명하다. 메(밥)는 두 그릇 담는다.

돌에 한지를 옷입히고 음력 정월 14일 밤에 제사를 지내는데, 제관 1명, 모시는 사람 1명이 금줄을 치고, 황토를 뿌리고, 외출을 삼가하고, 정성을 들인다. 13일 밤 12시 넘어서 영양읍에 장보러 가면 14일 오후 1~2시에 마을에 되돌아왔는데, 메, 어물(대구, 가자미, 문어), 채소(배추, 고사리), 국, 백설기 등을 차리며, 축문은 없고 소지만 올린다. 10일에 동회에서 맑고 깨끗한 사람으로 모시는 사람을 먼저 뽑고, 뒤에 제관을 뽑았는데, 이때 동민들이 모시는 사람으로 지정하면 거절하지 못했으며, 이날부터 집에서 정성을 들이며 시킬 일이 있으면 제관에게 시켰다.

보름날에 동민이 모여 음복하고 놀다가 제비를 계산하고, 청년들이 당(堂)에서 풍물치고 놀다가 초청하는 집이 있으면 지신밟기를 했다. 서낭대는 없다.

≪제보자 : 김철수(82세, 1996.9.20)≫

◎ 화천 2리의 골창바위

화천초등학교가 있는 창바위엔 동제가 없고, 계곡 안쪽의 골창바위에 성황당이 있다. 느티나무와 팽나무가 서 있는 동구에 비석처럼 다듬은 돌에 "동신지위(洞神之位)"라고 쓴 신석에 금줄을 감아 놓았다.

　"신씨 터전에 박씨 골매기"라는 말이 있는 걸로 보아 골매기성황신이고, 예전엔 제관 2명, 판공 1명이었는데, 지금은 제관이 1명으로 줄었다. 90여 가구에서 50여 가구로 인구가 준 탓이다.

　제사의 비용은 위토(位土)의 수확물로 충당한다. 음력 정월 14일 밤에 제사지내며, 제물은 메(두 그릇), 백설기(온 시루째 놓는다), 감주, 어물(명태, 대구, 청어), 삼채소(배추, 무우, 콩나물이지만, 냉이와 시금치도 쓴다), 삼실과(박, 대추, 곶감) 등을 진설하는데, 음식을 만들 때 기름과 소금만 쓰고 고추가루는 안 쓰며, 생선도 비린내 나는 것은 안 쓴다.

　초사흗날부터 동회에서 공론하여 유고 없고 깨끗한 집을 제관으로 선임하며, 제관은 금줄을 치고, 타인의 출입을 금하고, 매일 목욕재계하며, 제관의 집에서 당까지 황토를 뿌린다.

　축문은 국음본(國音本)과 한문본 두 가지가 보관되어 있다.

　→ 사진(11)(12)

　≪제보자 : 구승일(64세, 1996.9.20)≫

◎ 무창(茂倉) 2리의 새못과 지무실

　지무실에 성황당이 있는데, "(신안)주씨 터전에 (동래)정씨 골매기"라고 한다.

　당나무는 수령이 200년이 넘는 돌배나무였는데, 태풍 사라호 때 꺾어져 현재의 느티나무로 바뀌었다.

　음력 정월 14일 밤에 제사지내는데, 부부신이어서 메가 두 그릇, 국이 두 그릇이며, 탕, 어물(생대구), 명태포, 삼채소(배추, 무우, 콩나물), 삼실과(밤, 대추, 곶감, 배, 능금) 등을 차린다. 제관 2명, 판공 1명이며, 선임된 다음날부터 외인의 출입을 금하고, 금줄을 치고, 황토를 뿌린다. 제관과 판공의 집에서 성황당까지 길 양쪽에 황토를 뿌린다.

　축문은 없고, 호주(26호)의 수대로 소지를 올리며, 무병하고, 농사가 잘 되고, 가축도 무사하게 해 달라고 빈다.

　예전엔 기금이 있었으나, 지금은 5천원~1만원을 거출하며, 15~20만원의 제비를 마련한다.

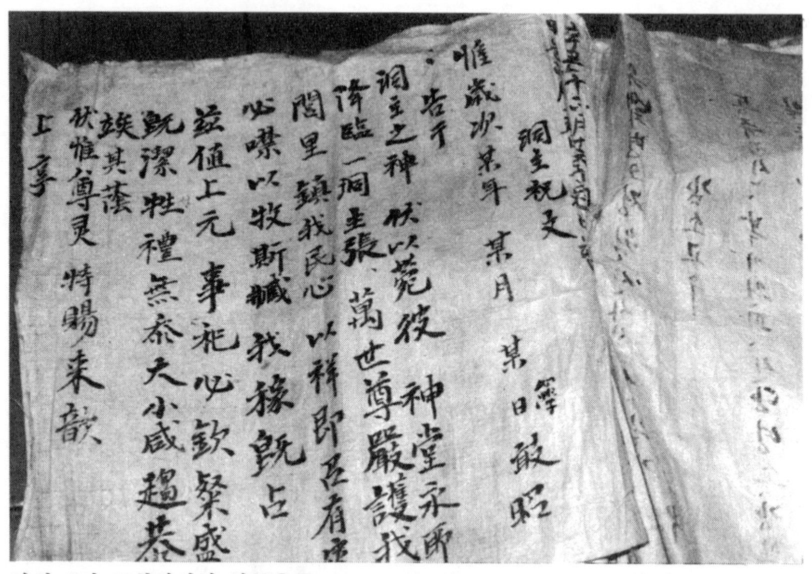

화천 2리 골창바위의 한문축문

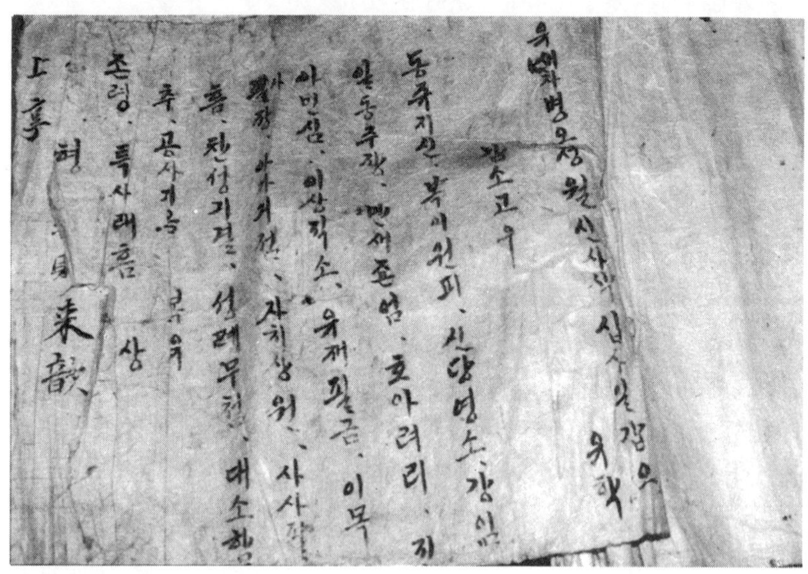

화천 2리 골창바위의 국음축문

한때는 50여 가구가 살았으며, 보름날 솥뚜껑에 쌀을 담아 놓고 막걸리도 마시며 지신밟기를 했다.

계곡 안쪽에 우씨들이 임진왜란 때 피난와서 살았다는 활인터〔活人洞〕가 있는데, 소나무가 당나무이다.

≪제보자 : 성우학(을축생, 지무실, 1996.9.20)/김중기(55세, 새못, 1996.9.20)≫

◎ 무창 3리의 검쟁이〔金井〕

마을 입구 다리 옆 개천 가에 성황당이 있는데, "성왕각(城王閣)"이라 쓰여 있다. 1993년에 건립된 당집인데, "성왕오씨부인신위(城王吳氏夫人神位)"라 쓰인 위패와 창호지를 접어 금줄로 묶은 신석이 나란히 안치되어 있다.

가마 타고 시집가다 죽어서 신으로 모셔진 오씨 골매기〔吳氏堂〕라고도 하고(김한효 씨 제보, 1996.), 재령 이씨인데 석보의 주남에서 청기의 한양 오씨한테 시집가다가 죽었다고도 하고(남구진 씨 제보, 1996.), 해주 오씨인데 영해로 시집가다 가마 위에서 죽었으며, 무내미에 무덤이 있고, 처음엔 나무에 모셔졌으나 당나무가 죽어 썩어서 당집을 건립했다고도 한다(남영진 씨 제보, 1996.).

제일은 음력 정월 14일 밤이며, 제관은 2명, 도가는 1명인데, 유고 없고 깨끗한 사람을 선임했으나, 지금은 서로 기피하므로 순서를 정해 놓고 차례대로 맡는다.

제물은 메, 어물(청어, 명태, 문어), 백편, 감주, 탕, 삼채소(고사리, 무우, 콩나물), 삼실과(밤, 대추, 곶감) 등이며, 축문은 없고 소지만 올린다.

현재 22가구가 사는데, 임진왜란 때 피난 와서 개척한 마을이라고 한다. →사진(13~16)

≪제보자 : 남구진(64세, 1996.9.20)/김한효(70세, 1996.9.20)/남영진(54세, 1996.9.20)≫

무창 3리 검쟁이의 성왕각

성왕각의 측면벽에 "卍"가 쓰여 있고, 뒤편으로 마을이 보인다.

서낭신 오씨부인의 위패와 신석

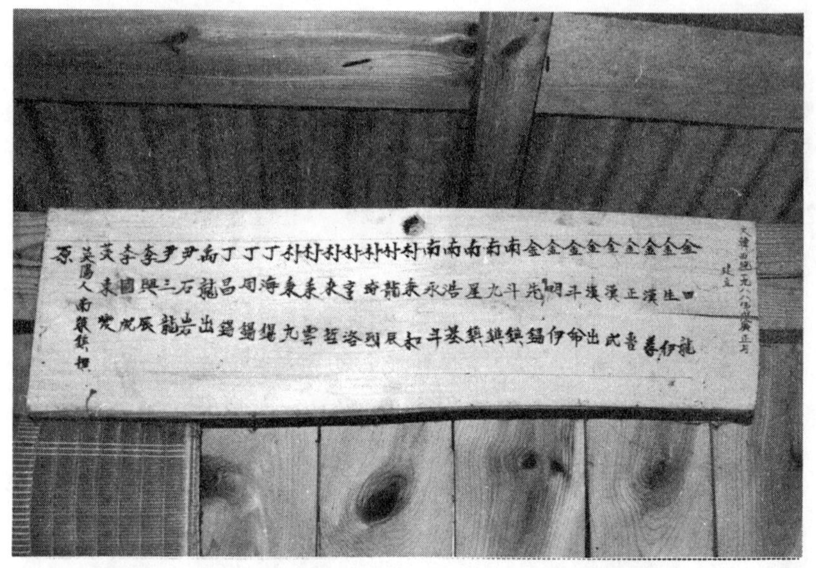

성왕각 건립비를 기부한 사람들의 명단

◎ 양구리(羊邱里)의 양구

양구리에서 영덕군 창수리로 넘어가는 고개인 울티재〔泣嶺〕에 성황당이 있다. 남신, 여신, 아기신(2명)의 화상이 걸려 있다. 1976년에 제작된 듯 싶은데, 공덕주(功德主)와 제작자의 이름이 쓰여져 있다.

제일은 음력 정월 14일 밤이며, 제관 2명, 도가 1명인데, 제비는 기금의 이자와 추렴한 돈, 찬조금으로 충당한다.

제물은 메, 백편, 어물(고등어, 조기), 육류, 명태포, 나물(콩나물, 도라지, 고사리), 과실 등이며, 축문은 없고 소지만 올린다.

30여 년 전엔 10년마다 별신굿을 했는데, '별신하는 대신 당이 퇴락하니 당의 수리를 하는 것이 좋겠다. 우리 신이 있는데, 무당이 두드리면 뭣하는냐?'는 생각에서 별신굿을 중단했다고 한다.

무당이 굿할 때 "임씨 터전"이라고 말했는데, 울진 임씨인 임재홍(林在興)씨의 8대조가 마을을 개척했다고 한다. 현재 9가구가 살고 있다.

≪제보자 : 박상문(73세, 1996.9.20)/임재홍(48세, 부산, 1996.9.20)≫ →사진(17)~(20)

양구리에서 영덕군 창수리로 넘어가는 울티재 고갯길 옆에 서낭당이 있다.
도로가 개통되면 서낭당이 헐릴 위기에 있다.

서낭신 부부의 화상

서낭당 안의 제단

서낭당 안벽에 징이 걸려 있다.

◎ 무창리의 장풍원

영덕군의 창수원(蒼水院)과 마찬가지로 영해부사가 영양 방면으로 오갈 때 쉬어가던 장풍원이 있었던 연유로 지명이 창상동(蒼上洞)에서 장풍원으로 바뀌었다.

예전엔 20여 가구가 살았으나 현재는 6가구만 남았다. "권씨 터전에 이씨 골매기"라고 하는데, 남성황신이며 마을 앞의 소나무가 당나무이다. 원래 3제관(제관 2명, 판공 1명)이었으나, 지금은 내외가 제사를 지낸다. 소지를 올리며 국태민안과 동네의 무사안녕 및 풍년을 빈다.

메, 백편, 어물(대구, 청어, 가자미), 명태포, 삼실과(밤, 대추, 곶감), 삼채소(콩나물, 무우, 나물)를 진설하며, 밤에는 복주(福酒)만 마시고, 이튿날 동민이 모여 음복하고, 제비를 정산한다. 제관은 열흘 전부터 집에서 기도했다.

≪제보자 : 강응학(72세, 1996.9.20)≫

◎ 감천 1리

반변천이 마을 마을 감돌아 흘러가므로 감내, 감들내라고도 부르는 감천은 시인 吳一島(본명 : 熙秉)의 출생지로 유명한 마을인데, 낙안 오씨의 집성촌이었다. 마을의 우측 산기슭에 있는 당은 여당으로 당나무는 소나무엿는데 고사하고 현재는 느티나무이다. 오일도 시인의 시비가 세워져 있는 동산에 있는 당은 남당으로 당나무는 300여 년 전에 심은 소나무가 고사하여 물푸레나무로 바뀌었다. 낙안 오씨가 입향하여 집성촌을 이루면서 기왕의 각성받이의 여당과 분리해서 새로 남당을 조성했다고 하며, 예전에는 남당에는 동족인 낙안 오씨(양반)만 제사지내고, 여당에는 비동족(평민)이 제사지내어, 남당을 상당('上民의 당'이란 뜻), 여당을 하당('下民의 당'이란 뜻)이라 불렀다. 지금은 여당이 마을 안쪽에 있다 해서 안당으로, 남당은 마을 바깥에 있다 해서 밧당(거리당)이라 부른다.

동제는 제일이 음력 정월 15일이고, 도가(1명)와 제관(5~6명)은 7일에 동민이 모여 깨끗하고 유고 없는 사람으로 선임한다. 도가는 4일 전에, 제관은 3일 전에 집에 금줄을 치고, 황토를 뿌리며, 당에는 13일에 금줄을 친다. 제사지낼 때에는 여당에는 도가와 제관 1명이 가고, 남당에는 제관 5~6명이 간다. 남당에서는 초헌관, 아헌관, 종헌관, 축관, 집사로 역할을 분담하여 행제하는데, 재차는 다음과 같다.

제물 진설→분향→초헌관의 헌작과 재배→제관 전원의 참신→초헌관의 헌작→축관의 독축→초헌관의 배례→퇴작→아헌관의 헌작과 재배→종헌관의 헌작과 재배→집사의 삽시정저→제관 일동의 부복→축관의 희흠(3번)→제관 일동의 기립→집사가 메를 세 숟가락 떠서 국에 넣는다→제관 일동의 국궁→축관의 희흠(1번)→제관 고개 들고→수저를 내려서 접시에 놓고, 밥그릇의 뚜껑을 덮고, 제관 일동이 재배한다. 소지는 동민 전체의 무사태평과 풍년 및 가족화목을 축원하는 대동소지만 올리고, 가구별 소지는 올리지 않는다. 소지 다음에 복주를 마신다.

제물은 돼지머리(남당, 여당 각각 1마리씩), 메(남당은 3그릇, 여당은 2그릇이었으나, 지금은 1그릇씩), 어물(방어, 문어, 상어, 조기), 육류(소고기나 돼지고기로 산적을 한다), 탕(무를 넣은 소고기국), 과일(대추, 밤, 감이나 곶감, 사과, 배, 귤), 채소(고사리, 콩나물, 시금치나 배추), 포(대구포나 명태포, 오징어포), 술(막걸리, 예전에는 여당에는 감주와 수정과를 바쳤다) 등이며, 이밖에 남당에는 잡귀 먹으라고 따로 접시밥을 3그릇 놓았다.

16일에 도가집에 모여 음복, 제비의 결산, 회의를 한 다음 농악대가 걸립을 한다. 걸립은 17일까지 연장하기도 하는데, 매년 하지 않고, 몇 년마다 걸러서 한다. 지금도 상여가 당 앞을 지날 때에는 상여소리를 하지 않고, 상여를 낮게 메고 지나갈 정도로 당에 대한 외경심이 대단하다. 도 마을이 편하지 못할 때에는 도가와 제관의 정성이 부족한 탓이라고 간주하므로 부담스럽지만, 동회에서 도가와 제관으로 지목되면 거절하지 못한다.

축문은 있고, 제비는 위토가 1600평이 있어 그 소출로 충당한다.

≪제보자 : 오희팔(79, 1996.10.14)/오시택(69, 1996.10.14)/오명택(70, 1996.10.14)/오상호(50, 1996.10.14)≫

② 일월면(日月面)의 성황제

◎ 도계리(道溪里)의 도계

일월초등학교와 반변천(半邊川) 사이에 있는 느티나무가 당나무이다.

제일은 음력 정월 14일 밤이며, 제관(1명), 축관(1명), 주파(1명)가 선임되면 3일간 기도하며 정성을 들인다.

제물은 메, 백편, 채소(콩나물, 시금치, 고사리), 과실(밤, 대추, 곶감, 배, 사과), 어물(가자미, 이면수, 물명태, 가오리, 청어, 문어), 명태포 등이며, 축문이 있고, 보름날 음복한다.

≪제보자 : 김용술(78세, 1996.9.23)≫

◎ 곡강리(曲江里)의 양지와 단진

기와지붕의 당집과 당나무(느티나무)가 있다. 당집에는 "선황지령위(宣煌之靈位)"와 "정묘생 한공지령위(丁卯生 韓公之靈位)"라 쓰인 위패가 각각 함 안에 안치되어 있다. 당 안에는 왕골자리 한 닢, 향로, 술잔과 잔받침 2개, 촛대 2개가 있다.

대들보엔 "서기 1966년 병오(丙午) 2월 2일 오시(午時) 입주(立柱) 상량(上樑)"이라 쓰여 있다.

당 밖에는 청주 한씨 한영목(韓永穆)씨가 쓴 현판이 걸려 있는데, 당나무는 수령이 350여 년으로 추정되는 느티나무로 한영목씨의 5대조가 여행갔다가 도포자락에 싸가지고 와서 심었다고 전한다. 성황신과 함께 모셔진 "한공(韓公)"이 바로 이 느티나무를 식수한 인물인 것 같다.

제일은 음력 정월 14일 밤이며, 제관 2명, 도가 1명이다. 제물은 메, 쇠고기, 문어, 명태, 고등어, 조기, 삼실과(감, 배, 사과), 백편, 정종 1병 등이며, 도가집에서 보름날에 동민이 모여 음복하고 윷놀이도 하고, 풍물을 치며 논다.

제비는 동네(50호)에서 염출하는데, 호당 2만원씩이다.

축문은 한영목씨의 아들 한상수씨가 보관하고 있다. →사진(21)(22)

≪제보자 : 곽병인(60세, 양지, 1996.9.23)≫

곡강리 양지의 서낭당

서낭당 안의 위패, 자연신과 인신(人神)의 병립구조이다.

◎ 곡강리의 금촌(琴村)

본마실이라고도 부르는 마을인데, 금씨의 집성촌이었기 때문에 금촌이라고 부른다. 3칸 팔작기와집인 삼락당(三樂堂)과 창포못이 유적으로 남아 있다.

당나무(느티나무)는 한 그루인데도 성황신이 부부신이라고 한다.

제일은 음력 정월 14일 밤이며, 제관 1명, 모시는 집 1명이고, 축문은 없고 소지만 올린다.

예전엔 반변천의 건너편 논두들과 같이 동제를 지냈는데, 지금은 논두들이 상원3리(수월)에 합류했다. 당집을 짓는 게 소원이라고 한다.

≪제보자 : 장현국(61세, 1996.9.23)≫ →사진(23)(24)

곡강리 금촌의 삼락당

당집을 짓는 게 소원이라는 장현국씨.

◎ 도곡리(道谷里)의 구도실

동네 입구의 느티나무 숲 속에 당나무(느티나무)가 있고, 당집은 없다. 서낭신은 여신이고, 제일은 음력 정월 보름밤이다.

옛구도실에도 서낭당이 따로 있으나, 소지 올려 달라고 동네 기금을 조성할 때 동참하고, 파제날 행사 때도 참여한다. 인접한 월간도 마찬가지여서 세 동네를 합치면 40호가 된다.

제관 2명, 도가 1명, 유사시에 대비한 예비 후보 1명 등 모두 4명을 정원 초이렛날 선임하면, 15일 아침부터 도가집에 모여 담배를 금하고, 조신하다가 밤에 제사를 지낸다. 그리고 이튿날 도가집에 동민들이 모여 수고했다고 인사하고 음복하며, 대동회를 열어 경비 문제, 연중 계획을 의논한다.

제물은 메, 국(콩나물과 고사리), 탕, 감주, 백편, 어물(동태), 삼실과(밤, 대추, 곶감, 배, 사과), 삼채소(배추나물, 콩나물, 무우) 등이고, 예전엔 축문이 있었으나 지금은 없다.

≪제보자 : 이유술(50세, 1996.9.24)≫

◎ 도곡리의 옛구도실

느티나무 옆에 기와지붕의 당집이 있는데, 돌을 금줄로 감아 모셔 놓았다. 1974년 11월 20일에 당집을 준공했다고 시멘트 벽에 새겨져 있다.

제일은 월간(당나무는 느티나무)과 마찬가지로 14일 밤으로 구두실보다 하루 앞서 동제를 지낸다.

≪조사일 : 1996.9.24≫

◎ 오리리(梧里里)의 평지

마을 입구 우측 산 위에 당나무(소나무)와 판자로 지은 당집이 있다. 당나무는 이미 말라죽었고, 그 앞에 "산령각(山靈閣)"이라 쓴 작은 돌비석이 있으며, 당집 안에는 "일월산 부인당 신위(日月山 夫人堂 神位)"라 쓰인 위패가 안치되어 있다. 위패는 위아래로 뚜껑을 여닫을 수 있게 만든 나무함 안에 있고, 위패함과 금줄로 창호지를 묶었다.

당집은 내당(內堂), 당나무는 외당(外堂)이라고 부르는데, 외당은 산신이 분명하고, 내당은 성황당이라 한다. 그러나 일월산 부인은 일월산의 산신 황씨 부인이므로 황씨 부인을 나림받아 평지마을의 성황신으로 모신건지, 내당의 일월산 부인과 외당의 산신이 부부관계인지, 아니면 자연신으로서의 산신은 소나무에 모시고, 인신(人神)으로서의 산신인 황씨 부인은 당집에 모신건지 불확실한데, 제사를 지낼 때 내당에 먼저 지내고 외당에 지내며, 메(밥)와 국을 각각 두 그릇씩 차리는 것으로 보아 내당이건 외당이건 부부신에게 제사지내는 것은 분명하다.

제일은 음력 정월 보름밤이고, 제관 2명, 당주(堂主) 1명인데, 현재 20여 가구가 살지만 서로 기피하므로 순서를 정해서 맡는다.

제물은 메, 국 이외에 백편, 어탕, 육탕, 어물(문어, 쇠고기, 동태), 삼실과(밤, 대추, 배, 사과), 명태포나 오징어포 등이며, 축문은 없고 소지만 올린다.

제비는 거출하고, 16일날 장보기한 것을 결산 보고한다. 또 윷놀이를 하는데, 20여 년 전에는 정초에 풍물치고 걸립을 했으며, 그때 한 사람이 종이에 사람을 그려 덮어쓰고 놀았다. 악기는 꽹매기(2개), 징(1개), 북(1개), 소고(8-9개) 등이 있었다. →사진(25~28)

≪제보자 : 최상문(66세, 1996.9.24)≫

오리리 평지의 외당(산령각)

오리리 평지의 내당의 서낭신 위패와 덮개. 일월산부인신인데 서낭신이다.

오리리 평지의 내당(서낭당)

오리리 평지의 내당의 내부

◎ 오리리의 새마을[間村]과 까틀마(까치마을)

서낭당에 당고사를 지내는데 당나무는 소나무이다. 제일은 음력 정월 보름밤에서 14일 밤으로 바뀌었으며, 제관 1명, 주파 1명이다.

제물은 메, 감주, 백편, 어물(청어), 과일(밤, 대추, 곶감) 등이다.

동제 때 11가구의 동민 전부가 참여하는 것이 특징이며, 동민의 수대로 소지를 올리고, 군대나 교육 문제로 타지에 가 있는 아들까지도 소지를 올린다.

파제날 곧 보름날에 주파집에 모여 음식을 골고루 나눠 먹고, 윷놀이도 하고, 음주가무를 즐기며, 풍물을 치고 상모돌리기도 한다. 예전엔 걸립을 했는데, 꽹매기, 징, 북, 장구, 벅구, 상모가 지금도 보존되어 있다. 한편 유사(有司)가 따로 있어 계문서(契文書)를 보관한다.

≪제보자 : 허광호(59세, 1996.9.24)≫

◎ 오리리의 배골

서낭당인데, 당나무는 없고, 당집이 개천가의 '쑤'(숲)에 있다. 당집 안에는 신석과 40㎝ 높이의 석상이 함께 안치되어 있는데, 석상은 홀(笏)을 든 남자의 모습으로 몸통에 금줄로 창호지를 묶어 놓았다.

제일은 음력 정월 14일 밤이며, 제관은 3명이고, 제물은 메, 백편, 감주, 어물(청어, 가자미), 명태포, 삼실과(밤, 대추, 곶감), 삼채소(무우나 숙주나물, 고사리, 배추나물) 등이고, 축문은 없고 소지만 올린다.

마을엔 현재 12가구가 살고 있다. →사진(29)(30)

≪제보자 : 정석이(73세, 1996.9.24)≫

◎ 가천리(佳川里)의 하가천

당나무는 팽나무이며, 여신이다. 제일은 음력 정월 14일 밤이며, 제관 1명, 주파 1명이다. 제물은 메, 국, 감주, 백편, 어물(가자미), 과실(밤, 대추, 곶감, 사과), 탕, 명태포 등이고, 축문이 있다. 보름날 음복한다.

≪제보자 : 최기용(69세, 1996.9.23)≫

◎ 가천리의 중가천

동네 입구 좌측에 당집이 있고, 당나무는 없다. 당집은 판자벽에 슬레트지붕인데, "동왕지신(洞王之神) 성황신위지묘(城隍神位之廟)"라 쓴 한지가 판자에 붙어 있다. 당집 왼쪽에는 사람 모양의 돌이 세워져 있는데, 성주신이라고 한다. 아마도 당집의 성주신의 신체(神體)인 모양이다.

당집의 상량에 "서기 1973년 정월 13일 입주(立柱) 동일 오후 상량(上樑)이라고 쓰여 있다.

성황신은 여신인데, 화산(앞산) 넘어 영양읍 상원리의 남성황신과 배위(配位)라고 한다.

음력 정월 14일 밤에 동제를 지내는데, 제관 1명, 주파 1명이다.

제물은 메, 국, 백편, 삼실과(밤, 대추, 곶감), 어물(쇠고기, 대구, 문어, 조기), 오징어포, 명태포, 감주, 청주 등으로 여성황신인데도 쇠고기, 청주를 바치는 것이 특이하다. 축문은 없고, 보름날 주파집에 모여 음복하고 풍물을 치며 논다. →사진(31)(32)

≪제보자 : 김수중(61세, 1996.9.23)/최준팔(63세, 1996.9.23)≫

◎ 가천리의 상가천

마을 앞으로 흐르는 장파천 가운데에 있는 작은 산 위에 돌담으로 둘러싸인 당집이 있고, 그 안에 창호지 여러 장이 금줄에 걸려 있다.

"무진(戊辰) 2월 초5일 신시(申時) 입주 상량"이라는 상량문이 쓰여져 있다.

성황신은 남신이고, 음력 정월 14일 밤에 제사지낸다.

제관 3명, 주파 3명이다. 정월 초엿새날 공론해서 제관과 주파를 선임하면, 집에서 목욕재계하고 근신하며, 제관과 주파의 집 및 성황당에 금줄을 치고, 황토를 뿌린다. 그리고 제관과 주파의 집에서 성황당에 가는 길에도 황토를 뿌린다.

제물은 메, 백편, 어물(쇠고기, 방어, 대구), 생대구, 대구포, 명태포, 김, 삼채소(배추나물, 고사리, 콩나물), 실과(배, 사과, 수박, 참외), 약주(정종) 등이다.

축문은 없고, 소지만 올리며 축원한다.

≪조사일 : 1996.9.23≫

오리리 배골의 서낭당

오리리 배골의 서낭신상

가천리의 중가천 서낭당

가천리의 중가천에 있는 가천정(佳川亭). 가천 김찬구(1732-1806)이 1783년
에 이거하여 1794년에 세운 삼친당(三親堂)을 1907년에 중건하여 가천정이라
불렀다.

◎ 용화리(龍化里)의 안벌매

황씨부인을 모시는데, 소나무가 당나무이고, 함석지붕 당집을 "당매곡당"이라 부른다. 30가구가 살다가 지금은 4가구만 살아 2집씩 도가와 제관을 맡는다. 15일에 제사를 지내며, 제물은 메, 국, 탕(두부, 무), 명태, 삼실과, 삼채소(고사리, 콩나물, 무, 냉이), 명태포, 김 등이며, 외지에서 무당이 굿하러 오면 못하게 한다.

≪제보자 : 김덕규(62세, 1996.)≫

③ 수비면(首比面)의 성황제
◎ 발리 1리와 발리 2리

수비면 면소재지 입구에 있는 패구나무 숲에 당나무(느티나무)가 두 그루 있는데, 하나는 발리1리의 남성황당이고, 다른 것은 발리2리의 여성황당이며, 여성황당은 삼신당이라고도 한다.

여성황당은 선주민인 반남 박씨의 당이고, 남성황당은 후래민인 봉화 금씨의 당인데, 여성황당의 형성에 관해선 다음과 같은 유래담이 전한다.

(1)반남 박씨의 웃대 어른이 하루는 행장을 하고, 어느 고을에 들렀다가 돌아오는 길에 마을 뒤 패구나무 밑에 도착하였을 때 말이 가지 못하고 우뚝 멈추었다. 그래서 이상하게 여기고 있을 때 말에 달린 말방울이 떨어져 패구나무에 가서 매달렸다. 그 말방울을 따서 집에 가지고 왔는데, 그 어른의 꿈에 와랑골에서 왔다는 신선이 나타나 자기가 조선땅을 다 돌아다녀 보아도 있을 곳으로는 이곳이 제일 좋은 것 같다면서 그 자리에 삼신당을 지어 달라고 했다. 그래서 그 자리에 성황당을 지어 지금도 그 후손들이 당집으로 하고 있으며, 성황당에 쓸 제수를 가축이 먹으면 죽는다고 생각하여 음식의 관리를 철저히 한다.

(2) 반남 박씨의 웃대 어른이 발리리의 북쪽에 있는 수하리의 괴벽에 갔다가 돌아올 때 말구부리(고개 이름)에 이르렀을 때 공중에서 무슨 물체가 날아와 앞에 떨어졌다. 말을 세우고 가보니 방울이었다. 그래서 도포 자락에 싸서 가지고 왔다. 그날 밤에 현몽하길 "나는 여잔데, 당신이 이 동네 성황신으로 모셔 달라" 해서 성황당을 조성하고, 서낭대에

당방울을 달고 돌아다닌다.

남의 소가 곡식을 먹으면 보상받으러 다녔는데, 신원 2리의 소가 발리 2리에 와서 곡식을 먹었기 때문에 '우석'(牛贖?) 받으러 서낭대에 당방울을 매달아서 그 동네에 걸립을 갔다가 당방울을 분실했다고 한다.

발리 2리의 여성황신은 서낭대(대나무)가 있고, 안은 황색(속치마)이고 겉은 적색(겉치마)인 서낭치마와 꿩장목이 있고, 발리1리의 남성황신은 서낭대가 없다. 따라서 발리 1리는 음력 정월 14일 밤에 도가, 제관, 축관이 동제만 지내고, 발리2리는 대보름날 동제를 지내기 앞서 일주일 전에 고사집(상여를 보관하는 장소로 수비중고등학교 뒤 산밑에 있다)에 가서 서낭대를 꺼내어 꿩장목과 서낭치마를 달아 당나무로 와서 농악대 (꿩매기2, 징1, 북1, 장고1, 소고5, 꼭두각시, 총든 포수)가 풍물을 쳐서 대내림을 한 다음 도가집에 모셔다 놓고(소반에 물그릇을 받쳐 바친다) 집집마다 돌면서 지신밟기를 하며 걸립을 했다. 그리고 15일 밤에 당제를 지내러 갈 때는 도가, 제관, 축관과 희망자 몇 사람만 조용히 가서 제사를 지내고, 제사를 마치면 바로 이어서 서낭대를 해체하여 고사집에 다시 보관했다.

발리 2리엔 현재 반남 박씨는 3가구에서 1가구로 줄어 옛날 집성촌의 흔적을 겨우 찾을 수 있다.

≪제보자 : 남성발(68세, 1996.7.12)≫

◎ 발리 1리의 용수골

10여 호가 살고 있는 작은 마을로 200여 년 전에 김녕 김씨가 들어와 개척했으나, 지금은 전씨(全氏)가 많이 살고 있다.

예전엔 당집은 없고 소나무만 모셨으나, 1984년에 당집을 건립하였다.

음력 정월 14일 밤에 제사지냈는데, 제관은 2집씩 돌아가면서 맡으며, 한 집의 남자가 제관이 되고, 다른 집의 여자는 제물을 장만한다. 제물은 채소(2~3가지), 메, 국, 백편, 포, 동태, 문어, 청어, 밤, 대추, 곶감, 사과, 감 등이다.

제비는 기금을 조성해 놓고 그 이자로 충당한다.

축문은 없고, 소지만 올리며, 30여 호가 살던 때는 풍물도 있었다.
≪제보자 : 김병우(61세, 1996.7.11)≫

◎ 신원(新院) 1리의 양촌과 섬촌

연꽃같이 생겼다 해서 이름이 붙여진 울련산(蔚蓮山)의 중턱에 문수당(文秀堂)이 위치하고 있는데, 당집 안에는 미륵불, 삼신할머니, 신령님, 문수신의 신상(神像)이 부조되어 있다. 미륵불은 반가좌상이고, 삼신할머니는 머리가 ㅇ(하늘), ㅁ(땅), △(사람) 삼재(三才)가 결합된 모습이고, 신령님은 지팡이를 짚고 구름을 타고 있고, 문수신은 사모를 쓴 모습이다.

문수당(文秀堂)은 원래 바위 밑의 옹달샘 옆에 있었으며, 방울을 신체로 모셨으나, 방울이 없어진 이후에 연을 날려서 떨어진 곳이 현재의 위치라고 한다. 1964(5?)년에 현재의 당집(시멘트 벽돌집에 슬레트지붕)을 건립하기 전에는 초가집 두 채가 있었고, 그 안에는 돌(삼신할머니의 신체)과 목각 신상 3위가 봉안되어 있었으나, 모두 땅에 묻고 지금의 부조상(浮彫像)으로 신상을 새로 조각했었다.

문수당의 성황신이 영험해서 동해안, 평해에서도 신을 받아 간다.

문수당이 조성된 유래에 대해선 약 300여 년 전에 어사 박문수가 이곳을 지나다가 쉬어간 자리(바위 밑의 옹달샘?)로서 동민들이 어사가 쉬어간 자리에 당을 지으면 이 마을에도 훌륭한 인재가 난다고 하여 당을 지었다고 한다. 그리고 박문수가 그때 울련산을 비롯한 산명과 지명을 지어주었다고 한다.

동제는 음력 정월 14일 밤에 지내며, 제관이 4명, 도가가 1명 모두 5명이었으나, 요새는 3~4명이 하고, 네 위의 신들에게 제물을 따로따로 진설한다. 제물은 메, 백편, 삼채소(고사리, 콩나물, 배추나물), 어물(문어, 방어, 대구), 삼실과(밤, 대추, 배) 등이고, 육류는 잘 안 쓴다.

고갯마루와 당 밖에서 솔잎에 냉수를 묻혀 뿌림으로써 부정을 풀고 당 안으로 들어가 제사를 지내는데, 축문을 읽고 소지를 올린다. 제물을 짊어진 짐꾼은 부정치는 고개까지 단숨에 올라가야 하며, 동네에선 집집마다 불을 밝힌다. →사진(33~38)
≪제보자 : 성동구(56세, 1996.9.22)/이종명(64세, 1996.9.22)≫

신원 1리의 문수당

문수당의 안, 신상들이 부조되어 있다.

미륵불

삼신할머니

신령님

박문수

◎ 신원2리의 사곡

당나무는 참나무이고, 당신은 "이씨 터전에 남씨 할머니"이다.

제일은 음력 정월 14일이고, 제관은 2명이고, 유사가 4~5명이다.

◎ 본신리(本新里)의 신촌

성황신은 남신이고, 당나무는 참나무이고, 당집이 있다.

현재 7가구가 사는데, 제관은 3명이다. 제물은 메(두 그릇), 국(두 그릇), 백편, 삼실과, 삼채소, 명태포, 술 등이며, 축문은 없고 소지만 올린다.

≪제보자 : 서석조(65세, 1996.9.22)≫

◎ 본신리의 주령 아랫마을

수비면에서 울진군 온정면으로 넘어가는 구실령(주령) 고갯마루에 옥녀당(玉女堂)이 있는데, 본신리 중에서도 고개 밑에 자리하고 있는 두 가구만 교대로 제관이 되어 동제를 지낸다. 예전엔 11여 가구가 살았다고 한다.

도로확장 공사로 말미암아 예전의 옥녀당은 훼철되고, 새로 슬라브집을 지어 이전한 결과 울진군의 경내로 넘어가버려서 원상 복구가 시급하다.

당집 안에는 부녀신의 초상화와 목판에 "주령성황신위(珠嶺城隍神位)"라 쓴 위패가 안치되어 있고, 중수기(重修記) 현판 1개가 보관되어 있다. (옥녀당의 유래에 대해서는 9편 1장 설화 참조)

현재 옥녀당에서의 제사는 음력 정월 14일 밤에 남자 제관 2명이 지내는데, 사람이 없어 부득이 여자도 제물을 이고 따라간다.

제물은 메(두 그릇), 국(두 그릇), 과일(밤, 대추, 곶감), 어물(명태, 고기, 가자미), 백편(온 시루째), 삼채소(고사리, 시금치, 콩나물), 집에 담근 동동주 등이고, 소지를 올리며 축원하는데, 객지에 나간 사람과 기부금을 낸 사람의 소지도 올려준다.

본신리 신촌의 동제는 옥녀당의 제사가 끝난 이후에 시작한다.

→사진(39)

≪제보자 : 유병일(1996.9.22)/박남(여, 53세, 1996.9.22)/이종명

(64세,신원리, 1996.9.22)≫

◎ 송하리(松下里)의 북수

마을 입구 다리 건너기 전 우측 숲 속에 판자로 지은 당집이 있는데, 당 밖에 "신사지월(辛巳之月) 이십일(二十日) 윤두성(尹斗星)"이라는 글이 쓰여 있다.

당집 내부는 이중 미닫이문 안에 "북수동신지위(北水洞神之位)", "수배지위(隨陪之位)"라 쓴 위패가 안치되어 있다.

음력 정월 14일 밤에 동제를 지낸다.

≪조사일 : 1996.9.23≫

◎ 송하리의 판사

마을 옆 산 위에 있는 당집 안에 창호지를 금줄로 묶어놓은 신석(神石)이 모셔져 있는데, 할머니신이다.

제일은 음력 정월 14일 밤이며, 제관 1명, 제주 1명을 초이렛날에 선임한다.

제물은 메, 고기, 어물, 떡, 감주 등이며, 보름날 동민이 모여서 음복한다.→사진(40)

≪제보자 : 김영석(48세, 1996.9.23)≫

④ 석보면(石保面)의 성황제
◎ 지경리(地境里)의 아랫지경(원지경)

서낭당의 당나무가 마을 앞 사과나무밭 가운데에 있는 소나무인데, 말라죽은 지 오래되기 때문에 당집을 지을 계획이라고 한다. "동네 어른이라 모신다."고 하고, 남신인지 여신인지 불분명하다.

제일은 음력 정월 보름밤이며, 제관 1명과 장 보는 사람 1명을 정월 초이렛날 선임한다. 파제날(16일)에 지신밟기를 했으며, 모시는 집에 모여서 음복하고, 윷놀이와 풍물놀이를 했다. 제주는 술 대신 감주를 쓴다.

웃지경(옛장터)에도 마을 앞에 당나무(소태나무)가 있다.

≪제보자 : 유국의(59세, 1996.10.12)≫

옥녀당의 옥녀와 아버지의 화상

송하리 판사의 서낭당 안의 신석

◎ 옥계리(玉溪里)의 북계

마을 입구 도로변에 당집이 있고, 마을 안에 당나무(느티나무)가 있다. 현재의 당집은 1992년에 도로 확장 공사 때문에 뒤쪽으로 이전하여 신축한 것이다.

느티나무의 신격은 불분명하지만, 당집은 여서낭신의 당이다. 여서낭신의 신체(神體)는 47㎝ 높이의 돌인데, 금줄로 감겨져 있고, 흰 실타래가 걸쳐져 있으며, 방석 위에 안치되어 있다.

예전에 당집터에 사람이 살 때 지금의 신석을 다른 곳에 버리면 그 돌이 다시 그 자리에 되돌아와서 신석으로 모셨다고 한다.

외지에 나간 사람들이 술과 닭을 놓고 제사를 지내기도 하는데, 마을 사람 하나가 그 닭을 잡아먹으려고 집에 가져가니 병이 나서 도로 가져다 놓은 일도 있었다고 한다.

동민 중에서 사람이나 소의 젖이 잘 나오길 빌 때 서낭신에게 미역국을 바친다.

음력 정월 14일 밤에 제사를 지내는데, 초이렛날 생기복덕을 보아 제관(2명)과 도가(1명)을 선임하며, 제관의 집에서 당집까지 황토를 뿌린다.

당신이 여신이므로 술 대신 감주(단술)를 바치며, 보름날 낮에 동민들이 제관집에 모여 음복을 한다. 지신밟기도 했는데, 1995년에 중단되었다.

동제의 경비는 마을의 기금을 쓰는데, 그 기금은 마을의 위토(位土)에서 생긴 소득으로 마련한 것이다. →사진(41)(42)

≪제보자 : 김명태(46세, 동장, 1996.7.11)≫

◎ 소계리(素溪里)의 소계

마을 앞 도로변에 느티나무, 측백나무, 팽나무, 떡갈나무가 숲을 이룬 가운데에 있는 돌무덤 위에 두 개의 신석이 모셔져 있는데, 서낭신 모녀(母女)의 신체이다.

전하는 말에 의하면, 계곡 안쪽의 세칭 서낭당골에 김녕 김씨의 웃대가 묘터를 잡으로 갔을 때 사두형(巳頭形) 또는 사두혈(蛇頭穴)—서낭

옥계리 북계의 서낭당

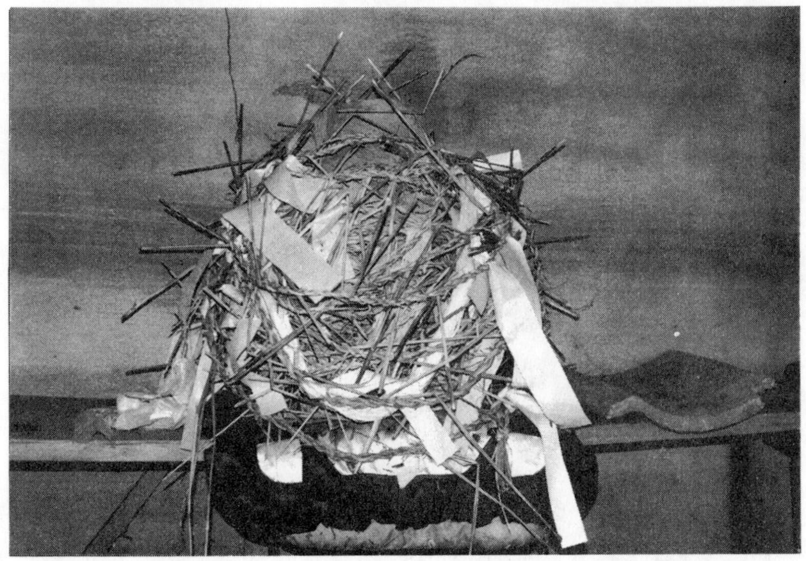

옥계리 북계의 서낭당의 신석. 금줄을 휘감아 놓았다.

답곡리 중논실의 서낭당

답곡리 중논실 서낭당의 무쇠말

당골 북쪽의 작은산—을 팔 것이며, 철인(鐵人)과 철마(鐵馬)가 나오면 당(堂)으로 모시라고 현몽을 해서 그대로 묘소를 쓰고 개울에 당을 모셨는데, 수해로 떠내려 와서 현재의 자리에 좌정하므로 지금의 당을 조성했다고 한다.

한편 「경북마을지(하)」에 의하면 산신이 사두혈을 파면 흰 단지가 있을 터이니 열지 말고 묘를 쓰라고 현몽하였으나, 사람들이 이상히 여겨 뚜껑을 열어본즉 방울이 나와서 날아갔으므로 그 단지를 서낭당골에 있는 서낭당으로 옮기어 보호해왔다고 한다.

제사는 제관, 축관, 도가를 뽑아 음력 정월 보름밤에 지내는데, 16일 낮에는 동민이 모여 음복을 하고 동회를 열었다.

제물은 메, 국, 소고기, 닭고기, 문어, 명태, 과일, 떡, 삼채소(고사리, 콩나물, 도라지), 술(막걸리) 등이며, 제상(祭床)은 두 개 차린다.

제비는 위토의 소득으로 하며, 축문은 동장이 보관하고 있다.

김녕 김씨가 입향한 것은 500여 년 전이다.

≪제보자 : 오형호(64세, 1996.7.11)≫

◎ 답곡리(畓谷里)의 하논실

마을 입구에 있는 소나무 "쑤"(숲)에 당나무가 있는데, 소나무가 죽어서 느티나무로 바뀌었다. 성황신은 남신이며, 음력 정월 보름밤에 제사를 지내는데, 원래는 제관(2명)과 도가(1명)을 선임했으나, 지금은 동장과 반장이 제관이 된다.

≪제보자 : 남월호(63세, 1996.7.11)≫

◎ 답곡리의 중논실

동네 입구의 우측 산 위에 당집이 있는데, 당나무(참나무) 쪽에 벽이 없고 바깥쪽으로 담을 쳤다. 그리고 금줄이 쳐진 당나무 우측에 쇠말〔鐵馬〕두 마리(좌측의 말이 우측의 말보다 크다)가 들어 있는 돌굴이 있으며, 그 입구를 돌문으로 막아놓았다. 그리하여 당집 안에서 소나무와 쇠말을 신체로 하여 제물을 진설하고 제사를 지낸다.

쇠말은 원래 3개였으나, 1개가 분실되었다고 하는데, 전하는 말에 의

하면 골매기신이 오실 때 하인이 말을 몰고 왔다고 한다. 골매기신은 남신이며, 동제 때 메(밥)를 두 그릇 담는다. 골매기신과 하인을 모두 위하는 것이다.

14일 새벽 1~2시에 방아간에 가서 백편을 시루째 해다가 놓으며, 감주도 동이째 바친다. 이밖에 콩나물국(두 그릇), 삼실과(밤, 대추, 배), 어물(청어, 문어, 명태), 채소(고사리, 배추나물, 콩나물), 탕, 포(대구포 대신 오징어포 사용) 등이며, 소지는 올리고 축문은 없다.

예전엔 제관이 여럿이었으나, 초열흘날 동회에서 깨끗한 사람 한 사람을 뽑으면, 그집 내외가 고사를 지내며, 음식을 딴 방에 보관하였다가 이튿날 동민이 인사오면 나눠주며, 동장이 주관해서 경비 관계나 동네 일의 진행 관계에 대해 의논한다.

현재 마을의 진입로 확장 공사를 하고 있는데, 당나무와 당집이 있는 '쑤'를 보호하기 위해 산을 깎지 않아 산 모퉁이만 길이 좁은 기이한 모습이 되었다.

골매기신에 대한 금기는 엄격해서 임산부가 있는 집에서 고사를 지내면 아이가 불구자가 되었는데, 실제로 동민 중 어떤 이가 절름발이였는데, 태어날 때 웃대 어른이 동고사 지낼 때 잘못해서 그리 되었다고 여겼으며, 고사를 잘못 지내면 사람만이 아니라 소, 개도 탈이 났다.

상답실의 골매기는 광산(光山) 김씨이다. →사진(43)(44)
《제보자 : 남중호(65세, 1996.10.12)》

◎ 답곡리의 상논실

당나무는 소나무였는데, 개드릅나무와 함께 죽어서 지금은 썩은 둥치만 남아 있고, 30여년 전에 새로 심은 느티나무와 당집이 있다.

당신은 골매기신이며, 동제를 "수구고사"라고 부른다.

음력 정월 14일 밤에 제사지내며, 백편을 시루째 놓는다.

《제보자 : 최상춘(56세, 1996.10.12)》

◎ 신평리(新坪里)의 압수골

동네 입구 산 밑에 성황당이 있는데, 평소에는 동네 잔치에 사용하는 밥상 따위를 보관하는 창고로 쓰이고 있다.

당나무(소나무)가 죽어서 당집을 건립했으며, 성황신은 여신이다.

음력 정월 14일 밤에 제관과 제물을 차리는 집의 내외들 4명이 제사를 지내는데, 소지만 올리고 축문을 없다.

제물은 메와 국이 각각 두 그릇씩이며, 어물(문어, 조기, 방어), 포(오징어포나 명태포), 과실(배, 대추, 밤, 사과), 나물(도라지, 고사리), 탕(무우국에 명태를 끓임) 등이고, 제주는 막걸리를 한 되만 집에서 담가서 사용한다.

≪제보자 : 박노수(70세, 1996.10.12)≫

◎ 택전리(宅田里)의 택전

당집이 원래는 마을 앞 개천의 건너편에 있는 느티나무(당나무) 옆에 있었는데, 큰물에 떠내려갔기 때문에 동네 쪽 도로 밑에 새로 건립했다.

당집의 문 위에는 "성황당(城隍堂)"이라 쓰여 있고, 당의 안쪽 벽에는 "성황신(城隍神)"이라고 먹글씨로 쓰여 있다.

≪제보자 : 김병욱(45세, 1996.10.12)≫

◎ 택전 2리의 물건너와 현암

물건너 마을의 입구에 있는 거대한 느티나무가 동제당(洞祭堂)인데, 할머니당이라고 한다. 따라서 제주는 술 대신 감주를 쓴다.

음력 정월 14일 밤에 제관(1명)과 음식 만드는 집(1명)이 제사를 지내는데, 소지만 올리고 축문은 없다.

백편은 온 시루째 바치며, 메, 국, 채소(고사리, 콩나물, 도라지, 배추나물), 탕, 어물(동태, 청어, 문어)등을 차리는데, 통닭을 삶아 바친다.

≪제보자 : 이시우(63세, 1996.10.12)≫

◎ 화매(花梅) 1리의 절골

마을 뒷산 밑에 골매기 성황신의 당집이 있는데, 제사를 지낼 때 메와 국을 각각 두 그릇씩 차리는 것으로 보아 2위(位)임이 분명하다. 남녀신의 구별도 불확실하다.

음력 정월 열흘에 유고 없는 사람으로 제관을 뽑으면, 14일 새벽에 장에 가서 제물거리를 사왔으며, 장보기를 해오면, 당집 및 제관과 도가의 집에 금줄을 치고 밤 12시에 제사를 지냈다. 소지만 올리고 축문은 없었다.

현재는 마을에 젊은 사람이 없고 노인들은 추위에 목욕재계하는 것이 힘들어 동제를 5년 전에 폐지했다.

≪제보자 : 권중호(69세, 1996.10.12)≫

◎ 화매 1리의 평지와 화매

화매 1리(평지)와 화매 2리(화매)의 성황신은 "임씨(林氏) 터전에 장씨 골매기신"으로 당나무는 느티나무이다.

음력 정월 14일 밤에 제관 2명(1리와 2리에서 각각 한 명씩 선임)과 도가(1명)가 제사를 지내고, 다음날 도가집에 동민이 모여 음복을 하고, 동회를 연다.

당나무가 있는 느티나무숲은 '화매공원(花梅公園)'으로 조성되어 있는데, 1996년 4월 1일에 김영규(金英圭)씨가 기증한 비석에는 "고향 마을 어귀에 서 있는 ……"라는 그의 글이 새겨져 있다.

≪제보자 : 박덕룡(72세, 1996.10.12)≫

◎ 화매 2리의 홀무골

산지부락(散地部落)이므로 따로 서낭신을 모시는데, 당나무는 느티나무이고, 당집이 있다.

음력 정월 14일 밤에 제사를 지내며, 동민이 돌아가면서 제관(2명)이 된다.

예전엔 제사 다음날에 음복했으나, 지금은 약식화해서 제관들이 제사를 마치고 돌아오면 동민들이 모여 위로하고 음복한다. →사진(45)

≪제보자 : 박재달(69세, 1996.10.12)≫

◎ 포산리(葡山里)의 복곡

당나무(소나무, 참나무)와 당집이 있고, 당집안에는 신석이 모셔져 있다. 그러나 신격과 성(性)이 모호하다.

음력 정월 보름밤에 동제를 지내며, 20여 가구가 살던 예전엔 유고 없는 사람을 선임했으나 4가구만 사는 지금은 돌아가면서 제관을 맡는다.

고기(명태, 대구), 포, 과일 등을 써서 간단히 제사 지낸다.

≪제보자 : 신인호(39세, 1996.10.12)≫

◎ 포산리의 본동과 포산

화매 2리의 흘무골에서 우측으로 갈라진 길을 따라 산 위로 오르면 고원지대에 있는 본동과 포산이 있다. 벼농사를 짓는다.

성황당은 포산에서 장구메기와 청송군 지품면 속곡리로 가는 고개 위에 있는데, 소나무 숲속에 슬레트로 지붕과 벽을 만든 당집이 있다.

서낭신은 여신이며, 음력 정월 보름밤에 제관과 집사 등 3명이 제사를 지냈으나, 동네에 제관을 맡을 젊은 사람이 없어 사오 년 전부터 중단되었다.

예전엔 70여 가구가 살았으나, 지금은 11가구가 살고 있다.

당 안에 판자로 선반을 만들어 제물을 진설했으며, 송판에 창호지를 금줄로 묶어 신위(神位)로 삼았으나 글씨는 없다.

지금 당 안에는 양초, 비닐돗자리와 향로, 촛대, 술잔, 음식그릇 등과 같은 제기(祭器)들이 어지럽게 널려 있다. 그릇을 담은 큰 양푼도 있다. →사진(46)

≪제보자 : 조현만(73세, 1996.10.12)≫

◎ 요원리(腰院里)의 배남정

조선시대 때 행인에게 편의를 제공하던 요원(要員)이 있었기 때문에 요원(腰院)이라 불리웠으며, 영해부사가 부임하거나 상경할 때 영해→창수(蒼水)→요원→석보→입암→동산→임동의 노정(路程)에 속했다. 배남정에는 수령이 500여 년으로 추정되는 배나무가 당나무인데, 음력 정월 14일 밤에 동제를 지낸다. 제관은 깨끗한 집의 내외가 되는데, 소지를 올리며 축원하고, 축문은 없다.

제물은 명태, 청어, 문어, 백편, 삼채소(고사리, 콩나물), 과일(대추, 밤, 곶감, 배, 사과)등이고, 육류는 안 쓴다.

제사를 마치면 바로 이어서 동민들이 음복을 하며, 동제에 관한 회의를 한다.

제관은 14일부터 담배를 피워선 안되며, 복주 후에는 자유롭다.

동제의 기금은 일정액을 미리 조성해 놓고 사용한다.

임진왜란 이후에 경주 최씨가 입향했다고 전한다.

≪제보자 : 김중석(61세, 1996.)≫

◎ 주남리의 이마리

마을 입구 우측에 죽은 당나무(소나무)와 새 당나무(느티나무)가 서 있다. 음력 정월 14일 밤에 제사지내며, 제관(1명)과 음식 장만하는 집(1명)은 서로 기피하므로 돌아가면서 맡는다.

≪조사일 : 1996.10.12≫

⑤ 입암면(立岩面)의 성황제
◎ 신구리(新邱里)의 탑구

신구리 240번지 밭 가운데에 있는 3층 석탑과 석탑의 서편 150m 지점에 있는 노간주나무에 음력 장월 14일 밤에 제사를 지내는데, 당나무에 먼저 제사를 지내고 나중에 석탑을 위한다. 석탑의 앞엔 애기돌부처상이 있고, 뒤엔 (2m 거리) 모과나무가 한 그루 있는데, 노간지(노가지, 노가리)나무는 둘레가 약 120㎝, 높이가 9~10m 정도여서 그 수령이 마을의 오랜 역사를 증언해 주지만, 지금은 죽어서 나무의 줄기만 마치 뼈처럼 남아 있고, 그 대신 좌우에 심은 느티나무로 당나무가 바뀌었다. 또 당나무 주변을 에워싸고 있던 노송들도 한 그루만 남고 모두 죽었는데, 밭주인이 뿌리를 잘랐기 때문에 용트림하듯 멋있게 생긴 소나무가 죽은 것으로 간주하고 있다.

제관은 한 집의 내외가 되고, 소지를 올리며 각 가정의 호주를 위해 축원하는데, 14일 저녁에 당나무와 석탑에 금줄을 친다.

화매 2동 홀무골의 서낭당

포산리 포산의 서낭당 내부

신구리 탑구의 석탑

노달리의 서낭당. 당집·돌무지·당나무가 결합된 전형을 보인다.

당(노간주나무)은 여당이므로 술은 쓰지 않고, 단술(식혜)을 바치며, 어물도 비린내가 나지 않는 명태를 쓰고, 육류도 안 쓰고, 김, 백편, 메(밥), 삼채소, 삼과실을 차린다.

시내에서 며느리가 손자를 낳았는데, 본가에서 붉은 고추와 숯덩이를 꽂은 인줄을 친 집이 아직도 있을 정도로 민속문화의 보존상태가 좋은 마을이다. →사진(47)

≪제보자 : 엄명돌(49세, 1996.8.25)≫

◎ 노달리(老達里)

진보군 북면의 지역이다가, 1914년 입압면에 편입된 마을인데, 원래 갈대밭이었다고 하는 것으로 보아 노달(蘆達)이 아니었나 싶다.

동네 가운데를 흐르는 개천의 다리 옆에 당나무(느티나무)·누석단(累石壇)·당집이 모두 갖추어진 전형적인 성황당이다.

제관은 2명이고, 축관은 없으며, 음력 정월 14일 밤에 제사를 지냈는데, 3년 전에 제관 선임이 어려워 동민 전체가 모여 낮에 제사를 지내고 동제를 폐지했다.

제관은 상가에 가서도 안 되고, 가정 제사에 참가해서도 안 되는 등 제약이 심하므로 동민들이 제관되기를 기피했다. →사진(48)

≪제보자 : 최승환(64세, 1996.8.25)≫

◎ 방전리(方田里)의 안마을

당나무는 느티나무이고, 당집은 없이 신석이 모셔져 있는데, 여당이다. "임씨 터전에 신씨 골매기"라고 하는데, 400여 년 전에 울진 임씨가 개척한 마을이라고 한다.

음력 정월 보름밤에 제사지내며, 초이렛날 제관(1명)과 제주(祭主) 곧 도가를 정하는데, 도가는 내외가 맡는다. 제관이나 도가가 되면 보름날까지 외부 출입을 안 하고 정성을 들인다.

김으로 김국을 만들고, 술 대신 감주를 쓰며, 대구를 쪄서 바치는 사실 이외에도 장닭(수탉)을 통째로 삶아서 바치는 점이 특이한데, 여신이니까 암탉이 아닌 장닭을 쓴다고 한다. 또 촛불이 아니라 참기름 불을 밝힌다.

안노인(할매신)이 동자를 앞세우고 꿈에 나타나기도 하기 때문에 제사를 마치고 제상을 동쪽으로 돌려놓고 잘 가시라고 배례하며, 서낭신이 영험해서 꿈을 꾼 사람은 장수하고 아들을 낳았다고 한다. 당을 정성껏 모시면 공을 받지만, 만일 제관을 기피하면 해로운 일이 생긴다고 한다.

≪제보자 : 김시홍(63세, 1996.10.14)/김교현 (70세, 1996.10.14)
/김기철 (43세, 이장,1996.10.14)≫

◎ 홍구리(興邱里)의 갯마

동네 입구의 갈림길에서 우측으로 가면 "관풍대(觀豊坮)"란 글씨와 "춘하추동 갱수계(春夏秋冬更隨季) 만세부동 관풍대(萬歲不動觀豊坮)"란 글이 새겨진 바위가 있고, 그 옆에 당나무(느티나무)가 있는데, 할매신이다.

음력 정월 14일 밤에 제사지내며, 제관 내외가 하는데, 집제사와 다른 점은 분향을 안 하는 점이다. 강신 배례하고, 절 두 번 하고, 헌작하고, 수저 꽂고, 소지를 올리는데, 동민 전체를 위한 대소지(大燒紙)를 먼저 올리고, 각 호별로 택호 부르며 소지를 올린다. 여신이지만 술 안 자시는 신은 없는 법이니까 막걸리나 감주를 구분없이 제주(도가)집에서 담근다.

≪제보자 : 김정연(58세, 1996.10.14)≫

◎ 홍구리의 큰마

청주 정씨, 강릉 김씨가 많이 사는 동네인데, 당나무는 참나무이며, 부부신이어서 신석을 두 개 모시고 있다. 음력 정월 14일 밤에 제사지내며, 제관 내외가 음식도 장만한다. 제물은 메(두 그릇), 탕, 삼실과(밤, 대추, 곶감, 배, 사과), 어물(조기, 명태, 고등어, 문어, 가자미), 포(고대포), 나물(콩나물, 쑥갓, 고사리) 등이며, 단술을 쓴다.

서낭신이 순하고 사랑이 많아서 동네 아이들이 놀면서 나뭇가지를 꺾어도 아이들보다는 오히려 그들을 나무라는 어른을 벌준다고 한다. "내

옆에서 노니까 내가 사랑하는데, 너희가 왜 나서느냐?"는 마음에서란다.
　≪제보자 : 류장묵(57세, 1996.10.14)≫

◎ 병옥리(屏玉里)

원래 진보군 북면에 속했는데, 1914년 입압면에 편입되었다.

반변천 가의 숲에 있는 노간주나무가 서낭당이다.

제관(2명), 축관(1명), 도가(1명)는 생기복덕을 봐서 선임한다. 음력 정월 14일 밤에 제사를 지내며, 제물은 떡, 과일, 고기, 어물 등을 진설한다. 10일 경부터 제관, 축관, 도가의 집에 금줄을 쳐서 외인의 출입을 금하고, 집에서 근신하며, 부정한 음식을 삼갔다.
　≪제보자 : 이옥룡(62세, 1996.8.25)≫

◎ 교리(橋里)

다리골로도 부르는데, 원래 진보군 북면에 속하다가 1914년 입암면이 되었다.

마을 입구 냇가에 있는 '쑤'(숲)에 개두릅나무(엄나무)가 '수구'이다. 음력 정월 보름밤에 제사지내며, 제관 1명, 도가 1명이다. 소지를 올리며 동민의 무사 태평을 빈다.
　≪제보자 : 김시환(67세, 1996.8.25)≫

◎ 삼산리(三山里)

진보군 북면에 속했는데, 1914년 입암면에 편입되었다. 200여 년 전에 춘천 박씨 삼산공(三山公) 박경문(朴慶門)이 마을을 개척했다고 한다. 56가구 중에서 춘천 박씨가 28호, 안동 김씨가 10호, 기타 18호이다. 반변천에 삼산교가 개설된 것은 1980년이고, 그 이전의 동네 입구에 당나무(느티나무)가 있다.

음력 정월 보름밤에 제사지내는데, 제관은 책력을 보고 생기를 맞추어 선임한 집의 내외가 되어 제물도 마련했다. 또 제관이 되면 며칠 금삭을 치고 근신해야 하고, 동네에 나쁜 일이 생기면 제사를 잘못 지낸 탓이라고 동민들이 원망하니까 제관되길 꺼리는 경향이 있으며, 동민 전체가 제사를 지내고 동제를 폐지하자는 주장이 나오고 있다.
　≪제보자 : 박재빈(56세, 1996.8.25)≫ →사진(49)

◎ 산해리(山海里)의 후평

　당나무는 느티나무인데, 원래 당나무는 진입로 축대 밑의 큰 느티나무였고, 후대의 당나무는 길 윗쪽에 있는 작은 느티나무이지만, 동제가 번거롭다 해서 10여 년 전에 100년치를 한꺼번에 지내고 동제를 폐지했는데, 이것을 매혼(埋魂)이라고 한다.
　≪제보자 : 고용환(60세, 1996.8.25)≫

◎ 산해 3리의 주파

　여당인데, 소나무가 당나무이고, 당집이 옆에 있다.
　음력 정월 14일 밤에 제사지내며, 남자가 제관이 되고 여자가 음식을 장만하는데, 제물은 메, 과실(배, 사과, 밤, 대추), 생명태, 떡 등이며, 여당이니까 술 대신 감주를 바친다. 축문은 없고, 호주의 수(33호)대로 소지를 올리고, 동네가 무사태평하고 잘 되라고 빈다. →사진(50)
　≪제보자 : 이남옥(61세, 여, 1996.9.20)≫

◎ 연당리(蓮塘里)의 연당 1동

　수령 400여 년이 넘는 당나무(느티나무)와 축원당(祝願堂)에 음력 정월 보름밤에 동제를 지낸다. 제관으로 뽑힌 집의 내외가 제물도 장만한다.
　축원당엔 석불좌상(石佛座像)이 모셔져 있는데, 좌대와 광배를 모두 갖추고 있으며, 150~200여 년 전 동네 노인의 꿈에 현몽이 있어 돌무더기를 치우니 그 속에서 나왔다는 전설이 있다.
　석불좌상은 1979년 1월 23일 경상북도 유형문화재 제 111호로 지정되어 보호를 받고 있으며, 단층 기와집의 보호각(保護閣)이 당집의 구실을 한다. 석불은 통일신라 말기인 9세기 경의 작품으로 제작 연대가 추정되며, 얼굴 특히 눈과 코가 심하게 손상되어 형태가 분명하지 않지만, 띠주름식의 삼도가 분명한 목을 지녔다. →사진(51)
　≪제보자 : 정휘한(71세, 1996.10.14)≫

삼산리의 당나무 주변이 주차장으로 활용되고 있다.

산해 3리의 서낭당

연당 1동의 석불좌상. 신라 말기의 작품.

연당 2동의 동수(洞樹). 선바위 옆에 있으나 선바위와는 관련이 없다고 한다.

◎ 연당리의 연당 2동

선바위 옆의 입암마을이 행정구역상으로 연당2동인데, 선바위 옆에 미륵당과 동수(洞樹)가 있다. 모두 소나무가 당나무이다.

음력 정월 14일 밤에 제사지내는데, 제관 1명, 차리는 집 1명이며, 서로 기피하므로 20여 가구가 돌아가면서 맡는다.

당이 미륵당이지만 불상은 없고, 그렇다고 선바위를 섬기는 것은 아니라고 한다. 다만 남이장군이 선바위와 강 건너 산 위로 뛰어서 왔다갔다 했다는 전설은 전한다.

또 소나무 밑에 콘크리트로 조성한 제단에 참기름 종지의 불이 바람에 꺼지지 않도록 작은 아궁이를 만들어 놓은 것이 특이하다.

→사진(52)

≪제보자 : 배운환(77세, 1996.10.14)≫

◎ 대천리(大泉里)의 대거리

예전엔 마을 앞의 버드나무가 당나무였으나 느티나무로 바뀌었다. 당집을 조잡하게 만들었는데, 여당이다. 음력 정월 14일 밤에 제사지내며, 돌림차례로 깨끗한 사람이 제관이 되고, 도가가 음식을 장만한다. 제물은 삼실과, 삼채소(콩나물, 고사리, 도라지), 메, 백설기, 명태포, 탕이고, 여당이므로 술 대신 감주를 쓴다. 호주 이름을 부르며, 소지를 올리는데, 현재 20가구가 산다.

≪제보자 : 정현섭(51세, 1996.9.20)≫

◎ 대천리의 샘실

마을의 공동우물에 음력 정월 14일 밤에 제사를 지내는데, 제관은 한 사람이다. 제물은 메, 백설기, 명태, 과일, 감주 등이며, 비린 것을 쓰지 않는다. 소지를 올리며 빈다.

예전엔 산마골과 같이 제사를 지냈으나 뒤에 따로 지내면서 우물고사를 지낸다.

≪제보자 : 김재호(58세, 자암, 1996.9.20)≫

◎ 대천리의 산마골

이 마을의 동제는 천제(天祭)라고 부르는데, 제장(祭場)으로 일정하게 정해진 논의 귀퉁이에 멍석으로 ㄱ자로 울타리를 치고, 제관 한 사람이 제사를 지낸다.

원래 음력 정월 보름밤에 지냈으나, 지금은 14일 밤으로 바뀌었다.

하루 전부터 준비하는데, 제관이 생나락을 쪄서 방아를 찧어 떡을 만들고, 과실, 날감주(제사 지낸 후 끓인다), 물명태를 마련하며, 제장에서 밥을 지어 제사를 지내는데, 정해진 우물을 깨끗이 쳐서 그 물로 밥을 짓는다.

제사 당일 제장과 제관의 집 사이의 길 양쪽에 갈지자로 황토를 놓고, 밤 11시쯤 집을 나와 12시에 제사를 지낸다. 호주의 수(11호)대로 소지를 올리고, 동민이 무사태평하고, 농사가 잘 되게 해달라고 빈다.

골짜기 안쪽의 구레두들(늑구)에는 당나무가 있다.

≪제보자 : 김재동(64세, 입암, 1996.9.20)≫

◎ 금학리(琴鶴里)의 금대

마을 입구에 두 아름이나 되는 소나무가 당나무인데, 지금은 고사목(枯死木)이 되어 있다.

1977년에 건립된 듯한 당집이 있는데, 1980년과 1988년에 수리 공사가 있었던 듯 싶다.

여당이며, 신석(神石)에 금줄이 감겨져 있고, 양초를 세울 수 있도록 싸리나무로 촛대를 만들어 놓은 것이 신기롭다.

음력 정월 14일 밤에 제사를 지내는데, 제관은 2명이고, 밥은 제당(祭堂)에서 짓고, 막걸리는 집에서 담가 온다.

제물은 물명태, 조기, 삼채소(도라지, 고사리, 콩나물), 삼실과(대추, 배, 사과, 곶감) 등이며, 떡은 없다.

예전엔 축문을 읽었으나, 지금은 소지만 호수(57호)대로 올리고, 일년 농사가 잘 되길 빈다.

영험해서 외지에서 와서 치성드리는 사람들이 많다.

골짜기 안쪽의 점촌마을도 소나무가 당나무이고, 예전엔 11가구가 살았지만 지금은 폐촌이 된 가정기에도 동제가 있었다.
≪제보자 : 권명귀(64세, 1996.9.20)≫

⑥ 청기면(靑杞面)의 성황제
◎ 청기 1리
마을 앞 밭뚝에 있는 수령 300여 년 되는 느티나무가 당나무이다. 당집은 없고, 서낭신은 남신이다. 1993년 11월에 이 마을의 독지가(이난희 씨)가 기증하여 축대를 쌓고 화강암 제단을 만들었다.

제일은 음력 정월 보름밤이고, 제관 1명, 축관 1명, 도가 1명인데, 생기복덕을 맞추어 7일 전에 선임하면, 3일 전에는 도가집에 합숙하며 목욕재계하고, 금줄을 치고, 황토를 뿌린다.

제물로 돼지머리를 바치는 것이 다른 마을과 다르고, 종지에 참기름을 담아 불을 밝힌다. 그 기름종지를 훔쳐가면 아들을 낳고, 소지 올리고 남은 창호지를 가져다 글씨 쓰면 벼슬한다고 믿는다.

또 제주는 양조장에서 제일 먼저 뜨는 술('수지'라고 한다)을 가져다 쓰며, 그 제주를 얻어 먹으면 장가를 일찍 간다고 한다.

파제날(16일)에 도가집에 모여 음복하고, 예전엔 대동회를 열었으나, 지금은 날짜를 따로 잡아 하고, 백편도 집집마다 똑같이 나누어 먹었으나, 지금은 노인정에 가져다 주는 것으로 바뀌었다.

제관, 축관, 도가는 3개월 동안 흉사에 못 가고, 부조도 안 한다.
→사진(53)
≪제보자 : 오창익(47세, 1996.9.24)/이진형(49세,1996.9.24)/오지원(58세,1996.9.24)≫

◎ 저리(苧里)
예전에 모시 농사가 성행했다 해서 '모시골'이라 불리우는 마을인데, 물 건너 '가는골'과 함께 일월산 산신이 된 황씨 부인을 서낭신으로 모시고 동제를 지낸다. 당나무는 400여 년이 된 소태나무인데, 현재 거의 고사(枯死) 직전에 있어 회생시킬 방도를 모색하고 있다. 같은 시기에 심었다는 노간주나무는 이미 고사목이 되어 있다.

음력 정월 보름밤에 제사지내는데, 제관 1명, 도가 1명이며, 4개 반에서 돌아가면서 맡는다. 여서낭신이지만 제물에 소고기를 쓰며, 동제에 관한 금기가 다른 동네보다 엄격하지 않아 지내기가 수월하다고 말한다.

748평의 위전(位田)이 있어 거기서의 소득으로 동제의 비용을 충당한다.

≪제보자 : 김재열(69세, 1996.10.14)≫

◎ 구매리(九梅里)의 여미동

마을 앞의 개울 건너에 당나무(느티나무)가 있다. 서낭신은 남신이며, 음력 정월 15일 밤에 제사를 지낸다. 제관 1명, 주파 1명이다.

≪제보자 : 김창영(72세, 1996.10.14)≫

◎ 구매리의 구통

전에는 70여 호가 살았으나, 지금은 22호가 남아 있는 마을인데, 당나무는 느티나무이고, 할아버지신이다.

음력 정월 보름밤에 동제를 지내며, 제관은 내외가 된다. 초이렛날 제관이 선임되면, 내외는 그날부터 매일 목욕재계하고, 청소하며, 공을 들이고, 열흘에는 당나무와 제관의 집에 금줄을 치고 황토를 뿌린다.

제물은 메, 국, 백편, 어물(명태), 실과(밤, 대추, 곶감, 사과, 배), 나물(콩나물), 탕, 감주 등이며, 막걸리는 도가집에서 담가 썼다.

이튿날 제관집에 가서 인사하고 음복한다. 풍물은 있지만, 동제 땐 사용하지 않고, 환갑잔치같은 때 풍물을 치며 논다.

≪제보자 : 김공진(58세, 1996.10.14)≫

◎ 정족리(正足里)의 학교마을과 새마을

청기초등학교가 있는 쪽의 느티나무가 숫당(남당)이고, 개천 건너의 느티나무가 암당(여당)이다. 학교마을이 남서낭신이고, 새마을이 여서낭신인 것이다.

음력 정월 보름밤에 동제를 지내는데, 예전엔 제관을 동회에서 선임

청기 1리의 서낭나무

토곡리 광암 장갈령의 서낭당

저자와 제보자 권영선씨

했으나, 지금은 성의 있는 지원자가 되며, 자원자가 없는 경우엔 동네에서 선임한다.

먼저 암당에서 술, 밥, 백편, 고기, 실과를 진설하고, 축문을 읽으며 소지를 올린 다음 숫당에 가서 같은 방식으로 제사를 지낸다.

파제날(16일)에 제관집에 모여 노고를 치하하고 음복을 하는데, 예전엔 윷놀이도 했으나 지금은 안 한다.

≪제보자 : 남명진(56세, 1996.7.13)≫

◎ 토곡리(土谷里)의 광암

토곡리에서 안동군 예안면 동천리로 넘어가는 고개가 2개인데, 갈하쪽 고개 위에 서낭당이 있다. 곧 장갈령(長葛嶺) 서낭당이다. 서낭신은 여신이고, 당집은 돌담으로 둘러싸여 있는데, 그 옆의 산더미같은 누석단(累石壇)이 서낭당의 긴 역사를 시사한다.

당집의 양쪽 문설주에 "卍"가 쓰여져 있고, 당 안에는 신상(神像)은 없이 붉은 치마와 저고리 및 흰 고깔을 차례로 쌓아 신체(神體)로 모셨다. 신의(神衣)만 있는 셈이다. 벽에는 흰 실타래가 걸려 있고, 양 옆에는 종이연꽃이 있고, 우측엔 꿩털 묶음이 있다.

음력 정월 14일 밤에 동제를 지내는데, 제관 1명, 도가 1명이다.

장갈령은 예전엔 고갯마루에 주막이 있어 소 한 마리를 잡아먹을 정도로 등짐장수, 소장수와 행인의 왕래가 빈번했으며, 앞골실의 지씨(池氏)가 등짐장수의 왕래가 귀찮아서 고갯길을 돌렸기 때문에 등짐장수의 원성을 사서 망했다는 전설이 있을 정도이다. →사진(54)(55)

≪제보자 : 권영선(42세, 1996.7.13)≫

◎ 토구리(土邱里)의 창마와 넓은골

정족리에서 넓은골과 창마로 넘어가는 예전의 고갯길 우측에 서낭당이 있는데, 여당의 신목은 둘레가 3m 정도 되는 개두릅나무로 그 앞에 신석(神石)이 모셔져 있으며, 그 옆의 남당은 신석만 모셔져 있다.

음력 정월 보름밤에 동제를 지내는데, 초이렛날에 생기복덕을 보아 제관(1명), 축관(1명), 도가(1명), 짐꾼(2명)을 선임하면, 집에 금줄을 치고 황토를 뿌리고서 3일기도를 한다.

남당의 제물은 나물(고사리, 콩나물, 시금치), 어물(생명태는 약간 익힌다), 육류, 백편, 메(밥), 감주이고, 여당의 제물은 어육을 쓰지 않고, 미역국, 메, 떡, 감주만 진설하는데, 메는 바가지에 담는다.

제사를 지내러 갈 때 제관, 축관의 순서로 행렬을 지어 가는데, 짐꾼은 남당에 갈 때는 행렬의 뒤에 따르고, 여당에 갈 때는 앞에 선다.

축문을 읽고, 호주의 이름을 부르면서 소지를 올리고, 파제날(16일) 낮에 동회를 열고 음복을 하며, 제관집은 지신밟기를 한다.

≪제보자 : 정휘택(56세, 창마, 1996.)/홍명왕(여, 74세, 창마, 1996)
/이풍영(41세, 넓은골,1996.7.13)/이풍영(1956년 출생) 대상으로
1996.10.14에 추가 조사≫

◎ 당리(唐里)의 석문

봉화 방향의 도로 우측 '쑤'(숲)에 당나무(느티나무)가 있는데, 신석이 2개 모셔져 있다.

음력 정월 14일 밤에 동제를 지내며, 제관은 2명, 음식을 만드는 당주(堂主)는 1명이다.

메(밥)를 두 그릇 담는 것으로 보아 부부신이며, 온시루떡을 바치고, 제주는 막걸리이다.

≪제보자 : 이상호(76세, 1996.10.13)≫

◎ 당리의 고사와 자시목

고사에서 자시목으로 가는 중간에 있는 과수원 윗쪽에 당나무(느티나무)와 당집이 있다. 당집에는 "성황당(城隍堂)"이라 쓰여 있는데, 할아버지신이다. 일월산에 있는 천화사(天華寺)에서 신을 받아 와서 당집을 건립했다고 하는데, 글씨가 없는 위패의 우측엔 창호지를 금줄로 묶은 신석이, 좌측엔 금속으로 만든 신수(神獸)가 안치되어 있다.

제관은 2명으로 동민이 돌아가면서 맡는데, 고사와 자시목에서 각각 1명씩 책임지며, 음식을 장만하는 당주는 1명이다.

≪제보자 : 주영수(73세, 1996.10.13)≫

◎ 행화리(杏花里)의 아래행화

백운교 좌측에 당나무(느티나무)와 당집이 있다. 당집은 1971년(단기 4304년, 신해년) 음력 5월 5일에 건립했는데, 안에는 창호지를 금줄로 감아 놓은 돌이 모셔져 있다.

음력 정월 14일 밤에 동제를 지내며, 제관 1명, 모시는 집 1명이다.

서낭신은 할머니신으로 일월산 산신인 황씨부인의 후손이라고 하는데, 메와 국을 각각 두 그릇씩 담는 것으로 보아 부부신으로 의식하는 것 같다.

≪조사일 : 1996.10.13≫

◎ 행화리의 행전

봉화군 재산면(才山面)으로 넘어가는 논골재 아래쪽 우측에 있는 마을인데, 입구의 우측 비탈에 당나무(느티나무)가 있다.

음력 정월 14일 밤에 동제를 지내는데, 제관은 예전엔 생기복덕을 맞추어 선임했으나, 지금은 돌아가면서 맡으며, 부제관이 음식을 장만한다. 제물은 지극히 간소화시키는 경향이다.

≪조사일 : 1996.10.13≫

(2) 서낭굿

서낭굿은 농악대가 서낭당에서 서낭대(소나무나 대나무로 만든다)에 서낭신을 나림받아 마을로 모시고 오는 점에서 제사 형태의 서낭제(성황제)와 다르고, 무당이 서낭신을 강신시키는 별신굿과도 구별된다.

서낭제도 제물의 진설, 제사의 절차, 축문 등은 유교식 제사와 동일하지만, 소지(燒紙)를 올리며 축원하거나 향불을 피우지 않는 것은 무속적(巫俗的)인 요소인데, 서낭굿도 비록 무당의 사제자 역할 없이 동민의 손으로 신을 하강시킨다고 하지만, '서낭신의 나림'엔 무속 원리가 작용한다.

영양의 서낭굿은 청기면 행화리의 납대기(여신)와 영양읍의 동부와 서부(부부신), 일월면의 주곡리(여신)와 가곡리(남신) 및 섬촌(여신)과

도계(남신), 수비면의 발리 2리(여신)에서 거행했는데, 여신의 서낭대
는 대나무이고, 남신의 서낭대는 소나무이며, 여신의 서낭대엔 붉은 보
자기(서낭치마)를 매달고, 남신의 서낭대엔 검은 보자기(서낭치마)를
매단다. 그리고 여신의 마을은 남쪽에, 남신의 마을은 북쪽에 위치한다.

납대기와 발리2리처럼 여서낭신만 단독으로 모실 땐 서낭대에 서낭신
을 나림받아 도가집에 좌정시킨 뒤 집집마다 돌면서 재앙과 악귀를 내
쫓고 복덕(福德)을 비는 지신밟기를 하고 공물(供物)을 거두는 걸립을
하고서 송신시키는 절차로 진행되지만, 주곡리와 가곡리, 섬촌과 도계
처럼 이웃 마을의 남녀신이 부부 관계일 때는 남신(또는 여신)을 모시
고 여신(또는 남신)한테로 가서 싸움굿과 화해굿을 한다.

싸움굿이란 당나무 앞에 농악대가 횡대로 서서, 서낭대를 앞세우고
종대로 열을 지어 다가오는 이웃 마을의 농악대와 채수 싸움(일종의 농
악 경연)을 벌여 승부(우열)를 판가름하는 것을 가리키는데, 일종의 신
력(神力) 다툼을 농악대가 대신하여 이긴 마을은 풍년이 들고, 진 마을
은 흉년이 드는 것으로 점쳤다.

그리고 화해굿은 두 마을의 서낭대를 당나무에 기대어 나란히 세우고
농악대들이 한데 어우러져 농악을 칠 때 남녀 서낭신의 치마가 바람에
펄럭이어 휘감기면 합궁(合宮)한 것으로 간주하고, 이로 인해 두 마을
이 풍년이 든다고 믿었다.

이처럼 싸움굿은 대립과 경쟁의 원리에 의해서, 화해굿은 화해와 융
합의 원리에 의해서 풍요와 다산을 비는데, 싸움굿과 화해굿이 선명하
게 균형을 이루고 있는 게 영양 지방 서낭굿의 특징이며, 인접하고 있
는 봉화군의 소천면 황목(남신)과 가재리(여신)의 서낭굿도 이와 유사
하다.

간신히 명맥을 유지해오던 납대기서낭굿마저도 전승이 단절될 위기에
처했는데, 섬촌과 도계의 서낭굿을 소개한다.

① 납대기 서낭굿
청기면 행화리의 납대기는 신다(申多)라고도 불리우는 마을인데, 서
낭굿이 전승되고 있다.

납대기의 상당(서낭기와 풍물을 안에 보관한다)

납대기의 중당

납대기의 하당(평소에는 창고로 사용된다)

납대기 상당 안의 풍물

상당, 중당, 하당이 당터에 모여 있는데, 상당과 하당은 당집이고, 중당은 당나무(수종은 미상)만 있다.

상당의 신은 일월산 산신인 황씨부인의 셋째딸이라고 하며, 일월산에서 방울 두 개가 날아와 앉은 자리에 당을 건립했는데, 원래는 계곡 안쪽 2㎞ 지점에 있던 것을 현재의 자리로 이전했다고 한다. 상당엔 다음과 같은 글이 먹글씨로 쓰여진 현판이 있다.

대조선(大朝鮮) 건양(建陽) 이년(二年)
정유(丁酉) 원월(元月) 일(日)
단택(檀宅)
신작주(新作主) 월성(月城)
최학주(崔學珠) 경신생(庚申生)

목수(木手) 이(李)
입주(立柱) 상량(上樑) 동일시(同日時)
무(舞) 신○이(申○伊) 경자생(庚子生)

정유년은 1897년(고종 34년)이고, 경신년은 1860년이고, 경자년은 1840년이다. 따라서 1897년에 최학주(당시 38세)가 시주하고, 이목수(李木手)가 당집을 지었으며, 신○이(당시 58세)라는 무녀가 굿을 하며 춤을 추었던 것 같다.

상당 안에는 꽹매기 3개, 징 2개, 장고 1개, 북 1개, 소고 2개와 꿩깃 묶음, 오색천, 당방울(2개), 붉은 서낭치마 등속이 창호지에 포장되어 낡은 갓 한 개와 함께 보관되어 있다.

서낭대는 대나무로 만들며, 서낭굿을 마치면 불태우는데, 서낭대에 꿩깃을 묶고, 당방울과 오색천과 서낭치마를 매달아, 음력 정월 14일 아침에 상당 앞에서 서낭신을 나림 받고, 중당과 하당을 거쳐 집집마다 돌며 지신밟기를 하고, 보름날 낮 12시(예전엔 밤 12시에 했다)에 상당, 중당, 하당의 순서로 제사를 지내고, 동민이 모여서 음복하고, 장보기의 보고를 듣고, 다음 해의 제관을 선임한다.

제관 2명, 축관 1명(지금은 없다), 당주 1명인데, 다음해 음력 정월 초엿샛날 다시 모여 제관의 유고 여부를 확인한다.

무당이 대내림을 하는 별신굿과 달리 마을사람들이 농악대를 편성하여 서낭신을 서낭대에 강신시키는 전형적인 서낭굿으로 여서낭신이기 때문에 서낭치마가 일월면 섬촌이나 주곡리와 마찬가지로 붉은 색인 것 같다. 서낭치마에 무슨 글씨가 쓰여 있다는데 확인하지 못했다.

≪제보자 : 최만규(42세, 1996.10.13)/김규진(37세,1996.10.13)≫
  →사진(56~59)

② 섬촌과 도계의 서낭굿

반변천이 마을을 싸고돌아 섬처럼 되어 있어 섬마 또는 섬촌(剡村)이라 하는데, 원래 영양 남씨의 집성촌이었기 때문인지 「경북 마을지(하)」(1992년)에 의하면, 53가구 중에서 영양 남씨가 16호인 데 비해서 한양 조씨는 8호, 안동 권씨는 9호, 경주 이씨는 6호, 밀양 박씨는 5호, 인동 장씨는 9호이다.

마을이 있는 쪽은 토질이 기름져 고추와 담배가 잘 되고, 반변천 건너편은 논이 많다. 그 들판 가운데 서 있는 느티나무가 서낭당이다. 예전의 서낭나무는 일본인들이 배를 만드는 데에 사용할 목적으로 베어 갔고, 지금 느티나무는 새로 심은 것이다.

음력 정월 14일 밤에 동제를 지내는데, 제비는 200평이 되는 위토(位土)의 소득으로 충당하고, 모자라면 거출한다.

초열흘에 도가를 지정하면, 대문에 금줄을 치고 황토를 뿌리고서 제주(祭酒)를 담근다. 제관 1명과 축관 1명은 14일에 선임하는데, 목욕재계하고, 역시 집에 금줄을 치고 황토를 뿌린다.

14일 저녁에 제관과 축관이 금줄을 걷어 가지고 도가집에 가서 식사를 하고, 11시까지 기다렸다가 음식을 가지고 당나무에 가서 12시에 음식을 차리고, 분향, 헌작, 배례, 독축, 부복국궁의 순서로 가정의 제사와 같은 순서로 제사를 지내고, 소지를 올리며 축원한다.

제물은 여서낭신임에도 불구하고 백편이 두 시루이고, 메와 국도 각각 두 그릇이어서 양위(兩位)로 간주한다. 이밖에 삼실과(밤, 대추, 곶감), 삼채소(고사리, 콩나물, 무우나물), 어물(동태), 명태포와 광어포, 술, 탕 등을 진설한다.

예전엔 도가집에서 13일 밤에 장에 가서 값을 달라는 대로 주고 사며, 중간에 아는 사람이 있어도 인사를 안하고, 술과 담배를 금하였는데, 요새는 금기가 다 없어졌다. 쌀 두 말 값으로 어물을 사는데, "一치"가 든 고기, 이를테면 멸치, 갈치, 꽁치같은 건 사지 않고, 고등어, 상어, 문어같은 생선을 산다.

축문이 있다.

예전엔 서낭대가 있어 서낭굿을 했는데, 서낭대를 보관하던 고사집—상여를 보관하던 창고로 현재의 정미소 근처에 있었다—이 수해로 떠내려 간 이후로 서낭굿은 중단되고 동제만 지내게 되었다.

서낭굿을 할 땐 음력 12월 25일에 제관, 축관, 도가를 선임하고, 고사집에 가서 꿩털과 방울과 서낭치마(붉은 색)가 들어있는 나무궤짝과 서낭대(대나무)를 가지고 도가집에 와서 서낭대를 조립하여 사랑처마에 기대어 세우고, 물—이 정화수는 매일 새로 갈았다—과 쌀을 바치고 기도를 했다.

그리고 서낭대를 앞세우고 집집마다 돌면서 빌어주었는데, 비는 사람이 따로 있었고, 또 환자가 생기면 그 집에 가서 빌어주고, 매구를 쳤다.

풍물은 꽹매(2개), 징(1개), 소고(10-15개)였으며, 꽹매와 징을 치는 사람의 행매(상모)는 짧고, 벅구(소고)꾼의 행매는 길었는데, 건너마을 도계의 동바우라는 사람은 12발 행매를 돌려서 유명했다. 또 관을 쓰고 수염을 단 사대부가 담뱃대를 물고 위엄을 부리고, 꿩망태를 메고 나무총을 든 포수가 따라다니며 웃기는 짓을 했는데, 중년에 여자(각시)가 더 보태졌다.

매구꾼들이 서낭대를 모시고 길매구를 치고서 집에 들어가면, 집주인은 돈과 음식을 내놓고, 매구꾼들이 마당에서 '노는 매구'를 쳤다. 이처럼 매구꾼들이 자금 조달의 방법으로 집집마다 돌면서 걸립을 했다.

그런데 지신밟기는 집을 새로 지은 집에서 요청을 할 때만 특별히 행하여 걸립과 다르다.

대체로 정월 14일에 "하구친다"를 했는데, "하구"는 인접한 도곡리나 봉화군 소천면 현동 3리의 황목마을에서 서낭굿을 할 때 남서낭신과 여서낭신의 싸움굿(또는 판굿)에 이어서 하는 "하후굿"을 가리키는 말이라면, '화해(和解)→하후→하구'로 와음(訛音)된 것 같다.

섬촌의 여서낭신과 도계의 남서낭신이 부부 관계이기 때문에 해마다 번갈아가면서 상대방을 방문하였는데, 이처럼 서낭신 부부가 만나서 노는 것을 "하구친다"고 했다.

검정치마를 입은 도계의 남서낭신이 붉은 치마를 입은 섬촌의 여서낭신을 방면할때 섬촌의 서낭대가 당나무가 있는 곳으로 나가 마중하였는데, 굿꾼들이 횡대로 서서 풍물을 치며 맞이했다. 그리고서 남녀신의 서낭대를 당나무에 기대어 나란히 세워놓고, "하구꾼"들이 어울려 놀았는데, 하구치면 바람이 안 불어도 서낭신 부부의 치마가 시르르 감기는 것 같았다.

그런데, 제보자들은 한결같이 섬촌과 도계의 서낭굿에선 하구굿(화해굿)만 강조하고, 주곡리(여서낭)와 가곡리(남서낭)의 싸움굿이나 황목(남서낭)과 가호(여서낭)의 판굿에 해당하는 절차를 부인하지만, 도계의 서낭대(대나무)는 하구칠 때 부러져서 소나무로 서낭대를 새로 만든 반면 섬촌의 서낭대는 부러지지 않아 여전히 대나무였다는 전설이 시사하듯이 원래는 싸움굿 내지 판굿이 있었던 것 같다.

도계는 반변천과 장군천이 합류하는 지점에 위치하고 있어 교통의 요충지이면서 향교가 1679년에 건립된 것으로 보아 유서가 깊은 마을인데, 원래 한양 조씨가 집성촌을 이루었던 것 같다. 「경북 마을지(하)」(1992년)에 의하면 78가구 중에서 한양 조씨가 34호를 차지한 데 비해 안동 권씨는 10호, 경주 이씨는 10호, 김해 김씨는 10호, 파평 윤씨는 9호, 인동 장씨는 5호였다.

도계의 서낭굿은 음력 정월 초하룻날 향교에 보관해 놓은 서낭대(소나무)를 꺼내어 꿩털로 장목을 만들고, 검정치마를 달아 서낭대를 조립해서 대내림을 하는 것으로 시작되었다. 어느 해엔가는 아들을 낳지 못하던 조○○씨가 단독으로 서낭치마를 달아주고 아들을 낳은 일이 있다.

섬촌의 서낭나무, 뒤쪽으로 강건너편에 마을이 보인다.

섬촌서낭굿의 제보자 박상운씨

섬촌의 서낭대를 보관하던 고사집의 위치를 조구용씨(1929년生)가 가리키고
있다.

도계의 서낭나무와 제단

대내림한 서낭대는 도가집에 모셨는데, 초석을 깔고 물동이를 놓고, 그 뒤에 서낭대를 처마에 기대어 세워놓았으며, 도가가 아침저녁으로 배례하여 문안인사를 올렸다. 그리고 비가 올 땐 마루 안에 들여놓았다.

굿꾼들이 서낭대를 앞세우고 집집마다 돌면서 걸립을 해서 쌀과 나락을 거두었는데, 풍물은 꽹매기(2개), 징(1개), 벅구(5-6개)가 있었으며, 벅구(법고)는 지금것보다 더 컸다.

개인집에서 특별히 "서낭 오시라"고 하면 가서 빌어주기도 했다. 그뿐만 아니라 여서낭신을 모시는 섬촌에 가서 하구를 쳤는데, 정해진 날짜가 있었던 건 아니고 기회 봐서 갔다.

14일 밤에 길매구 치면서 당나무에 가서 제사를 지내고 서낭대를 해체하여 돌아와 향교에 보관했다.

당제(堂祭)는 당나무 옆에서 산신제를 먼저 지내고 난 뒤에 당제를 지냈는데, 제물은 같았다. 밤은 껍질을 까지 않은 피밤을 그대로 썼다. 백편은 한지에 싸서 지게에 지고 다니면서 모든 집에 골고루 분배했다.

그러나 도계의 서낭대도 소실된 지 오래되어 섬촌과 도계 두 마을 모두 서낭굿의 전승이 중단되고, 지금은 성황제만 지내고 있는 실정인데, 서낭굿과 하구굿의 복원이 아쉽다.

≪제보자 : 박상운(朴相雲, 73세, 1996.9.23) ~ 선친인 박원수(朴元洙)씨가 도가를 여러 차례 역임한 연유로 서낭굿에 대해 소상한 내용까지 기억하고 있다./김용술(金龍述, 78세, 1996.9.23) ~청기면 토구동에서 태어나 6살 때 영양읍으로 이사했고, 섬촌에서 5년 동안 살다가 도계로 이사와서 20살에 결혼하여 현재가지 거주하고 있다. 소년 시절 섬촌에서 박상운씨와 절친한 친구였다.≫ →사진(60~63)

③ 주실(주곡)과 가마실(가곡)의 서낭굿

일월면 주실은 한양 조씨의 집성촌이고, 서북방 1㎞ 거리에 있는 가마실은 야성 정씨의 집성촌인데, 주실의 서낭신은 여신이고, 가마실의 서낭신은 남신으로 서로 부부 관계이다. 그리고 가마실의 서낭당은 장군천 건너 논 가운데 있는 느티나무이고, 주실의 서낭당도 장군천 건너

마을 입구에 있는 '쑤'(숲)의 느티나무이다.

주실의 당나무는 '큰 당나무', '작은 당나무' 두 그루가 있는데, '큰 당나무'는 상민(上民), 즉 한양 조씨 동족의 신목의 구실을 하고 있다. 일설에는 예전에는 '작은 당나무'가 신목이었다고 한다. 또 큰 당나무의 제관은 양반이었고, 작은 당의 제관은 평민이었다고 한다. 그래서인지 서낭제를 지낼 때 큰 당나무엔 좋은 제물을 차리고, 작은 당나무엔 질이 낮은 제물을 차린다.

주실의 여서낭은 서낭대가 대나무이고, 가마실의 남서낭은 서낭대가 소나무 장대였는데, 주실의 서낭대엔 적색 치마를 매달고, 가마실의 서낭대엔 흑색 치마를 매달았다. 주실의 서낭대는 길이가 7m 정도 되는 대나무의 꼭대기에 백지로 싼 꿩털을 백포(白布)로 묶어 '서낭 머리'라 하고, 그 밑에는 1m×2m 정도의 적색 헝겊을 달아 '서낭 치마'라 하고, 치마의 밑에 1.5m 정도의 백색 끈을 세 개 달아 '서낭 발'이라 하여 서낭대를 의인화시켰다.

가마실의 서낭당은 당나무(느티나무)와 당집이 있었다고 하나, 지금은 당집은 없어지고, 조지훈 시인이 어렸을 때 그곳에서 보았다는 '국시말'이라는 무쇠로 만든 사족수(四足獸)도 행방이 묘연하다.

전설에 의하면 주실의 여서낭신과 가마실의 남서낭신이 맞붙어 싸운 끝에 가마실의 서낭대가 부러져 패했기 때문에 대략 60여 년 전에 남서낭신의 서낭대가 없어졌고, 그로 말미암아 주실의 여서낭신도 과부서낭이 됐다는 것이다.

주실에서 여서낭신을 모시게 된 유래에 대해선 다음과 같은 연기설화(緣起說話)가 있다.

이 마을의 서낭신은 이 마을에 사람이 살 때부터 생겼다. 옛날 어떤 훌륭한 분이 나라에 공을 이루고 돌아오는 길에 밤길에서 범을 만나 같이 오는데, 범은 조금도 해하려는 생각이 없이 개가 주인을 따라 오듯이 뒤따라왔다. 동구 앞에 이르렀을 때 그 분이 고개를 돌려 무슨 원(願)이 있느냐고 물으니, 고개를 끄덕이면서 입에 물었던 방울 두 개를 그 분 앞에 놓고 가버렸다고 한다. 이 방울이 이 마을 서낭의 처음이요, 옛날에는 그 방울이 서낭대에 달려 있었다고 하나 언제 없어졌는지

모른다.

주실의 서낭굿은 여서낭이 가마실의 남서낭과 부부 관계를 맺고 있던 시기와 과부서낭이 된 이후가 다른데, 먼저 과부서낭이 되기 이전의 서낭굿에 대해선 우리문화연구회에서 1964년에 조사한 보고서가 있다.

서낭굿은 서낭을 내리는 것으로 시작되는데, 서낭대는 월록서당의 뒷처마에 해체해서 달아 두고 일정한 시기에 일정한 의식을 갖추어서 내린다. 매년 12월 31일에는 반드시 내려야 하고 특별한 기원이 필요할 때면 내릴 수 있다. 서낭을 내리고 올리는 주최자는 부락의 농악대이다. 서당 뒤에 일렬 종대로 서서 농악을 격주하며 강신을 기다리다가 신이 내리면, 한 사람이 올라가서 서낭대를 벗기며 이때 농악은 그친다. 그리고는 근처에 있는 적당한 집, 즉 금기에 어그러짐이 없는 깨끗한 집을 택해서 이를 조립한다. 두 개의 소반 위에 대를 올려 놓고 머리 부분부터 차례로 조립한다.

조립이 끝나면 서낭대를 앞세우고 일행은 동구에 있는 '큰 당나무'로 가서 나무 앞에 세워두고 농악을 격주하며 절을 하는 등의 의식을 행한다. 그리고는 근처의 '작은 당나무'로 가서 같은 형식이나 약간 간략한 의식을 행한다.

이어서 농악대들은 서낭대를 앞세우고 양반 중에서 최고령자라고 말하는 이장(里長)의 집으로 가서 굿을 친다.

서낭대는 보름날 해체해서 다시 올릴 때까지 주파(음식 장만하는 집)의 집에서 보관하는데, 뜰에 초석을 깔고 소반에 정화수를 떠놓고, 그 옆에 서낭대를 지붕을 의지해서 세워둔다. 그리고 주파는 매일 아침 냉수에 목욕하고 서낭신에게 빌어야 하며, 다른 동민도 특별 기원을 드릴 수 있다. 마을에선 개를 비롯해 여타의 가축도 도살할 수 없다.

1월 1일부터 대개 5일까지 농악대가 서낭대를 앞세우고 집집마다 돌아다니며 지신밟기를 한다. 서낭의 힘을 빌려 지신을 누르는 굿이며, 마루(성주지신), 부엌(조왕지신), 마당 등의 순서로 축원한다. 그리고 서낭제를 지내기 위한 곡식이나 쌀을 거출하는 걸립도 한다. 이때 사대부, 여자, 포수, 거지, 꼽추 등의 탈을 쓰고 농악대의 뒤를 따라다니며 놀이를 하는데, 탈은 약 90여 년 전에 이미 소멸했다.

주실의 여서낭과 가마실의 남서낭은 부부 관계이기 때문에 정월 초에 길일을 택해서 상대방을 방문하는데, 매년 교대로 한다.

가마실의 서낭대를 앞세우고 가마실의 농악대가 주실의 동구로 들어오면, 주실의 농악대는 서낭대를 앞세우고 맞이한다. 양측이 서로 접근할수록 농악을 격주하다가(이때 농악의 격주 정도로 승부를 정했다) 마주 보게 되면, 양측이 일렬로 서서 두 서낭대에게 절을 시킨다.

맞이가 끝나면 주실의 서낭이 앞서고 가마실의 서낭이 뒤따라 마을로 들어온다. 그리고 암수 두 서낭을 나란히 당나무에 기대어 세워두는데, 이때 두 서낭의 치마가 바람에 날리어서 서로 휘감기게 되면, 이것을 교접 행위로 간주했다. 맞이할 때의 싸움굿(농악의 채수 경연)에 이어 성적 결합에 의한 화해굿 또는 화합굿을 한 것이다. 따라서 두 마을의 농악대들을 위시해서 동민 전체가 준비해둔 음식과 술을 먹으며 논다. 두 서낭신의 교접 행위를 축하하는 축제가 두 마을 동민의 친선을 위한 축제도 되는 것이다.

15일 밤 자정이 넘어서 서낭대를 큰 당나무에 기대어 세워 놓고 서낭제를 지낸 다음 서낭대를 해체해서 다시 월록서당 뒷 처마에 달아 놓는다.

한편 서낭제를 지내는 날 밤 여덟 시 경에서 열한 시 경까지 제관 또는 도가집(서낭신을 모시고 제물을 준비하는 집)에서 축제가 벌어진다. 거의 전 동민이 참가해서 술을 마시며 농악을 두들기며 논다. 이때에도 탈놀이를 한다.

이상과 같이 '서낭대의 조립과 당나무에서의 강신 의식→지신밟기와 걸립→가마실의 남서낭신을 맞이하여 농악의 경연에 의한 싸움굿→남서낭신과의 성적 결합에 의한 화해굿→서낭당에서의 제사→서낭대의 해체와 보관에 의한 송신'의 절차로 진행되는 서낭굿과 서낭제를 거행한 것이다.

다음으로 주실의 여서낭신이 과부서낭이 되어 가마실의 남서낭과 교대로 상대방을 방문하는 절차가 탈락한 서낭굿에 대해선 조지훈 시인이 1966년에 발표한 논문과 현재 주실에 거주하고 있는 조세락(69세)씨가 《영양문화》(창간호, 1994년)에 발표한 보고서가 있다.

음력 섣달 보름날 낮에 동민이 모여서 복〔喪服〕이 없고, 임산부가 없는 사람을 골라 주파(또는 도가)를 한 집 선정함으로써 새해 정월 보름 낮까지 한 달 보름 동안의 제기(祭期)가 시작된다. 주파로 선임된 사람은 그 날부터 상가에 가지 않으며, 궂은 일(주로 사망)을 피하고, 벌레도 잡지 않으며, 여러 가지로 몸조심을 한다.

서낭 도가(都家)는 한양 조씨가 아닌 동민 중에서 50~60대 남자가 돌아가면서 맡는다. 대개 한번 뽑히면 연임한다. 병이나 노령이 이유가 되면 새로 선임하는데, 축원, 선소리 등에 능한 아마추어 무당의 자격을 갖춘 사람이 된다.

음력 섣달 그믐날 오후가 되면, 주파와 동네 어른과 징매구 치는 사람 및 기도하는 사람이 월록서당에 가서 뒷 처마 밑에 매달아 놓은 서낭대를 내려서 월록서당 옆에 있는 서당고사집의 마당에 멍석과 돗자리를 깔고 그 위에 소반 1개를 놓고서 서낭대의 상부를 걸쳐 놓고, 꿩깃과 치마를 서낭대 끝에 매단다. 이때 정숙함은 물론 서낭대를 타넘거나 발로 차는 실수가 없어야 한다. 서낭대를 타넘으면 축(逐)을 맞는다고 믿는다.

서낭치마를 다 입히면, 서낭대를 처마에 기대어 세우고, 소반 위에 깨끗한 냉수를 한 그릇 떠다 놓은 다음 주파가 서낭대를 들고 당나무가 있는 곳으로 간다. 그 뒤에 상쇠, 징, 북, 소북의 순서로 길매구(땅따땅 땅 땅따땅-땅 땅땅땅-땅땅)를 치면서 따른다.

당나무에 가면, 서낭대를 당나무에 기대어 세우고 한바탕 신나게 논다. 서낭신이 나무로부터 서낭대에 옮기라는 뜻이다. 한바탕 놀고 나면, 길매구를 치면서 서낭대를 선두로 이장(里長)—양반 중에서 최고령자—의 집에 맨먼저 간다.

이장집에서는 멍석 위에 초석을 펴고, 그 위에 서낭대를 처마에 기대어 세운다. 소반 위에 정화수 한 그릇을 바치고, 백미를 성의껏 고봉으로 소반 위에 올린다. 상쇠, 징, 북은 한마당 신나게 논다. 주파는 고령자의 명복(命福)과 수명장수를 빌고, 집안의 평안을 빈다. 한마당 놀고 서낭은 다시 주파집으로 간다.

주파 내자는 거랑(개천)에 가서 세수하고 시냇물 한 바가지를 길어다

서낭대 앞에 차려 놓고, 주파 내외가 절을 한 다음 징매구 치고 한마당 신나게 논다. 다음날부터는 누구라도 징매구를 치고 놀 수 있다. 서낭대는 넘어지지 않게 처마에 끈으로 묶는다. 그리고 방 하나를 비워 신방(神房)으로 만들고, 주파 이외는 출입을 금한다.

매일 저녁 동네 청소년들이 주파집에 모여 농악을 치며 서낭신을 즐겁게 하는 서낭놀이를 하는데, 이때 정자관(程子冠)을 쓰고 담뱃대를 든 사대부, 고깔 쓴 중, 수건 쓴 여자, 총을 멘 포수 등으로 가장해서 이따금 짤막한 우스갯소리를 하면서 한데 어울려 가무를 하는데, 탈놀이의 잔영일 것이다.

걸립은 정월 초4일부터 시작하는데, 주파는 서낭대를 모시고 집집마다 걸립한다. 한 사람이 서낭대를 받들고서 선두에 서고, 그 뒤에 주파가 서고, 그 다음에 농악대가 꽹매기(상쇠), 징, 북 순서로 10여 명이 뒤따르고, 마지막에 쌀자루 든 사람이 따른다. 걸립은 동네의 최연장자 집을 방문하는 것으로 시작하는 바, 이를 '서낭 세배'라 한다. 이렇게 하루에 몇 집씩 돌아 열사흘날까지 마을의 모든 집을 방문한다.

걸립할 때 口자집은 안뜰 중앙 처마에 기대어 세우고, 홑집은 안방문 앞의 처마에 기대어 세운다. 멍석과 초석을 펴고 소반 위에 냉수 한 그릇과 쌀(현금도 가능)을 내어 놓고, 기도하는 사람은 기도하고, 농악대는 한마당 놀다가, 마루, 부엌, 동서남북 네 귀의 지신을 누른 다음 이웃집으로 이동한다. 마루와 부엌에 곡식이나 돈을 내어 놓고, 액을 물리는 뜻에서 헌 옷의 동정을 떼서 서낭대에 매달거나, 또는 색헝겊을 매어주기도 한다.

지신밟기 할 때 농악대는 농악을 간주(間奏)하며 "지신 지신 눌리세, 오방지신 눌리세. (농악) 대문 우에 붙인 초 만사 태평을 붙였네. (농악) 개문(開門)하니 만복래(萬福來) 소지(掃地)하니 황금출(黃金出) (농악)"과 같은 지신밟기노래를 부른다.

걸립이 끝나면 주파집에 동민이 모여 제관과 짐꾼을 인선하는데, 제관은 1명, 짐꾼은 3명이며, 모두 상복을 입지 않고 임산부가 없는 사람으로 한다. 제관의 연령은 특별히 제한하지 않고, 짐꾼은 미혼자가 맡으면 장가가게 된다고 해서 서로 다투어 지원한다.

걸립이 끝나면 또한 주파집에서 걸립한 쌀로 조래를 앉힌다. 제반미 1말, 편미 2말, 제주미 3말, 엿기름콩 5홉, 무우, 곡자(누룩)이 준비되면, 콩나물을 기르고, 제주(祭酒)를 담근 방에는 외인의 출입을 금지하는 검색(금줄)을 친다. 주파집의 출입이 가능한 자는 주파의 식구, 제관, 짐꾼들뿐이다.

주파는 조래를 앉힌 날부터 정월 보름날까지 기도하고, 제관은 3일(13일~15일) 기도 동안 집에 금줄을 치고 타인의 출입을 통제한다. 짐꾼은 1일(15일) 기도 동안 집에 금줄을 친다.

보름날의 당고사(堂告祀)를 위해서 당나무 밑에 제단을 만드는데, 상단·중단·하단은 판석(板石)을 놓아 만들고, 거리상은 소반을 준비한다. 그리고 13일에 당나무 주변을 일주할 수 있을 만큼의 금줄을 꼬아 놓는다.

14일에 제수(祭需)를 구입하기 위해 장에 가는데, 대구 1마리(상단용), 생계 1마리(상단용), 명태 3마리(중·하단용 1마리, 거리상용 1마리, 탕 끓일 것 1마리), 대추 1합(상단용), 피밤 1합(상단용), 건시 10개(상·중·하단용과 거리상용), 그리고 백지 1권, 소지 종이(걸립 대상 호수에 맞추어서 호당 1장씩), 성냥 1통, 참기름 반 합(등화용), 식기(사기그릇), 밥그릇 6개(상·중·하단 각 1개, 거리상 3개), 대접 6개, 탕기 6개, 소반 3개, 수저 6매, 제주 1병(주파집에서 담가 걸러 봉함한 것) 등을 갖추어야 한다.

장보기 할 때는 주파가 시장에 아침 일찍 가는데, 차를 타거나 걸어가거나 물건을 사는 일만 해야 하고, 누구와도 대화해서는 안 된다. 물건을 살 때에도 할인을 하지 않고 달라는 대로 주고 사며 말없이 사야 한다. 제기 그릇, 콩, 무, 방앗간 등 일절 주파집의 것만 사용하고, 부족한 것이 있으면 짐꾼집의 것을 사용한다.

정월 보름날 낮에는 당나무 근처에 모닥불 피울 준비를 하고, 밤에 불을 피울 땐 위에 불을 질러 타내려가도록 한다.

금줄을 당나무 주위에 돌리고, 당나무 가지에도 돌린다. 자동차 다니는 도로 양쪽은 6~7m 간격으로 한지(폭 1.5㎝ × 길이 20㎝)를 나무 가지에 부착하고, 마을에서 당나무가 있는 '쑤'(숲)로 건너가는 다리에

서부터 당나무까지 폭 2m 간격으로 황토를 한 줌씩 놓는다. 또 주파집의 대문에서 당나무까지도 10m 간격으로 황토를 놓는다.

제관·주파·짐꾼은 보름밤 10시 경 예전에는 거랑(장군천)에서 냉수욕을 하고, 요새는 목욕탕에서 한다. 복장은 평상복을 입는데, 깨끗하게 세탁한 옷으로 갈아 입는다.

제물의 장만은 주파집에서 하는데, 조래 앉힐 때 제주를 앉히고, 콩나물도 앉혀 기른다. 편은 백설기로 하는데, 보름날 밤에 3단으로 올린다. 시루를 솥 위에 올려놓고 한지 1장을 깔고, 전체 떡가루의 1/3을 한 켜 놓고, 시루가 오르면 징을 한 번 치고, 또 백지를 1장 깔고 떡가루 1/3을 한 켜 놓고, 시루가 오르면 징을 한 번 치고, 나머지도 똑같이 한다. 메(밥)는 떡시루가 다 오르면 짓기 시작한다. 국은 무우를 채쳐서 콩나물과 함께 끓이는데, 이때 간장은 적당히 넣되 간 보는 것을 금한다. 탕은 무와 명태 1마리를 넣어 끓인다. 이때도 간장은 넣되 맛은 보지 않는다.

고사 올리는 밤에 한마당 놀이를 하는데, 떡시루만 다 오르면, 주파집에는 마을 사람이면 누구든지 출입이 허용된다. 상주도 무방하고, 병신도, 환자도, 걸인도, 마을 사람이면 모두 모여서 한마당 놀이를 한다. 이때에는 색옷을 입고, 행미(상모)를 돌리고, 꽹매기, 징, 장구, 큰북, 소북을 치며, 양반과 포수와 여자 등 온갖 탈을 쓰고, 마을의 액을 물리는 놀이를 밤 11시까지 놀고서 해산한다.

제물을 주파집에서 서낭당으로 운반할 때 메 3그릇(상·중·하단), 메 3그릇(거리상), 국 6그릇(상·중·하단 3, 거리상 3)을 따로 따로 뜨고, 편은 시루채 운반한다. 메는 제일 먼저 뜬 것은 상단에—폭 2㎝, 길이 10㎝ 정도의 종이를 식기에 붙여서 표시한다—놓고, 두번째 뜬 것은 중단에—상단보다 짧은 종이로 표시한다—놓고, 세번째 뜬 것은 하단에—아주 짧은 종이로 표시한다—놓고, 거리상에 놓는 것은 표시를 하지 않는다. 국과 탕은 대접 6개, 중발 6개와 함께 가지고 가서 차릴 때에 담는다. 대구 1마리, 명태 5마리, 통닭(생계) 1마리, 대추 1합, 피밤 1합, 건시(곶감) 1꼬지, 참기름과 접시 및 한지로 세 발이 되게 꼬아서 만든 심지(등화용), 성냥 1통, 소지 종이, 술잔 6개, 초석자리

1개, 바가지 1개, 솔가지 1개, 국자 1개, 제주(봉함한 탁주) 1병, 한지 10장을 가지고 가는데, 한지 1장은 따로 반으로 끊고, 그 반장 하나를 다시 3분하여 2/3부분과 1/3부분으로 나누어 크기가 제각기 다른 종이 3장을 만들어 소지종이들과 함께 싼다.

주파·제관·짐꾼은 세수를 하고서 짐을 운반도구에 싣고 출발하는데, 서낭대는 주파가 모시고 앞에 서고, 제관은 참기름 접시와 심지와 성냥을 들고 뒤따르고, 짐꾼은 제물을 지고 따른다. 이때 풍물은 일절 치지 않는다.

서낭대를 당나무에 기대어 세우고 나무더미의 위에 불을 붙여 환하게 타기 시작하면, 제단에 참기름불을 켜 놓고, 제물을 진설하기에 앞서 먼저 부정부터 물린다. 부정 물리기는 바가지로 소(沼)의 샘물을 떠서 솔잎으로 당나무 사방을 향하여 뿌리면서 부정풀이를 한다. 이때 "불 위의 부정은 불알로 가고/물 위의 부정은 물알로 가고/동네 부정은 서방으로 가고/만복은 이리 오소."라는 주문을 외는데, 동서남북으로 다니며 4번 실시한다.

부정을 물린 다음 한지 1장을 길이로 4절하여 당나무에 둘러친 금줄에 길이로 꽂고서 제물을 진설하기 시작한다.

당나무의 상·중·하단 돌 위에 깨끗한 짚을 얇게 깔고, 그 위에 한지를 편 다음 날아가지 않게 네 귀를 돌로 누른다. 먼저 한지 한 장을 펴고 떡시루를 거꾸로 엎으면 엎은 떡의 맨 위가 상단(떡가루가 먼저 들어 갔으니까), 다음이 중단, 맨 아래가 하단의 떡이 된다. 차례로 상·중·하단에 떡을 진설하는데, 당나무를 향하여 중앙이 상단, 좌측이 중단, 우측이 하단이다. 거리상은 당나무 밑 우측에 놓는다. 상·중·하단 공히 밑에 떡을 깔고, 그 위의 맨 앞줄 좌측에 상단은 대구를, 중·하단은 명태를 놓고, 그 우측엔 상·중·하단 똑같이 대추, 밤, 건시의 순으로 진설하며, 그 안줄에 탕, 다시 그 안줄의 좌측엔 메(밥), 우측엔 국을 차리고, 맨 안쪽에 술잔을 놓는다. 수저는 단마다 백지 위에 올려 놓는다.

제물의 진설이 완료되면, 제관이 상단 앞에 의관을 정제하고서 좌정하고, 짐꾼이 밀봉한 술병을 들고 오면, 주파가 술잔을 뫼시면서 술을 따라 상단, 중단, 하단, 거리상의 순서로 헌작한 다음, 주파가 차례로 수저를 밥그릇에 꽂는다.

제관이 다시 상단 앞에 꿇어 앉아 소지를 올리는데, 한지 반장을 절반으로 접어 들고서 "이 소지는 서낭님 소지올시다."라고 말하면서 참기름불에 붙여 소지를 올린다. 다음 반장의 2/3종이를 접어서 들고 "이 소지는 우마·대마 소지올시다."라고 외치면서 소지를 올린다. 다음엔 한지 반장의 1/3종이를 접어서 들고 "이 소지는 동네 두루마리 소지올시다."하고 외치면서 소지를 올린다. 그 다음에는 작은 소지종이를 제관, 주파, 짐꾼이 몇 장씩 나누어 쥐고 소지 구역을 결정한 다음 자기 구역을 굴뚝 차례로 택호나 이름을 부르며, "이 소지는 ○○○의 소지올시다."라고 각자 외치면서 참기름불에 불을 붙여 소지를 올린다. 이때 소지가 잘 오르지 않으면 재차 올린다.

소지가 끝나면, 수저를 거두고, 술잔의 술은 당나무 뿌리에 부어버리고 잔을 물린다. 그리고, 한지 한 장을 펴고 상단의 떡과 밥, 실과와 고기를 조금씩 떼어 담아싸서 당나무 가지 사이에 말아 꽂고, 제물 일체를 올 때와 마찬가지로 담아서 귀가한다. 참기름불은 끄지 않고 그냥 두고 돌아온다.

고사를 지내러 갈 때는 담배를 가지고 가서는 안 되고, 피워서도 안 되며, 호사스런 옷을 입어선 안 되고, 당나무 밑에서 잡소리를 내거나, 음식을 먹거나 술을 마셔서도 안 된다. 모닥불은 그대로 두고 돌아오고, 깔아놓은 짚이나 종이도 그냥 두고 온다.

서낭대는 철상이 끝나는 즉시 주파가 초석과 소반 위에 고이 눕히고, 끈과 꿩깃과 치마를 해체하여 처음과 같이 싸서 서낭대에 묶고서 주파가 어깨에 메고 제관과 함께 월록서당에 가서 원형대로 안치한 다음 각자 집으로 돌아갔다.

당제사를 지내는 날 밤 11시가 지나면 동민은 조용하게 불을 끄고 잠자리에 들며 절대로 시끄럽게 하지 않는다. 또 정월 15일 당제사 지내는 날에는 아침부터 정숙해야 하며, 다른 동네에 나가든지, 또는 나갔다가 들어오든지 하지 않는다. 당제사 길을 타넘지 않아야 한다.

파제날인 정월 16일에는 동민들은 아침을 먹고 주파집에 모여, 주파·제관·짐꾼한테 수고했다고 인사를 하고, 주파집에선 제물을 끓여 복주와 음복을 하고, 제비에 관한 결산도 한다.

예전엔 16일 아침에 고사떡을 조금씩 한지에 싸서 지푸라기로 묶어 집집마다 돌렸는데, 이를 '서낭떡'이라 불렀으며, 이 떡을 먹으면 그 해에 복을 받는다고 믿어 식구들이 조금씩 떼어 먹었다. 또 음식을 쌌던 종이에 글씨를 쓰면 문장이 된다고 새까맣게 글씨를 썼으며, 아이를 낳지 못하는 부인은 잠을 자지 않고 '쑤'(숲)에 숨었다가 당나무의 음식을 훔쳐 먹으면 생남한다고 믿었으며, 서낭치마를 새 것으로 바꾸면 생남한다고 하여 정성껏 만드는 사람도 있었다.

한편 서낭대가 오래되어 교체할 경우 새로 대나무를 사가지고 와서 개나 닭이 타넘지 않게 서낭대 모시는 곳에 같이 모셨다가 서낭신을 강신시키기 위해 당나무에 갈 때 함께 가지고 가서 헌 서낭대는 당나무 가지에 매단다. 헌 서낭치마는 달지도 태우지도 않고 월록서당 뒤안에 매달아 둔다.

전하는 말로는 서낭제 지내는 날 밤에 제단인 당나무의 맞은편 독산(獨山)이란 언덕에 반드시 범이 와서 앉아 있었다고 한다. 이 마을에선 범을 산신 또는 산신의 말이라고 믿는다.

그런가 하면 서낭동티에 관한 실화도 있다.

한 중년 여자가 대구에 나가 있는 젊은 부인의 해산바라지를 하러 갔는데, 대구에 도착한 2~3일 뒤에 정신이상이 되어 하루종일 집 주위를 돌면서 헛소리를 해서, 그 집주인이 점쟁이한테 물었던 바, 고향을 떠날 때 서낭님한테 인사를 안 드리고 온 탓이라 했다. 그 여자는 해산바라지도 못하고 마을에 되돌아와서 서낭신에게 고사를 지내고 곧 회복되었다. 정신이 들어서 고백하는 말이 자동차를 타고 떠날 때부터 서낭님께 하직인사를 드리지 않은 것이 자꾸 마음에 쓰였다는 것이었다.

이러한 얘기들은 서낭신의 영험에 대한 동민의 믿음과 서낭신에 대한 외경심이 대단했다는 증거가 아닐 수 없다.

(3) 별신굿

별신굿은 영양읍 무창 1리(여서낭신), 청기면 상청리 소청(남서낭신), 청기면 구매리의 발매(남서낭신) 등 세 마을에서 10년마다 거행되어 왔는데, 무당이 서낭신을 서낭대에 강신시키고, 무굿을 하고, 농악대는 집집마다 돌면서 벽사진경(辟邪進慶)의 지신밟기를 하고 걸립을 했다.

그러나 마을 인구의 격감과 노령화 현상 때문에 농악대를 편성할 수 없거나, 토박이 무당이 없어진 뒤부턴 다른 지역의 무당을 불러올 경비 마련이 어려워 중단될 위기에 처해 있다.

그러나 동해안 별신굿은 대내림과 마당밟이를 모두 무당이 하지만, 영양에선 대내림은 무당이 하고, 지신밟기는 농악대가 하는 점이 달라 학술적으로도 소중한 자료가 된다.

① 무창별신굿

영양읍 무창 1리는 산간마을로 논보다는 밭이 많고, 예전엔 변두리에 위치하여 궁벽진 곳이었으나 지금은 도로가 개통되고 포장되어 교통이 편리해진 지역이다. 현재 50호가 살고 있다.

영덕으로 가는 길과 양구리로 가는 길이 갈라지는 삼거리에서 무창교를 건너지 않고 영덕 방향으로 창하천을 따라 500m쯤 올라가면 왼쪽으로 산밑에 당나무(느티나무)가 있고, 창하천 건너편 들판 가운데 숲이 우거진 곳에 서낭당 당집이 있다. 당집은 상량문에 의하면 1968년(단기 4301년) 무신(戊申) 3월 30일 정묘(丁卯) 유시(酉時)에 건립되었다. 당나무의 신격(神格)은 불분명하고, 당집의 서낭신은 여신이다. 당집 안에는 창호지를 접어 성주로 모셔 놓았다.

여서낭신은 전설에 의하면 마을을 개척할 당시 새댁인 오씨부인(吳氏夫人)을 범이 물어가고 치마가 당나무 걸려 있으므로 고인바치(무당)가 신을 모시면 좋다고 말해서 서낭신으로 모셨다.

또는 유씨(劉氏)가 나무를 치고 개간을 해서 사는데, 호랑이(산신령)가 오씨부인을 물어가서 혼이 떠서 느티나무에 치마가 걸려 있고, 그후 꿈에 여신이 현몽을 해서, 고인바치를 데리고 당평지(호랑이가 있던 곳)에 가서 신을 모셔왔기 때문에 "유씨 터전에 오씨 성황님"이라고 말한다.

음력 정월 14일 밤에 동제를 지내는데, 제관 3명, 집사 2명, 도가 1명(원제관이 겸한다)을 유고 없고, 상주나 임산부나 궂은 일이 없는 사람으로 선임하면, 이들은 목욕재계하고, 3일 전부터 금식 기도하고, 대문에 금줄을 치고 황토를 뿌린다.

집사와 도가가 제물을 구입하기 위해 장을 보러 갈 땐 아는 사람을 만나도 인사를 하지 않으며, 입을 다물고, 물건 값을 깎지 않는다.

제물은 백편, 실과, 포를 뜬 생대구, 집사가 불에 구운 명태와 청어, 단술 등이며, 콩나물은 집에서 길러서 쓰고, 비린 생선을 안 쓰고, 육류도 안 쓴다.

밤에 동제를 지낼 때 호랑이가 겁나서 집집마다 나무를 한 짐씩 해다가 뚱거지불(알불)을 피워 호랑이의 접근을 막고, 제물도 익힌다. 밥은 집에서 지어다가 온 동민이 모여서 음복한다. 다른 동네는 개를 정지(부엌)에 가두고, 부인도 나다니지 못하게 금하는데, 이 동네는 남녀노소 전원이 동제에 참여한다.

이같은 동제는 음력 정월 14일 밤과 음력 6월 14일 밤에 두 차례 지내고, 10년마다 무당을 불러다 별신굿을 하는데, 일제 땐 당제(堂祭)와 무당굿만 가능했고, 지신밟기는 하지 못했다.

별신굿은 섣달 그믐날 시작해서 정월 보름에 끝내는데, 대내림으로 시작된다. 섣달 그믐날 당나무(느티나무) 옆의 곳집에 가서 포 하나 놓고 술 한 잔 따르고 고사를 지낸 다음 상여와 함께 보관되어 있는 서낭대(대나무)를 꺼내는데, 서낭대의 꼭대기엔 장목이라 불리우는 꿩깃묶음이 있고, 개인이 바치기도 하는 오색천과 돈이 든 홍(紅)주머니가 주렁주렁 달려 있으며, 홍주머니를 떼어가면 장가도 가고, 아들도 낳고, 대학에도 간다고 믿는다.

서낭대 머리부분의 장목과 오색천, 홍주머니 등을 감싼 보자기를 풀고 여성황당에 가서 신을 받는데, 농군이 대를 잡고 무당이 빌면 가고 싶은 쪽으로 대가 흔들린다. 원하는 집에 가면 서낭대를 처마에 기대어 세우고 놋양푼에 물을 떠다 놓고 절을 하는데, 그 집의 주인이 원제관 (元祭官) 곧 도가(都家)가 되어 서낭신을 별신굿 기간 동안 모신다. 나머지 제관 2명과 집사 2명은 선임한다.

이같이 섣달 그믐날 대내림을 하고, 초3일부터 '어른 모시고' 곧 서낭대를 메고서 집집마다 다니며 걸립을 하는데, 서낭대를 한 사람이 메고서 앞서고, 굿꾼들이 풍물을 치고, 동민들이 그 뒤를 따른다.

집에 들어가 서낭대를 처마에 기대어 세우면, 밥상 위에 물을 담은 양푼을 놓고 돈(적으면 1만원, 많게는 10만원)이나 쌀을 바치고서 집주인이 재배하며, '10년만에 처음 왔으니까 잘 되게 해달라. 깨끗하게 질병 없게 해달라.'고 빈다.

또한 집주인이 서낭대에 실타래, 홍주머니, 헝겊 같은 걸 달아주며 소원을 빈다. 굿꾼들이 풍물을 치며 지신밟기를 할 땐 마당 지신, 마루 성주, 정지 조왕, 장독의 순서로 축원하고, 12일까지 해서 돈과 쌀을 모아서 별신굿의 경비로 사용하고 무당한테 수고비를 준다.

무당은 섣달 그믐날 대내림할 때 오고, 13일부터 보름날 아침까지 2~3일 동안 서낭당 옆에 제단을 만들고 굿을 하는데, 높은 시렁 위에 쌀 2말로 만든 용떡(용처럼 생겼다) 2개와 시루떡 2개, 과일 등을 진설하고, 시렁 밑에는 돗자리를 깔고, 개인 집에서 마음 있는 사람이 밥상을 차려다 놓는다.

동민 중에서 깨끗한 사람 2명이 대잡이가 되고, 무당이 '서낭님이 굿을 잘 받았느냐?'고 물으면, 대가 흔들린다.

무당은 예전엔 영양읍의 조무당(온 가족이 무당이었다)이 왔는데, 지금은 죽어서 없고, 다음번 별신굿 땐(1997년) 영덕 쪽에서 무당을 불러올 예정이다. 그리고 풍물도 새로 갖추어야 할 형편이다.

〈지신밟기 노래〉(우명호, 79세, 1996.)

마당이라고 들어서나 / 마당너구리가 막아서네.

〈후렴〉
지신지신 눌리세 / 오방지신아 눌리세
어리하산아 지신아 / 잡귀잡신은 물알로
만복은 문안으로

방이라고 들어서나 / 삼신할매가 막아서네.

(후렴)

정지라고 들어서나 / 성주조왕님이 막아서네

(후렴)

마구라고 들어서나 / 매대장군이 막아서네

(후렴)

〈성주풀이〉

지신지신 눌리세 / 어리하산아 지신아
잡귀잡신은 물알로 / 만복은 문안으로(후렴구)

이집짓고 이력할 때 / 풍수 양반 데려다가
쇠를 잡고 이력했네. / ('이력하다'는 내 힘이 들어갔다는 뜻)

(후렴)

안동땅 제일봉에 / 솔씨 한 말 구하다가

(후렴)

제일봉에 흔쳤더니 / 이태삼년 키워보니
소부동이 되었네.

(후렴)

옥녀가 물을 주고 / 선녀가 부끄(북)돋았다.

(후렴)

수십년 키워놔두니 / 대부동이 되었네.

(후렴)

성주목을 비(베)러갈 때 / 앞집의 김대목아
뒷집의 박대목아

(후렴)

성주목을 치어다보니 / 앞집의 김대목아
뒷집의 박대목아 / 금도끼 은도끼

(후렴)

성주목을 비러가서 / 성주목을 비러가서
까막까치가 집을 지었네.
(후렴)

그 낭그를 배(버)려버리고 / 새로 하나 버어보니
봉학이가 집을 지었네.

(후렴)

그 낭그를 또 배려버리고 / 또 성주목을 골라서
금도끼 옥도끼로 비어보니 / 성주목이 완연하네.

(후렴)

성주목을 다릴(다듬을) 적에 / 금도끼 옥도끼 다려보니
성주목이 완연하다.

(후렴)

이 집 짓고 삼 년만에 / 만석거부가 되었구나.
아들내기 낳거들랑 / 정승판서가 되어주소.
딸애기 낳거들랑 / 열녀효부가 되어주소.

(후렴)

이 집 대주가 나갈 때는 반짐지고 / 들(어)올 때는 한짐 주소.

(후렴)

이 집을랑 만복을 점지하고 / 악귀 잡신을랑 물알로 보내소.

(후렴)

농사라고 짓거들랑 / 어룩수룩으로 되어주소.

(후렴)

한 이삭을 털치거들랑 / 천석을 점지하소.

두 이삭을 때리거들랑 / 이천석을 되어주소.
세 이삭을 때리거들랑 / 삼천석을 되어주소.

(후렴)

앞에다가 앞노적 / 뒤에다가 뒷노적
옆옆이 노적하고 / 독 위에 독을 놓고
섬 위에 섬을 놓고 / 많이 되도록 점지해주소.

(후렴)

장사라고 하거들랑 / 현금은 이댁으로
외상은 물알로

(후렴)

소라고 메기(먹이)거든 / 우마대마가 되어주소.

(후렴)

개라고 메기거든 / 청삽사리가 되어주소.

(후렴)

닭이라고 메기거든 / 봉학이가 되어주소.

지신지신 눌리세 / 어리하산아 지신아
집귀잡신은 물아래로 / 만복은 문안으로
≪제보자 : 우명호(79세, 3세 때 영해에서 이주, 1996.)/김분조(66
세, 여, 우명호씨의 부인, 1996.8.27)≫ →사진(64~67)

무창 1리의 서낭당(당집)

무창 1리 서낭당의 내부

무창 1리의 당나무와 고사집

무창 1리 고사집 안 천장에 서낭대가 걸쳐져 있다.

② 발매별신굿

청기면 구매리의 발매는 의성 김씨가 집성촌을 이루고 살던 마을인데, 마을 앞 개천 건너에 당나무(느티나무)가 있으며, 남서낭신이다.

음력 정월 15일 밤에 동제를 지내고, 10년마다 별신굿을 하는데, 1993년 안동에서 무당 2명을 불러다 별신굿을 했다.

서낭대는 소나무로 만들며, 당제를 지낸 다음 서낭신을 내려서 당나무 앞에서 밤을 새우며 별신을 하고, 다음날 아침에 서낭대를 불태워 송신한다.

제관 1명, 주파 1명이며, 예전엔 별신한 다음날(16일)에 동민들이 굿패를 구성하여 걸립을 했으나, 요새는 젊은 사람이 없어서 중단되었다고 한다. 소청에서 1995년에 무굿을 빠뜨리고 당제와 걸립만 한 것과는 대조적으로 이곳에선 당제와 무굿만 유지되고 걸립이 소멸의 위기에 처한 것이다.

≪제보자 : 김무선, 여, 69세, 1996.10.14≫

③ 소청별신굿

청기면 상청리 소청(小靑)은 김녕 김씨의 집성촌이지만, 죽산 안씨(김녕 김씨의 외손이 많다)와 영천 이씨도 살고 있다. 600여 년 전에 김녕 김씨가 다래의 넝쿨을 치고 마을을 개척했다고 말해진다.

상청교 옆의 작은 느티나무가 서낭당인데, 남당이다. 예전의 당나무가 고목이 되어 죽자 25년 전에 새로 심었다. 마을 뒷 편 밭 가운데에 있는 큰 느티나무는 애기당이라고 하는데, 여당이다.

동제는 음력 정월 보름밤에 서낭당에 먼저 고사를 지내고, 이어서 애기당에도 고사를 지낸다.

제관은 모두 3명인데 정월 열하룻날 생기 맞춰 유고가 없는 사람으로 2명을 선임하고, 동장은 당연직으로 들어간다. 원래 음식을 장만하는 도가가 따로 있었으나 지금은 동장이 도가가 된다.

열사흗날 이른 새벽에 시장에 가서 가게문 열기를 기다렸다가 첫번째로 제수를 구입하는데, 가게 주인이 물건값을 부르는 대로 흥정이나 시비 없이 사서 곧바로 도가집에 온다.

제관은 집에 금줄을 쳐서 상주나 부녀자를 기피하고, 매일 목욕재계하고, 경건한 마음으로 이른 새벽 제단에 가서 정안수를 떠놓고 사관을 드린다. 다른 동민들도 외출을 삼가하고, 동제를 무사히 마칠 수 있도록 기원한다.

보름날 밤 자정이 되면, 제물을 운반하는 중 상하거나 흘리지 않게 조심하며, 제주는 아홉 잔 올리고, 아홉 번 배례한 후 가가호호 생기와 이름을 고하고 소지를 올려 축원한다. 축문은 읽지 않는다.

서낭당의 제물은 메(밥), 국, 백편(집에서 찐 온시루), 과일(사과, 배, 대추, 밤, 감이나 곶감), 포(명태), 채소(도라지, 고사리, 콩나물, 시금치), 덩어리째 익힌 쇠고기와 돼지고기 등을 진설하며, 그 밑에 음식상을 2개 차린다. 그러나 애기당은 음식을 조금 남겼다가 쓰거나, 술 한 잔 붓고 절 하는 정도이다.

이같이 해마다 지내는 동제와 달리 10년마다 별신굿을 하는데, 1995년 2월 15일(음력 1월 16일)에 별신굿을 했다.

별신굿 땐 원래 입암면 신사(新泗) 1리의 연범수 내외(숫무당과 암무당)을 불렀으나, 그들이 죽은 이후 1985년과 1995년엔 무당 없이 했다. 1995년엔 서울에서 무당을 불러오려고 교섭했으나 500~600만원을 요구해서 무당을 부르지 못했다. 그런가 하면 1975년엔 군수와 경찰서장이 와서 별신굿을 중단시켜 무당이 쫓겨간 적도 있다.

동제와 별신굿의 유래에 대한 문헌의 기록은 없고, 다만 다음과 같은 구전이 전할 따름이다.

옛날 신씨가 씨족마을을 형성하고 살았는데, 어떤 연유에서인지 대부분이 마을을 떠나고 조씨네만 몇 집 남아 거의 폐촌이 되다시피했다. 그후 오백여 년 전에 김녕 김씨가 입향하여 집성촌을 이루고 살게 되었는데, 방탕한 생활을 하던 한 총각이 들어왔다. 그 총각이 어느 부자집에서 머슴살이를 하였는데, 나이가 들도록 장가를 가지 못하고 가정을 이루지 못하여 홀로 한탄과 한숨으로 세월을 보내다가 늙어서 죽을 지경이 되었다.

그 총각은 '한평생 장가도 못 가고 머슴살이만 하여서 냉수 한 그릇 떠놓고 제사지내줄 자식도 없지만, 죽어서는 양반은 물론 모든 사람들이 모시는 서낭신이 되겠다'고 입버릇처럼 말하고 다녔는데, 마침내 느티나무 한 그루를 마을 앞에 심고 한이 많고 원도 많은 삶을 마무리하였다.

그런데 이상하게도 그 총각이 심은 느티나무 주위에서 요령소리가 울리고, 마을사람들의 꿈에 그 총각이 나타나 서낭신으로 모시지 않으면 재앙을 입을 것이라고 말하면서 서낭신으로 모셔줄 것을 부탁했다.

그후 총각이 꿈 속에서 말한 것처럼 마을에 재앙이 자주 일어나자 집집마다 돈과 곡식을 모아 서낭을 모시고 굿을 하기 시작했다. 그러자 마을에 재앙이 사라지고, 총각의 원혼도 더 이상 꿈 속에 나타나지 않았다. 이렇게 해서 매년 동제를 올리고, 10년마다 별신굿을 하게 되었다.

총각이 머슴살던 부자집이 안씨집이었다는 설이 있는데, 아뭏든 이러한 전설을 통해서 볼 때 총각의 혼을 서낭신으로 모셨으며, 장가들지 못하고 죽은 총각의 원혼을 위로하기 위해선 죽은 다음에라도 결혼시켜 주어야 되었기 때문에 애기당의 여신과 부부신이 되었고, 그래서 동제나 별신굿에서 밥상을 2개나 3개를 차리는 것이다.

별신굿을 할 땐 정월 열사흘에 개천 건너 산 밑의 고사집에 가서 서낭대를 꺼내 서낭당에 와서 내림굿을 하여 서낭신을 서낭대에 모신 다음 애기당을 들러서 도가집에 가서 마당굿을 하고서, 풍물놀이패와 함께 집집마다 돌며 지신밟기를 하여 안택을 축원하고 걸립을 하는데, 술과 현금 이외에도 쌀 18가마, 보리쌀 22가마, 나락(벼) 16가마가 걷힌 적도 있었다.

서낭대는 소나무로 만들었으며, 꿩깃으로 장목을 만들고, 오색 헝겊과 "소청성황기(小靑城隍旗)"라고 쓰인 옥색의 깃발을 달고서 돈과 쌀을 넣은 주머니를 매달아 공을 들이는데, 운전수나 상인들이 돈을 주고 주머니를 떼어가기도 한다.

풍물에는 꽹매(4개), 징(2개), 북(2개), 소고(20여 개) 등이 있고, 장고는 없으며, 상모돌리기는 예전엔 있었으나 지금은 하는 사람이 없다.

잡색(가장꾼)으론 종이관을 쓰고, 수염을 달고, 담뱃대를 든 사대부

(士大夫)와 팔대부(八大夫)가 있고, 꿩망태를 든 총쟁이(포수)와 남자가 여장한 각시, 작대기로 지게의 목발을 두드리는 지게꾼 등이 있다.

지신밟기 할 땐 도가집에선 초석을 깔고 서낭대를 처마에 기대어 세우고서 물이 가득 담긴 놋동이(지금은 옹기동이)를 올려놓은 상을 바치고, 여느 집에선 물대접을 바친다.

보름날 밤에 당제를 지낼 땐 당나무 앞에 "굿대"라고 불리우는 제단을 가설하는데, 소나무처럼 굳은 마음으로 동네를 오래오래 굳게 해 달라는 뜻에서 생솔가지 세 개로 삼발을 만들어 양쪽에 세우고—그 위에 선반(시렁)을 올려 제물을 진설하며, 동제와 달리 돼지머리를 바친다. 그리고 굿대 밑에는 개인 집에서 서낭신에게 진상하는 음식상을 놓는다.

열엿새날 새벽에 다시 도가집에서 새벽맞이굿을 하고, 본굿인 별신굿(무당굿)은 당나무 앞마당에서 하루종일 하는데, 이때 소원 한 가지를 빌면 틀림없이 이루어진다고 하여 인근 마을은 물론 백여 리 밖의 사람들도 소원을 빌고 구경도 하기 위해 모여들고, 엿장수와 떡장수도 와서 인산인해를 이루었다.

마지막으로 올림굿을 하여 서낭대를 정성껏 창호지에 싸서 고사집에 보관하면 별신굿은 모두 끝난다.

그런데 고사집에 가서 서낭대를 꺼내거나 넣을 땐 징치고 술을 한 잔 붓는다.

별신굿은 이처럼 13일에 고사집에서 서낭대를 꺼내어 서낭당에서 대내림을 하여 애기당을 들르고서 도가집을 필두로 지신밟기를 하고, 15일 밤에 당제를 지내고, 16일 새벽에 도가집에서 새벽맞이굿을 한 다음, 서낭당 앞마당에서 무굿을 온종일 하고서 올림굿을 하여 서낭대는 고사집에 보관한다.

그러나 1995년 무당의 참여 없이 동민 단독으로 별신굿을 했을 땐 서낭당(당나무) 앞에 제단을 가설해 놓고, 처음엔 서낭대를 당나무에 기대어 놓은 채 풍물을 치다가 나중엔 서낭대를 마당 가운데 세워놓고 주위를 돌면서 풍물패와 동민이 한데 어우러져 풍물을 치고 춤을 추고, 끝으로 서낭대를 서낭당 앞에 세워 놓고서 제관과 풍물패와 동민이 서서 허리를 굽혀 절한 다음, 이번엔 서낭대를 앞세우고 애기당으로 가서

상청리 소청의 애기당(느티나무)

상청리 소청의 서낭대

상청리 소청의 서낭대를 보관하는 고사집

청기 1리에서 본 꽃상여

서낭대를 당나무에 기대어 세워놓고 물그릇을 올려놓은 소반을 앞에 놓고 제관이 삼배를 하면, 제관과 풍물패와 잡색과 동민이 어울려 농악에 맞춰 춤을 추다가 일제히 선채로 절하고 마친다.

그런 다음 도가집에 가서 옹기동이에 물을 담아 소반 위에 올려놓고, 서낭대를 처마에 기대어 세우고서 풍물패는 풍물을 치고 제관은 삼배를 하였다.

이어서 마루에 성주상을 차리고 성주풀이를 하고, 부엌에 들어가 조왕풀이를 했다.

그리고 다른 집에 가서도 지신밟기를 했는데, 이번엔 물동이가 아니라 물대접을 소반위에 올려 놓고 여주인이 절한 다음, 여자 소고패와 어울려 춤을 추었다.

지신밟기를 마치고 서낭당에 다시 돌아와서 서낭대를 당나무에 기대어 놓고 한바탕 놀다가, 제관이 음식상을 들고 와서 삼배를 하고 나면, 서낭대를 세워 놓고 참석자 전원이 허리를 굽혀 절을 하고 놀이를 마쳤다.

그런 다음 음식상을 철상하고 정화수 그릇을 소반에 받쳐든 제관의 뒤를 서낭대, 풍물패, 동민의 순서로 행렬을 지어 따라가 고사집에 가서 10년 동안 무사히 계시라고 빌고서 서낭대를 보관했다.

이와 같이 무당의 초청비가 오륙백 만원이라는 거액이고, 경비조달의 수단인 걸립에 대한 동민의 호응도 예전같지 않아 무당을 부르지 않고 실시한 소청별신굿은 섬촌이나 주곡동, 그리고 납대기같은 마을의 서낭굿과 같은 형태를 보였는데, 그들 서낭굿과 다른 점은 서낭굿에선 풍물패가 대내림을 하는 데 반해서 소청사람들은 아직도 무당 없이는 대내림을 할 수 없다고 믿는 사실이다.

예전엔 무당이 징을 치며 빌어서 나림이 오는 사람이 도가가 되거나, 또는 서낭이 가고 싶어 하는 집이 도가가 되었다고 하며, 무당을 불러 대내림을 하여 풍물패가 걸립을 시작하는 날도 초닷새, 초이레, 열하루, 열사흘 등으로 일정하지 않았던 듯싶다.

한편 당제를 지낸 고사떡을 만들기 위한 나락을 참새가 먹으면 그 자리에서 즉사한다고 말하고, 70여 년 전엔 포목장수 김 경수라는 사람이 말을 타고 별신굿을 하는 당나무 앞을 지나가다 말발굽이 떨어지지 않으므로 아홉 번 절을 하는 벌을 받고서야 지나간 사건이 있었다고도 말한다.

　그리고 마을 앞 냇가 언덕에서 사람이 떨어져 크게 다치거나 죽은 사람이 없는 것은 서낭신이 마을을 보호헤주기 때문이라고 믿고 있다. 그런가 하면 소청이 풍수지리로 보면 배혈〔船穴〕인데 15년 전에 도로가 마을 중앙을 관통하도록 공사를 했기 때문에 배가 두 쪽이 되어 동네 청년들의 비명횡사가 속출했다고 믿고 있다.

　또한 정족리(솟발)의 대나무 서낭대(여서낭?)와 소청의 소나무 서낭대(남서낭)가 싸워서 정족리의 대나무가 부러졌다는 구전이 전한다.

　현재 풍물패의 상쇠는 안정덕 씨이고, 지신밟기 노래는 박도명(또는 종명)씨(76세)가 부르며, 소청별신굿의 보존과 홍보를 위해선 이재석 씨(동장)가 심혈을 기울이고 있다.

　≪제보자 : 김기망 (59세, 1996.9.24)/김정식(47세, 1999.9.24)/
이재석(동장, 1999.9.24)/김찬경(66세, 1999.9.24)
　→사진(68~70)

(4) 산신제

① 일월산 산신당

　일월산은 해발 1218.5m의 높이로 경상북도에서 가장 높은 산이다. 옛날에는 일위산(日圍山), 일우산(日雨山) 또는 쌍요악(雙曜岳)이라 불렀다. "산이 높아 동해에서 솟아오르는 해와 달을 먼저 본다."하여 일월산(日月山)이라 이름지었다 하며, 옛날 산마루에 천지(天池)가 있어 그 모양이 '해와 달' 같아서 일월산이라 했다는 설도 있는데, 일월산 산마루에 일월산 산신 황씨부인의 신당이 있었는데, 1978년 군사기지 설치로 말미암아 청기면 당리(唐里)의 경내에서 일월면 용화2리(龍化二里)의 윗대티로 이전한 것이 지금의 산령각(山靈閣) 황씨부인당이다. 처음엔 안노인(할머니)이 지키다 몇 년 뒤에 죽은 이후로는 다른 사람이 지키며 당이 아니고 절이라 하며, 무당들이 와서 굿을 한다.

일월산 산신 황씨부인에 대한 신화는 조동일이 1971. 2. 18에 조사하여 『구비문학개설』(1971, 36쪽)에 "시어머니 학대에 견디지 못한 며느리가 일월산에 가서 죽었다. 죽은 후 남편의 꿈에 나타나, 남편은 썩지 않고 있는 아내의 시체를 찾았다."고 간략하게 소개한 적이 있는데, 『慶北마을誌』(하)(1992, 503~504쪽)에 다음과 같은 좀더 소상한 내용이 기록되어 있다.

지금부터 약 150년 전 조선 순조 때 청기면 당동에는 우씨(禹氏)의 성을 가진 젊은 청년이 일찍 홀몸이 된 어머니를 모시고 외롭게 살고 있었다. 아버지로부터 물려받은 오두막집과 얼마 안 되는 땅마지기만으로 농사를 지으며 오직 정직하고 성실하게 살고 있었다.

어느덧 나이가 찬 우씨 청년은 이웃마을 평해 황씨의 마음씨 고운 처녀와 혼인을 하여, 외롭게 자라온 지난날을 생각하며 아내를 극진히 사랑하며 살았다. 아들 하나, 딸 하나 귀여운 아이들까지 태어나 세월 가는 줄 모르고 살았으나, 아들의 어머니에 대한 지극하던 효성이 약해지자 사랑을 빼앗긴 청상과부 시어머니의 시샘은 날이 갈수록 더했지만, 남편의 극진한 사랑이 있었기에 온갖 어려움도 참고 살았다.

"네 이년, 청상과부 시어미가 그렇게도 미워 이런 꽁보리밥이냐?"

"어머님, 용서하시옵소서. 하필이면 오늘 쌀이 떨어져서 죄를 지었사옵니다. 곧 쌀을 구해서 쌀밥을 올리겠사옵니다."

이미 미움과 질투로 가득 찬 시어머니의 마음은 며느리의 조그만 실수도 용서하지 않았고, 며느리가 온갖 흉계를 꾸며 집안을 망치려는 천년 묵은 여우처럼 보였다.

고분고분 말을 잘 들으면 들을수록 시어머니의 구박과 학대가 병적으로 심해져 참을 수 없는 지경에 이르렀다. 황씨부인은 차라리 죽어서 저승에서나마 남편과 행복하게 살아보겠다는 생각으로 자결의 뜻을 굳혔다. 황씨부인은 두 아기를 안은 채 말없이 눈물을 흘리며 이렇게 흐느꼈다.

"불쌍한 우리 아기, 엄마를 용서해 다오. 엄마는 죄가 많아서 어린 너희들을 남겨둔 채 먼저 간다. 그러나 부디 무럭무럭 잘 자라서 불쌍하신 너희 아버지를 잘 모셔다오."

철없는 어린 두 남매를 두고 황씨부인은 우물가에 가는 것처럼 물동이를 이고 집을 나섰다. 우물가에 물동이를 내려놓은 황씨부인은 인적이 드문 일월산으로 올라갔다. 그후로 황씨부인이 며칠이 지나도 집으로 돌아오지 않으므로, 남편 우씨와 마을사람들이 여러 날을 찾아 헤매었으나 찾을 길이 없었다.

당시 일월산에는 산삼을 캐러 다니는 사람들이 있었는데, 하루는 산삼을 캐려고 일월산에 올라가서 자기네가 임시로 지어놓은 움막으로 들어갔다. 산을 오르느라고 피곤하여 잠시 움막에서 쉬었다가 가기 위해 들어서다가 "으악!"하고 놀랐다. 거기에는 어떤 낯선 부인이 목메어 죽어 있었다. 기겁을 한 그들은 산삼 캘 엄두가 나지 않아 산을 내려와 버렸다.

그때 이 마을엔 영천 이씨 성을 가진 이 명존이란 사람이 살았는데, 그날 밤 이 명존의 꿈에 그 부인의 혼령이 나타나 이런 부탁을 했다.

"여보시오. 나는 아랫마을 우씨 가문 사람의 아내이온데, 너무나 한이 많아 죽음을 택했습니다. 우리 남편에게 내 시체를 좀 거두어 달라고 전해 주시오."

그래서 이 명존은 이랫마을로 내려가 남편 우씨를 찾아 현몽에 나타난 부인의 이야기를 들려주었다. 남편은 시어머니의 구박을 못 참아 한 많은 일생을 마친 불쌍한 아내의 유골을 거두어 양지바른 곳에 장례를 치렀다.

그런데 그후 이 명존의 꿈에 황씨부인의 영혼이 다시 나타나,

"여보시오! 나는 어린 자식들을 두고 일찍 목숨을 끊은 죄로 저승에서도 방황하는 혼령이오. 가난한 우리 남편을 대신하여 내 외로운 혼령이 쉴 수 있도록 당사(堂祠)를 세워 주시면 한이 없겠나이다."

라고 하였다. 이에 이 명존이 황시부인의 혼령을 위로하기 위해 당사를 지었는데, 이것이 황씨부인당(黃氏夫人堂)의 내력으로 전해지는 이야기이다.

무창리 무내미의 산신당이 있는 숲. 고냉지채소를 재배하고 있다.

무창리 무내미의 산신당

무내미 산신당의 신석

오리리 노루모기의 산신당

영양지방에 성황신신앙이 언제 전해졌는지는 알 수 없으나, 산신신앙이 성황신신앙에 침투하는 현상이 일어났는 바, 일월면 오리리(梧里里)의 성황신은 바로 일월산 황씨부인이고, 청기면 납대기의 성황신은 일월산 황씨부인의 셋째딸이라 하며, 또 일월면 용화2리의 안벌매의 성황신도 황씨부인이고, 청기면 저리(苧里)에서도 황씨부인을 성황신으로 모시고 있다. 그리고 영양읍 무창3리 검쟁이에 사는 남영진 씨(54세)에 의하면, 청기면 토곡리에서 안동군 예안면으로 넘어가는 장갈령의 성황신 유씨부인(柳氏夫人)은 황씨부인의 이복(異腹)의 이녀(二女)이고, 영양에서 봉화로 넘어가는 길에 있었으나 도로공사로 철거당한 성황당의 여신은 일녀(一女)라는 전설이 있다고 한다.

② 일월면 오리리(梧里里)의 노루모기

돌담 안에 돌에 금줄로 창호지 한 장을 묶어 놓았는데, 산신당이고 남신이다.

제일은 음력 정월 14일 밤인데, 동민이 전부 참여하여 나이 순으로 절했다고 한다. 윗노루모기에도 산신당이 있다고 하나 확인할 수 없고, 지금은 폐촌이 되어 있다.

그대신 1995년 윤8월 21일에 창건한 불향사(佛鄕寺)의 삼성각(三星閣)에 단군, 황씨부인, 기호노인(騎虎老人)의 화상과 소상(塑像)이 봉안되어 있다. →사진(75)

≪제보자 : 박재홍(1947년 출생), 1996.9.24≫

③ 영양읍 무창리의 무내미

산 위에 위치하여 고냉채소를 재배하는 마을인데, 산신당이 있고, 당집 안에는 창호지를 접어 신석에 금줄로 묶어 놓았다.

음력 정월 14일 밤에 제사지내는데, 메(두 그릇), 무우국, 무우나물, 가자미, 물명태, 김, 삼실과(밤, 대추, 곶감)을 차린다. 육류도 없고 탕도 없다.

예전엔 제관 1명, 유사 1명이었는데, 지금은 혼자서 하며, 산신령님한테 먼저 빌고 골매기신한테 빈다.

전에는 18가구가 살았으나, 지금은 6가구만 남아 있다.
≪제보자 : 김개도(78세, 1996.9.20)≫ →사진(72~74)

우리나라 산신당의 위치는 산마루, 산 중턱, 산 아래로 구분되는데, 일월산의 산신당은 산마루에서 산 중턱으로 이전된 셈이며, 산신낭의 형태도 토단(土壇), 석단(石壇), 석축(石築), 거수(巨樹)와 구별되는 당우형(堂宇型)이다. 그러나, 지금은 호환(虎患)·산해(山害)·역신(疫神)으로부터 안전하기를 빌고, 산로(山路)의 안전 및 풍작과 득남을 비는 산신제를 동제의 형태로 지내지 않고, 황씨부인당은 개인적으로 치성을 드리거나, 무당이 굿을 하는 장소로 변하였다.

다만 일월면 오리리의 노루모기와 영양읍 무창리의 무내미 등 몇 군데에서만 산신제를 동제로 지내는데, 이러한 현상은 서낭신 숭배가 산신 숭배를 압도한 탓도 있겠지만, 사냥·숯굽기·산삼(약초)캐기같은 산생활(山生活)보다는 농경 생활을 영위하게 된 사실과도 관련이 깊다.

(5) 화산제(火山祭)

신라 시대 영양현이 지금의 현리에 있을 때 화재가 빈발해서 현감이 풍수지리에 밝은 사람을 데려다 물으니, 화산에 독을 3개 묻고 음력 정월 대보름날 제사를 지내라고 해서 그리했더니 그후 불이 나지 않았다고 한다.

지금도 영양읍 현리에서 정월 보름 낮에 반변천 건너편 달밭의 물무지에 있는 화산에 주과포(酒果脯)를 가지고 가서 소금물을 담는 단지 앞에서 불이 나지 말라고 고사를 지내고, 깨끗한 물과 소금을 보충하는데, 불이 난 해는 단지의 물이 많이 줄어서 보충을 많이 해야 하고, 불이 나지 않은 해는 물이 줄지 않는다고 한다.

청기면 토구리의 창마에서도 화산제를 지내는데, 남산에 있는 시루봉이 화체(火體)로 되어서 화재가 자주 일어난다고 해서, 항아리에 소금을 넣어 산 꼭대기에 묻고 해마다 음력 정월 보름날에 소금을 갈아 넣고 제사를 지낸다.

또 청기면 청기1리에선 음력 정월 열엿새날에 마을 앞 화봉(火峰) 꼭대기에 묻혀 있는 단지에 소금을 넣어 재액을 막는다고 한다.
≪제보자 : 안윤락(71세, 영양읍 서부 1리, 1996.)/조훈기(73세, 영양읍 현리, 1996.)≫

(6) 기우제(祈雨祭)

입암면 병옥리에선 가뭄이 심할 때 반변천 건너 왕지봉(앞산)과 뒷봉우리(뒷산)에 올라가 불을 피우고 하늘을 향해 절하며 비를 내려달라고 비는데, 집집마다 금줄을 치고, 버드나무를 꽂으며, 병에 물을 담아 거꾸로 매달아 물방울이 조금씩 떨어지게 한다.
청기면 정족리의 댓두들마을 앞에 있는 도실봉에 기우단(祈雨壇)이 있고, 일월산의 남쪽에도 기우제를 지내던 제단이 있었다고 한다.
≪제보자 : 이옥룡(62세, 입암면 병옥리, 1996.)≫

4. 민속예술

1) 민속음악

(1) 농악
민간연희의 여러 형태중에서 농악은 비교적 최근까지 잘 보존되었던 셈이다. 농악은 특히 두 가지 기능을 가진 것으로 이해되는데, 그 중 하나는 정월 초순에 서낭굿 및 지신밟기에 동원되어 부락의 안녕과 농사의 풍년을 기원하는 굿농악이고, 또 하나는 논매기할 때 노동 능률을 높이기 위해 동원되는 두레농악이다. 이 두 가지 농악 중에서, 일반적으로 산골 지방에서는 굿농악이 우세하고 평야 지방에서는 두레농악이 우세하지 않을까 한다. 예컨대 영양군이나 봉화군같은 산골에서는 두레농악은 찾아보기 어려운 반면에 굿농악은 흔하고 그 내용이 다채로운 편이다.

① 주실부락의 서낭굿과 농악

동구 "쑤"라고 하는 숲속에 "큰 당나무", "작은 당나무"라고 하는 두 그루의 신목이 있다. 큰 당나무는 상민(上民) 즉 한양 조씨 동족의 신목이고, 작은 당나무는 하민(下民) 즉 비동족의 신목이라고 하나, 현재 큰 당나무만 신목의 구실을 하고 있다. 일설에 전에는 작은 당나무가 신목이었다고 한다. 부락의 신은 서낭이라고 하는데, 서낭의 상징으로서는 당나무 외에 서낭대가 또 있다. 평시에 서낭대는 마을 뒷쪽 동구 가까운 곳에 있는 월록서당 뒷 처마 밑에 해체해서 보관하고, 서낭이 내릴 때만 조립해서 사용한다. 서낭대는 길이 7m 정도의 대나무에다, 한 쪽은 꿩털 장식을 달아 "서낭 머리"라 하고, 그 밑에는 1m×2m 정도의 적색 헝겊을 달아 "서낭 치마"라 한다. 그 밑에 1.5m 정도의 백색 끈을 달아 "서낭 발"이라고 한다. 이리하여 서낭대는 사람과 유사한 모습을 한 것으로 이해된다. 주실의 서낭은 여서낭이고, 서북방 1Km밖 주곡리(가마실) 남서낭의 부인이라고 한다. 주곡리의 서낭은 지금 전하지 않는데, 남서낭이기에 서낭대는 소나무로 되었고, 서낭치마는 흑색이었다고 한다. 남편이 없어져 주실의 서낭도 과부서낭이라고 부른다.

섣달 그믐날 서낭을 내리면서 서낭굿은 시작된다. 농악대는 월록서당으로 가서 농악을 울리면서 서낭대를 뒷 처마에서 내려 조립한다. 조립이 끝난 후에는 서낭대를 앞세운 농악대가 풍물을 치며 당나무로 가, 서낭대를 당나무에 기대 세워두고서 당나무 주위를 돌며 춤을 춘다. 이때 풍물 소리가 더욱 요란해진다. 끝으로 당나무에 제관과 농악대가 절을 한다. 이로써 강신 의식이 끝난 것이다.

1월 3일에서 5일 사이에는 농악대는 서낭대를 앞세우고, 집집마다 다니며 지신밟기를 한다. 이 때 탈놀이꾼들도 따라 나선다.

1월 10일경에 "하후굿"을 한다. 일명 "화해굿"이라도 하며, 화합 또는 화해의 뜻이라고 설명되기도 한다. 서로 부부 관계에 있는 가곡의 서낭과 주곡의 서낭이 매년 교대로 상대방의 마을을 찾아가 결합하는 의식을 말한다. 일자는 고정되어 있지 않고 초하루에서 보름 사이에 하면 되나, 대체로 10일경에 하게 된다. 가곡쪽에서 주곡으로 오는 경우를 서술하면 다음과 같다.

가곡의 농악대는 검은 치마를 입은 남서낭의 서낭대를 앞세우고 주곡 마을로 들어온다. 주곡의 농악대는 붉은 치마를 입은 여서낭의 서낭대를 앞세우고 이를 맞이한다. 양측이 접근되면 풍물 소리가 차츰 격해진다. 어느 쪽이 풍물의 채수를 더 높이는가 하는 싸움이다. 이 싸움에서 승패가 나누어진다. 싸움이 끝나면 두 마을 서낭대를 주곡의 당나무 앞에 나란히 세우고, 두 마을의 농악대가 함께 어울려 풍물을 친다. 이때 두 서낭의 서낭치마가 바람에 펄럭이며 휘감기게 되는데, 이는 바로 부부의 결합이라고 이해된다. 이 결합으로 인해 풍년이 오리라고 믿는다. 하후굿은 1920년대에 가곡리의 서낭대가 없어지면서 중단되었다. 그 후에는 가곡리에서는 서낭제만 지내고, 주곡리에서는 하후굿 과정만 생략된 나머지 행사를 계속해 왔다.

정월 보름날 밤에는 제관 집에 마을 사람들이 모여 놀이를 벌인다. 농악대가 풍물을 치고 탈꾼들이 탈놀이를 벌인다. 놀이는 자정까지 계속된다. 자정이 되면 농악대, 탈꾼, 마을 사람들은 모두 집으로 돌아가고 제관들만 서낭제를 지내기 위해 당나무로 간다. 농악대를 중심으로 당나무 앞에서나 마을에서나 춤추며 떠들고 노는 행위는 서낭굿이라 하고, 제관들만 엄숙하게 제물을 차려 놓고, 축문 읽고, 절하며 축원하는 행위는 서낭제(성황제)라 한다. 서낭제가 끝나면 서낭대는 다시 해체해서 월록서당 뒷 처마에 달아 보관한다.

② 지경부락의 서낭제와 농악

석보면 지경리의 원지경은 영양 남씨, 재령 이씨, 진성 이씨가 많이 살았던 마을인데, 마을이 번창했을 땐 70여 호가 살았으나, 지금은 40여 호로 줄었다.

서낭나무는 예전엔 소나무와 대추나무가 같이 있었으나, 5~6년 전에 고사하고, 지금의 은행나무로 바뀌었다.

서낭제는 도가(1명)와 제관(1명)을 선임하여 음력 정월 보름날 밤에 지냈는데, 제물로 육류와 술을 사용하는 것으로 보아 서낭신이 남신인 것 같으나 불확실하다. 서낭제를 지낸 다음날(16일) 낮에 도가집에 모여 음복을 하고, 동회를 가진 다음 지신밟기를 했는데, 길매구를 치면서 서낭당에 가서 인사로 "서낭서낭쇠 서낭장수 들어간다."고 말한 뒤 서낭나무를 몇 바퀴 돌다가 멈춰서서 인사하고, 다시 장적굽이로 시작해서 무장적굽이로 가락을 바꾸어가며 점점 빠르게 쳐서 절정에 올라갔다가 약간 가락을 늦추고서 인사를 했다.

그리고서 길매구를 치고 지신매구로 들어갔는데, 삽짝(대문)에 들이서면서 주인한테 허락받기 위해 "주인주인 나오소."하고 매구를 빨리 쳐서 신이 나는 매구(장적굽이)를 치다가 인사하고, 마당을 몇 바퀴 돈 뒤에 정지(부엌)에 가서 성주풀이를 하여 "지신지신 눌리세. 오방지신을 눌리세."하고 매구를 치다가 쌀이 나오면 무장적굽이로 한참 놀았다. 그런 다음 마당에 나와 다시 한 바퀴 돌고, 주인한테 인사하고, 집을 나왔다.

그런데 이같은 매구패를 사대부, 포수, 각시(젊은 남자가 여장을 한다), 열녀(여자 인형이 조종자인 남자를 업고 있는 모습) 등의 잡색들이 따라다녔고, 바가지로 양반탈(수염이 있다)과 하인탈(수건을 머리에 동여맨다)을 만들어 쓰고 반상(班常)을 가리지 않고 재담을 주고받는 탈놀이도 했는데, 지신밟기는 온 동네의 집집마다 돌아다니면서 했기 때문에 보통 16일에 시작해서 닷새 동안 계속되었다. 그러나 지신밟기와 잡색놀이는 10여 년 전에 중단이 되었고, 탈놀이는 해방 전까지만 놀았다고 한다.

1997년 동제 때 지신밟기를 부활시켜 원하는 몇 집만 지신밟기를 했으나, 상쇠(이호준, 78세, 사망)의 부재와 악사들의 고령화로 예전같지 않았다고 한다.

악사로는 김태현(67세, 매구)이 대신 상쇠 구실을 맡고, 장희주(67세, 징)가 장구잡이가 되고, 이장호(67세, 북), 이병상(67세, 징), 박병규(63세, 소고), 박태석(74세, 매구) 등이 있으나, 젊은 세대로 계승시킬 대책이 세워지지 않는 한 지경농악도 소멸될 위기에 처해 있다.

≪제보자 : 김태현(65세, 석보면 지경리, 1997)≫

2) 민속연극

(1) 탈놀이

영양지방의 탈놀이는 일월면 주곡리에서 서낭굿을 할 때 놀았다. 등장 인물로는 "떡다리" "사대부" "각시" "포수" "꼽추" "거지"등이 확인된다. 이들은 대체로 가면을 썼다. 이 중에서 "떡다리"는 가면 일반을 의미하는 말이기도 하다. 이들은 농악대를 따라다니며, 지신밟기를 할 때나 하후굿을 할 때에도 즉흥적인 연극을 한다. 하후굿을 할 때에는 두 마을의 가면 쓴 인물들이 함께 어울려 놀기도 한다.

그러나 탈놀이를 하는 가장 중요한 기회는 보름날 밤 자정까지이다. 이때에는 탈놀이가 놀이의 중심적인 위치를 차지하고 농악대는 반주자로서 탈놀이를 보조했을 것 같다. 마을 사람들이 모여서 탈놀이를 보면서, 같이 어울려 춤을 추기도 했다. 탈놀이의 내용은 전하지 않는다. 조헌기·조정기· 오수근씨 등은 어릴 때 보았다고 하고, 그 이하의 제보자들은 기억하지 못한다. 사대부나 포수 등으로 분장한 사람들이 농악대 뒤를 따라다니는 것은 근래까지 계속되었으나, 연극적인 내용은 극히 빈약하다.

(2) 원놀음

원놀음은 경북의 특이한 민간연희이다. 가면극은 평민의 놀이인데 반해 원놀음은 양반의 놀이이다. 양반 청장년이 고을 원을 위시해 육방관속으로 분장해 동헌에서 죄인 다스리는 행동을 즉흥적인 연극으로 꾸며 보이는 것이 원놀음의 내용이다. 그리고 죄인으로 문초 받는 사람이 전곡을 바침으로써 사건이 해결되는 것이 상례인데, 이렇게 모은 전곡으로 부락의 기금을 마련하거나 건물을 건립하기도 한다.

원놀음이 특히 성했던 곳은 영양군이고, 그 중심지는 일월면 주곡리였다. 이밖에도 봉화군, 영주군, 울진군 등지와 강원도 일부까지 원놀음이 분포되었던 것으로 보인다. 이처럼 원놀음의 분포지역은 부락굿 탈놀음의 경우와 대체적인 일치를 보여주며, 이로써 경북 북부와 강원도 남부의 민속상의 동질성이 확인된다 하겠다.

원놀음은 1900년경까지 전승되다가 중단되었기에 자료 조사가 용이하지 않다. 영양군 일월면 주곡리 주실의 원놀음을 소개하면, 다음과 같다.

음력 정월 초순에 부락의 양반들이 하는 놀이이다. 놀기 좋아하고 재치 있는 청장년들이 원(관장) · 육방관속 · 통인 · 나졸 · 사령 또는 기생 등으로 분장하고, 동헌에서 죄인을 치죄할 때 필요한 기구를 갖춘다. 복색과 도구는 만들어 쓰고 모자라는 것은 관가에서 빌린다. 이런 준비가 끝나면 큰집 대청에 자리를 잡고 재판을 하는 광경을 벌린다. 죄인으로 잡혀온 사람에게 여러 가지 죄목을 씌워 죄인이 뇌물을 바칠 때까지 문초를 계속한다. 재판 내용은 희화적인 것이어서, 관장의 부당한 횡포를 풍자하기도 하고 웃기기 위한 재담일 수도 있는데, 어느 것이나 즉흥적으로 마련되고 공연 상황에 따라서 달라진다. 집주인을 죄인으로 삼는 일이 흔한데, 주인의 재력에 알맞을 정도의 전곡을 미수된 세금이나 뇌물 형식으로 바칠 때까지 여러 가지 트집을 잡아 문초를 계속하는 것이 상례이다. 재판이 끝나면 주인은 전곡과 함께 주식을 제공해 참가자 일동이 즐기고 있을 때, 암행어사가 출도해 모두 흩어진다. 그리고는 대열을 재정비하여 다른 집이나 다른 마을로 간다. 행진을 할 때는 풍악을 잡히기도 한다. 다른 마을로 가서도 부유한 대가에 들어가 자리를 잡고 집주인을 문초한다. 이런 경우에 집주인은 의례히 원놀음 패들에게 협조하고, 어느 정도의 전곡을 내어놓을 각오를 하는 것이 상례이다. 원놀음패가 들어서면 물리칠 집은 없다고 한다. 어느 해에는 동헌으로 가 영양현감을 잡아내리기도 했다고 전한다.

원놀음을 하는 부수적인 목적의 하나는 전곡을 모으는 데 있다. 죄인으로 취급된 집주인이 내어놓은 전곡은 우선 원놀음의 비용으로 충당되고 또 놀이패의 주식대가 되지만, 이에 그치지 않고 부락 공동의 기금이 되기에, 기금을 마련하기 위한 수단으로 원놀음을 하기도 한다. 이 점에서는 농악에 의한 걸립과 유사하다. 그러나 농악에 의한 걸립으로는 모을 수 없는 다액의 기금을 모을 수 있는 능력을 가지는 것이 원놀음의 특징이다. 주곡리의 월록서당은 원놀음을 해서 얻은 기금으로 건립되었다고 한다. 1899년(기해년)에는 강준이란 분이 주동이 된 원놀음에서 얻은 기금으로 영양군 삼지리의 연태암을 보수했다. 1900(경자년)년에는 주곡리의 원놀음패가 모은 기금으로 영양군 청사를 건립했다.

원놀음이 마지막으로 공연된 것은 1900년이다. 그 이후로는 세상 형편이 달라지고, 공연할 능력을 가진 사람도 차츰 줄어들어 중단되고 말았다. 그러다가 1970년대에 들어서서 영양문화원이 중심이 되어 원놀음을 복원시켜 전승하려는 운동이 일어, 영양 여자고등학교 학생들이 1975년부터 공연을 해왔는데, 1996년이 제11회가 된다.

원놀음은 원래 대청마루와 마당을 무대로 한 즉흥적인 민속놀이인데, 김택규·성병희 두 교수의 고증을 받아 이재춘 씨가 복원한 원놀이 대본은 이미 도시민속화되고 고착화된 민속놀이로 변이된 것이다.

〈영양 원놀이 대본〉

먼저 길놀이로 가장행렬을 한 다음에 재판놀음을 하는데, 가장행렬에 참가하는 인물들은 다음과 같다.

○ 영장(갑) (승마) : 붉은 동달이에 남전복을 받쳐입고, 책절모에 구슬을 달아 쓰고, 말채찍을 든다.

○ 주타 (2명) : 약복에 죽립을 쓴다.

○ 피리, 젓대, 해금, 제팔, 징, 장구, 북, 꽹과리, 호적, 약사 (9명) : 약복에 죽립을 쓴다.

○ 사령 (6명) : 고의적삼에 흑전복을 입고, 머리에 흰 수건을 동이고, 사령모를 쓴다. 2명은 청사초롱을 들고, 사령은 붉은 오라를 허리에 차고 육모방망이를 든다.

○ 군노 (6명) : 사령의 복색과 같으나, 어깨에 조총을 메고, 명치에 「용(勇)」자를 붙인다.

○ 집장사령 (4명) : 홍전복을 입고 집장을 어깨에 멘다.

○ 통인 (2명) : 동아리에 남전복을 입고, 사령모에 구슬을 달아 쓰

고, 통인 (갑)은 담배함과 장죽을 들고, 통인 (을)은 망태에 요강을 넣어 메고 간다.

○ 원 : 조복에 사모관대하고, 경주 남석안경 (흑색)을 쓴다. 장죽을 물고 부채를 들고 남여에 덩그렇게 올라앉는다.

○ 남여 메는 사람 (4명) : 사령의 복색이면 된다.

○ 일산 (1명) : 사령복이다.

○ 6방(이방, 호방, 예방, 병방, 형방, 공방 6명) : 도포에 갓을 쓴다.

○ 기생 (2명) : 남치마와 흰 저고리에 자주끝동의 옷을 입고 마상에 앉는다.

○ 관노 (2명) :

〈갑〉 고의적삼에 흰 수건으로 머리를 동이고, 조끼를 입고, 돗자리와 소반을 등에 짊어진다.

〈을〉 고의적삼에 흰 수건으로 머리를 동이고, 조끼를 입고, 술병을 들고, 돼지다리 등 술안주가 든 망태를 멘다.

○ 포졸 (6명) : 사령의 복색에 오랏줄(홍색)을 허리에 차고, 육모방망이를 손에 든다.

○ 영장(을) : 붉은 동아리에 남전복을 받쳐입고, 책절모에 구슬을 달아 쓰고, 승마한다.

○ 서당 학동들 (약 10명) : 바지와 저고리에 두루마기를 입고, 머리가 주렁주렁 허리까지 내려온다.

위의 행렬이 대회장을 일주한 다음 행진한다. 행진 중 풍악을 울리는데, 풍악이 멎으면, 학동 당음을 읊으며 간다. 당음이 멎으면 풍악이 울린다.

무대에 도착하면, 원은 가마에서 내려 무대 중앙에 자리잡고 앉는데, 통인 〈갑〉과 〈을〉이 얼른 원을 부액하면서 같이 나가 한 사람은 좌복을 깔아 주고, 육방 관속은 무대 좌우에 각 3명씩 나뉘어서 읍한다. 영장 〈갑〉·〈을〉은 무대 아래에 좌우로 서고, 사령·관노·기생들은 무대에 둘러선다.

전원이 완전히 위치를 정하고 나면, 원의 첫 대사로 원놀이가 시작된
다.

원　　：이방 게 있는가?

이방　：네—

원　　：모처럼 날씨도 화창하고 구경꾼들도 많이 모였으니, 지금부터
　　　　원놀이를 시작하겠는데, 놀이라 생각하지 말고, 가차없이 다
　　　　스릴 것이니, 엄히 복종하렸다아.

이방　：네, 여부가 있겠사옵니까?

원　　：이방뿐만 아니라 6방 관속이 다들 협심하여 이 고을 백성들을
　　　　잘 살 수 있도록 명심할지어다.

육방　：명심 거행하겠사옵니다.

원　　：그럼, 이방! 무슨 사건부터 처리할 것인지 아뢰어라.

이방　：오늘은 먼저 등너머 용소골 소태마을 김암이란 자가 자기 소
　　　　유 전답보다 소출이 많으니 수상한가 아뢰오.

원　　：아니 무슨 말인고. 제가 가진 전답보다 소출이 많다니, 남의
　　　　것을 도적질했단 말인가? 무슨 소린고? 어이! 그 조서 좀
　　　　보세.

이방　：(조서를 맨 책을 원 앞에 가져간다.)

원　　：(한장 한장 넘기며) 응, 이 놈을 당장 불러들이라.

이방　：사령! 영문 밖에 데려다 놓은 소태 김가란 놈 잡아 대령하랍
　　　　신다.

이방　：네—. (나간다.)

원　　：그 다음, 요사이 호방은 수세, 지세가 잘 걷히는가?

호방　：통 백성들이 말을 듣지 않사옵니다. 더구나 금년은 흉년이란
　　　　핑게 대고 하는데, 요 건너마을 탑리 서모야 집 앞을 지나다
　　　　부자가 이상한 말을 주고받는 것을 들었습니다.

원　　：무슨 소린고?

호방　：애비가 조세 감세를 진정하여 극소히 부과하였다는…

원　　：당장 잡아 대령하라.

통인 : 당장 잡아 대령하랍신다.

호방 : 네— 사령 아랫마을 탑골 주막주인 서가란 놈 당장 잡아 대령
시키렸다.

사령 : 네—.

원　 : 또—, 예방!

예방 : 네—.

원　 : 요즈음 이 고을엔 존장을 숭앙하고, 부모를 잘 봉양하며, 형
제간에 우애들 있게 잘들 살겠지?

예방 : 네—, 헌데 2개월 전에 저희 집 뒷집에 사는 김원풍네 아들놈
이 바람이 나서 저희 애비하고 용돈 안 준다고 욕지거리를 하
며 싸우는 것을 간신히 말렸습지요.

원　 : 허—, 저런 고얀지고. 그래 그것을 예방은 말리기만 하고 그
냥 두었단 말인가?
이런! 숙맥같으니. 하마터면 돈 오백 량 놓칠 뻔했군. 당장
잡아 꿇이도록 하라.

통인 : 당장 잡아 꿇이랍신다.

예방 : 네—. 사령 우리 뒷집 김원풍네 부자를 대령하렸다. 어서 빨
리!

원　 : 공방! 요즈음 만석보 부역은 잘들 나와 일하는가?

공방 : 네—. 그런데 요즈음 모두 점심밥을 제대로 싸오는 사람이 절
반도 안 되옵니다.

원　 : 어허— 저런 변들이 있나. 한창 보릿고개니 그렇기도 할 것이
야.
여보게, 이방! 곡간에 쌀이 얼마나 있는가?

이방 : 네—. 한 천 석은 좋이 될 줄로 아옵니다.

원　 : 내일부터 일터에 가마솥을 걸고 밥을 지어 점심 안 가져오는
사람들에게 노나 먹이도록 하라.

전원 : 아이구 우리 고을 원님 어지시기도 하지.

원　 : 우리 고을이 이번 이 만석보 못만 막아 못을 이루면, 평생 흉
년이 없고, 가난도 없이 잘살 수 있을 것이니, 부지런히들 합

심하여 공사를 완성토록 전 육방은 명심할 것이로다.

전원 : 명심 명심하겠습니다.

(사령이 김풍언 부자, 주막 서가, 용소마을 김암이를 데리고 온다.)

사령 : 김풍언 부자, 주막 서가, 용소마을 김암이 잡아 대령이요.

형방 : 죄인 잡아 대령이요. 재물에 역탐내고…

원 : 어디 보자, 모두 생김새가 사물에 역탐내고, 이웃간에 인정머리 없고, 부량 부식하게들 생겼구나.

형방 : 아주 고약한 놈들이옵지요.

원 : (김암이를 가리키며) 저자가 무슨 죄를 저질렀느냐?

형방 : 네— 용소골 사는 김암이란 자로서 논밭 모두가 여덟 마지기 밖에는 없는데, 금년 가을에 콩을 아홉 섬이나 했다니, 이것은 필경 무슨 곡절이 있으리라 아뢰옵니다.

김암 : 아니옵니다. 논밭 여덟 마지기 있는 것은 사실이오나, 콩 아홉 섬 소출이 날 리도 없사오며, 추수한 일도 없사옵니다. 콩은 겨우 한 섬밖에는 나지 않았습니다.

원 : 어허—. 이것 왜 변명인가? 그럼 형방이 거짓말을 한단 말인가?

형방 : 에이—. 고얀지고. 어느 앞이라 감히 주둥아리를 놀리는고?

원 : 형방! 더 말할 것 없이 제 말대로 한 섬 반 났다니 그 말을 믿고, 나머지 일곱 섬 반은 거둬들이게. 알았느냐?

김암 : 아이구 이젠 다 살았다. 콩 일곱 섬 반을 어디서 구해서 바치랍니까? 한번만 봐 주십쇼. 정말 억울합니다.

원 : 에…… 왠 잔말이 이리 많으냐. 썩 물리치고, 다음은 무언가?

예방 : 네— 바로 이놈이 애비에게 욕지거리를 하고 온 동네를 어지럽게 굽니다.

원 : 너 이놈 듣거라. 어찌하여 자식된 도리를 다 못함도 삼강오륜에 벗어날진대, 항차 한술 더 떠서 애비에게 욕지거리와 폭행을 하다니……. 또 애비는 어찌하여 자식을 낳아서 함부로 불량자를 만들어 동네의 윤기를 흐리게 하는가?

풍　　：예―. 그저 죽을 죄를 지었사옵니다.

풍의 아들 : 한번만 용서하시면 개과천선하여 착한 사람이 되겠사옵
　　　　　니다.

원　　：음, 네 죄를 마땅히 알지니, 그래 가세는 넉넉한가?

풍　　：그저 호구지책이나 겨우 합지요.

형방　：이 웬 엄살이냐? 실은 이놈이 마을에서 몇 백이나 좋이 하기
　　　　에 거드름을 부리며 온통 안하무인이지요.

원　　：그래? 그런 자식놈 행실도 고칠 겸 애비된 놈 마음보도 바로
　　　　잡게. 애비를 옥에 가두고 자식놈에게…… 응 알겠지 (형방
　　　　보고 눈치짓)

형방 : 네― 본부 거행하오리다.

풍부자 : 아이구 이젠 다 살았구나.
　　　　(이때 탑골 주막집 서가가 사령에게 끌려온다.)

원　　：무엇이 남았는고?

호방　：옳지, 마침 여기 잡아 대령입니다. 아까 소인이 말씀 사뢰던
　　　　탑골 주막집 주인으로 조세를 쓱싹하고 겁도 없이 사는 놈이
　　　　옵니다.

원　　：응…… 그 놈 간이 배밖에 난 놈이군……
　　　　어이 그 놈의 죄상을 좀 보세.

호방 : 네―. (조서 책꾸러미를 준다.)

원　　：(받아서 뒤적거리고)
　　　　응, 조세 감면을 진정했다지?

서가 : 아니올시다요. 그런 일 없사옵니다.

형방 : 웬 말대꾸냐?

원　　：이 놈 지난 달 열이렛날 밤중에 너의 애비와 조세가 극소히
　　　　부과됐다고 속삭였지?
　　　　이 놈―! 모야 무지라도 해도 어림도 없다. 두말 말고 잡곡
　　　　열 섬을 추가 부과하오니 그리 알라. 호방은 어김없이 거행하
　　　　렸다.

호방 : 네! 본부 거행하오리다.

서가 : 아이구 금년 농사 헛농사구나.

원　　 : 허—험, 다음 또 무엇인고?

　　　　(이때 한쪽에서 "암행어사 출도요—"하고 외치면, 전원이 놀라 혼비백산하는데, 원은 우왕좌왕하고, 육방관속은 숨을 곳을 찾아 야단법석이다. 암행어사가 나졸들을 대동하고 들이닥치고, 원을 대하에 데리고 내려가 무릎 꿇이고, 암행어사가 상좌에 좌정한다.)

암행어사 : 내 듣건대 이 고을 수령이 매우 선정을 하며, 더우기 만석보 수리를 모아 고을백성을 잘 살게 힘쓴다기에 무한히 고마워 치하를 하러 왔더니, 오늘 이 정사의 광경을 보니 듣기하고 딴판이니 어이된 일이며, 이 고을 수령은 탐관오리가 분명하니 썩 대하에 꿇 어 모든 죄상을 이실직고하렸다.

　　　　(이때 실제 이 고을 수령이 나온다.)

수령　 : 어사또! 원로에 오시느라 수고가 많으십니다. 소인 금일 이 마을 유생의 자제들이 원놀음을 한다기에 동헌을 빌려주어, 소인이 행한 정사의 선악을 비판하고 골고루 살피지 못한 백성들의 불만을 귀담아 들어, 후일의 정사에 보탬이 될까 하여 원놀음을 했던 것이옵니다.

원　　 : (엎드려 절하며) 어사또께 아뢰오. 지금 원님이 사뢴 말씀이 진정이오며, 우리 고을 원님은 일구월심 우리 고을 백성들을 위하여 침식을 잃다시피 선정을 하시고 계십니다.

암행어사 : 응— 과연 듣던 바와 같이 명관이로군! 어서 이리 올라 좌석을 같이 합시다.

수령　 : 황송하옵니다. (상좌로 올라가 암행어사와 동석한다.)

암행어사 : 그래, 저 가짜 죄인들은 어떻게 벌할 것인고?

원　　 : 네, 실은 죄상대로 다스리려면 곤장 백 대씩은 쳐서 쫓을 것이로되, 오늘은 원놀음이옵기에 달리 벌할가 하옵니다.

암행어사 : 달리 벌하다니?

원　　 : 네. (죄인들을 향해서) 서가 듣거라. 잡곡 열 섬 대신 주막을 하고 있으니, 술 닷 말만 걸러 오너라.

서가 : 네— 네— 닷말 아니라 닷섬이라도 내지요.

원　 : 풍언영감 들으시요. 오늘 이 놀이에 술만 있어도 안되니, 도야지 한마리 잡으시오.

풍언 : 아이구 이를 말입니까. 도야지 열 마리라도 잡지요.

원　 : 용소골 김서방 들으시오. 우리 고을 원님 청사가 허술하니 전량 열 냥만 내시오.

김서방 : 동헌 수리하여 어질고 착한 우리 고을 원님 편히 좀 모십시다.

풍언 : 네, 오십 냥 내겠습니다.

암행어사 : 과연 듣던 것과 추호도 다름이 없군.

（수령보고）영감, 몽매한 백성들 다스리기에 수고가 여간 아니겠소. 내 올라가 어전에 보고하고 후히 공헌을 치하토록 하오리다. 여봐라! 오늘에 우리 원놀음이 점입가경이로다. 잔치 상벌리고 한바탕 놀아보세.

（일동 주악에 맞추어 즉흥적인 춤을 추고, 서서히 대열을 갖추어 처음 행렬로 정렬하여 퇴장한다.）

　≪제보자 : 諸光雄, 1943년 출생, 1996.8.26)

5. 민간요법(民間療法)

1) 약물요법

○ 요통(腰痛)에는 자삼 10개를 초하여 가루를 만들어 요수(尿水)에 타 먹는다.

○ 옻 올랐을 때는 정구지와 소금을 이겨서 바른다.

○ 돼지고기 먹고 체한 데는 새우젓을 먹는다.

○ 개고기를 먹고 체한 데는 ① 매일 묵을 먹는다. ② 오래 묵은 수숫대를 달여서 먹는다.

○ 유종에는 생지황을 난도하여 바른다.

○ 지혈(止血)에는 뽈나무진을 바른다.

○ 토사곽란(吐瀉癨亂)에는 ① 나무기 뿌리진을 먹는다. ② 쑥즙을 먹는다. ③ 마늘을 구워 먹는다. ④ 길경이 뿌리를 먹는다. ⑤ 머리털재를 만들어 물에 타서 먹는다.

○ 타박상에는 버드나무좀똥을 처맨다.

○ 두부 먹고 체한 데는 쌀뜨물을 먹는다.

○ 미역에 체한 데는 오동나무잎을 삶아서 먹는다.

○ 파상풍에는 송기와 송피(松皮)가 좋다.

○ 팔다리를 가물쳤을 땐 생지황즙을 바른다.

○ 회충 구제에는 집신초뿌리를 공복에 복용한다.

○ 칼, 낫, 새풀에 약간 베었을 때는 하연초잎을 비벼 그 물을 바른다.

○ 농기에 다친 데는 소나무진을 바른다.

○ 난산(難産)에는 메뚜기 3마리를 다리와 날개를 떼어내고 달여서 먹는다.

○ 두드러기가 났을 때는 ① 찰벼짚을 태우며 연기를 쐰다. ② 벗나무껍질 7돈중을 달여 먹는다.

○ 목에 뼈가 걸렸을 때 복숭아 씨앗 3개를 먹으면 된다.

○ 복통에는 약쑥을 달여 먹는다.

○ 독사에 물린 데는 ① 뽕나무껍질을 삶아 바른다. ② 앵도잎을 쪄서 뜸질한다.

○ 화상에는 한지(韓紙)를 바른다.

○ 부증(浮症)에는 콩깍지와 줄기를 한 줌씩 달여서 먹는다.

○ 신경통에는 인동초술을 해 먹는다.
쇠독에는 지우초물에 상처를 담근다.
사지가 저린 데는 백화천 초탕이 즉효한다.

○ 아기의 목에 동전이 걸렸을 때는 아기의 두 발을 잡고 거꾸로 들고서 등을 손으로 치면 동전이 입 밖으로 나온다. 반대로 앉힌 채 등을 두드리면 점점 더 안으로 들어가 위험해진다.

○ 들판에서 연장에 손이 베히었을 땐 억세지 않은 풀 세 가지를 아무거나 뜯어 즙이 나오도록 손으로 비벼 환부에 동여매 놓으면, 지혈이 되고 통증도 가셔진다.

○ 아기를 낳고 후산이 어려울 땐 마가목 짝지(작대기)를 산모가 짚으면 순산한다.

≪참고문헌 : 한국민속종합조사보고서(경상북도편)(문화재관리국,1977)/ 제보자 : 조세락(70세, 일월면 주곡리, 1997)≫

2) 주술적(呪術的) 요법

○ 정신병에 걸렸을 땐 사지를 묶고 경문을 외우며 복숭아 나무로 두드린다.

○ 객귀(客鬼)에 들렸을 땐 팥 7개를 환자의 입에 넣고 식칼로 물을 찍어 3번 환자의 입에 넣은 후 팥을 품고 칼을 던진다.

○ 결막염에는 해돋을 무렵 마당에서 발길이를 10개를 재고, 10개째의 자리를 파서 조그만 숯을 찾아내어 없앤다. 이것을 "삼 잡는다."고 한다.

○ 각종 질환에는 붉은 팥 3개, 기장알 3개, 찹쌀 3개를 부엌 바닥에 묻고, 골매기를 향하여 환자의 생을 일으키며 속히 완치되기를 축원한다.

○ 삼눈(눈병)에는 ㉠ 동쪽 찔레나무에 가서 찔레나무 가지를 뜯어 거꾸로 꽂는다. ㉡ 기둥에 눈을 그리고 못이나 송곳을 박아둔다. 복학에는 콩을 대변에 담가 삼거리에 가서 볶는다.

○ 순산을 했거나 산기가 있을 때 산후 태의 처리는 어린아이 낳은 수효대로 밭고랑 사이에 묻는다.

○ 학질에는 ㉠ 세갈래길에서 자래콩을 볶는다. ㉡ 굴뚝에 호미를 걸어둔다. ㉢ 학질에 걸린 사람을 솥뚜껑 위에 앉히고 불을 넣으며 "도둑놈 삶는다."라고 말한다. ㉣ 삼거리에서 오곡을 7일간 계속 볶는다. ㉤ 해 돋을 때 쥐구멍을 분다. ㉥ 갑자기 볼을 때리거나 놀라게 한다. ㉦ 해가 뜰 때 환자를 마당에 눕히고 모양을 땅에

그린 다음 환자가 보는 데서 도끼로 그림의 목을 자른다.

○ 객귀물림~객귀는 잡귀신으로 허공에 떠돌아 다니는 귀신이다. 이 객귀가 사람의 몸에 붙었을 때 쫓아 버리는 요법이 객귀풀이 또는 객귀물림이다. 객귀에 들린 증상은 상가집의 음식이나 남의 집의 음식을 얻어 먹고 난 뒤에 몸살 난 것처럼 두통과 발열이 심하고, 수족이 쑤시며, 오한이 심하다. 이때 먼저 객귀에 들렸는지 확인하는데, 종지에 좁쌀이나 보리쌀을 한 숟가락을 담고 환자 옆에 놓고서 주문을 외우면서 숟가락을 세우면 숟가락이 선다. 또다른 방법은 중발에 좁쌀이나 보리쌀을 가득 채우고 헝겊으로 싸서 엎어 쥐고 환자의 가슴과 배를 문지르며 돌리면서 표적을 내달라고 하는데, 이때 객귀가 들었으면 종지의 한 쪽이 움푹 파인다.

객귀에 들린 것이 확인이 되면, 보리쌀에 김치와 환자의 밥을 세 술 넣어 끓인 다음 고추 3쪽을 넣고서 바가지에 담아 식칼을 그 위에 걸쳐 놓고 방안으로 들어간다. 방안의 모든 음식물을 치우고 방문을 닫고 식칼로 바가지의 물을 적셔서 그 물을 환자의 입에 조금 넣고는 큰 소리로 "객구야! 들어봐라."하고 외치고서 식칼로 허공을 휘저으면서 주문을 외고, "썩 물러가라."고 소리치며 환자의 머리카락을 식칼로 세 번 스쳐 바가지에 넣고, 또 환자의 침을 세 번 바가지에 뱉은 다음 방문을 열고 식칼을 마당에 던진다. 이때 칼끝이 밖으로 향하면 객귀가 물러간 것으로 해석하고서, 바가지의 음식을 대문 밖으로 내다버리고, 칼끝으로 마당에 열십자를 긋고 바가지를 엎고서 식칼을 그 위에 놓는다. 다음날 아침 일찍 바가지와 식칼을 치우면 효험이 있다.

객귀물림의 주문은 "유일 대요왕이요 조석 삼천리라. 모식 팔만귀요. 범천하 지잡귀는 책석지로 하야. 히밀리 하나 히리 하랴. 바래야 발매야. 공매야. 명조에 회시하려니 앞귀를 손끝 천리 손끝 만리. 예 역척등 사파하, 해비바침, 해비바침."인데, 이 주문을 수없이 반복한다.

○ 삼눈(눈병) 처치~눈에 핏발이 심하고, 눈꼽이 많이 끼고, 따갑고,

볼 수 없을 때 '개씀아리', 또는 '삼눈'이라고 한다.

아침 햇살이 비칠 때 동편 벽에 환자를 데리고 가서 세우고, 먼저 햇빛을 보게 한 다음 옆으로 돌아서서 벽면에 아픈 눈을 대고 그 눈의 위치에 송곳을 박고, 이를 중심으로 열십자를 긋고서 그 '十'자 주위를 둥글게 그린다. 그리하여 원 안에 열십자가 들어가 사등분하고, 원의 중심에 송곳이 박힌 모양이 되게 한다. 그리고서 원 안의 우측 상단엔 "천하(天下)"를, 하단엔 "태평(太平)"을 쓰고, 좌측 상단엔 "지하(地下)"를, 하단엔 "태평(太平)"을 쓴 다음 2~3일 뒤에 완치되면 송곳을 뽑아 치운다.

또는 다음 그림과 같은 부적을 그려 삼눈을 고치기도 하는데, "○○생"은 삼눈에 걸린 사람의 생기를 쓰고, 부적을 환자가 거처하는 방 천장에 누워 자는 방향과 글씨가 반대가 되게 풀로 붙이고, 삼신어(三身魚)의 눈 한 가운데에 못[釘]이나 송곳을 꽂았다가 눈병이 나으면 뺀다.

我아爾이爾이憐연○
亦역若약眼안爾이生생
拔발拔발有유一일痲마
去거去거釘정目목眼안
爾이我아受수三삼消소
眼안眼안難난身신滅멸
釘정釘정況황魚어目목
符부

○ 아이 팔기~예전엔 홍진(홍역)을 하고 난 후에야 출생신고를 할 정도로 홍진에 많이 희생되었다. 그래서 아이가 홍진에 걸리면 무당을 불러 굿을 하였는데, 무당이 나림대를 흔들며 가는 대로 가다가 큰 나무나 바위가 있는 장소에 도달하여, 무당이 지정하는 나무나 바위에 아이를 팔고, 그 자리에 떡과 밥을 놓고 절을 하고 빌었다. 그후론 그 아이의 생일날이나 아플 때 반드시 음식을 차려 가서 절하며, "어매!"라고 부르며 복록과 무병 장수를 빌었다. 그리고 결혼한 뒤에는 100년 뒤에 만나자고 고별 인사를 하고 끝냈다. 항상 그 나무나 바위에 금줄을 쳐 두고서 빌었는 바, 목신(木神)이나 석신(石神)에게 아이를 판 풍습이었다.
≪제보자 : 안윤락(安潤洛) (남, 71세, 영양읍 서부 1리, 1996.8.26≫

6. 민간 공예기술

1) 민구(民具)

(1) 상여(喪輿)

시대의 변화에 따라 관혼상제(冠婚喪祭)도 달라질 수 밖에 없는데, 관례는 이미 소멸했고, 혼례는 사모 관대를 하던 신랑이 양복을 입고,

원삼을 입고 족도리를 쓰던 신부는 웨딩 드레스를 입고 면사포를 쓰는 현대식 결혼식으로 바뀌었지만, 상례와 제례는 비록 간소화되긴 했지만 비교적 옛 풍속을 유지하고 있다.

이 중에서 상례는 도시에선 영구차로 운구하지만, 영양 지방에선 아직도 상여를 이용하는데, 청기면 상청리의 소청과 영양읍 무창 1리를 비롯해서 상여를 보관하는 곳집이 보존되어 있는 마을이 많고, 상여소리를 구연할 수 있는 사람도 상당수 있다.

상여는 꽃상여가 대부분인데, 예전엔 양반들이나 사용하던 목조(木造) 상여를 서민용으로 제작하여 그 맥을 잇고 있는 상여장(喪輿匠)이 영양읍에 거주하고 있는 바, 경상북도만이 아니라 전국에서 유일한 상여장이다.

① 상여장 김재환(金載煥)

1988년 9월 23일 경상북도 무형문화재 제14호 상여장 기능보유자로 지정된 김재환씨는 1918년 4월 15일 청기면 저리(苧里)(일명 모시골)에서 출생하여 11세 때 서당에 다니며 한문을 배울 당시 이미 목수로서의 천부적인 재질을 지니고 태어났음을 드러낸 일화가 있으니, 서당으로 가는 도중 화려한 상여가 나가는 걸 보고서 감동하여 상여의 모형을 만들어 솜씨자랑을 했지만, 주위 사람들로부터 귀신 붙었으니 근접하지 말라는 핀잔과 구박만 받은 적이 있었다고 한다.

그후 직업과 거주지를 수차례 바꾸면서 굴곡이 심한 생활을 하다가 마침내 1969년(52세)부터 영양읍에 정착하여 미창장의사(美昌葬儀社) 겸 가구사를 경영하며 상여와 영여(靈輿) 등을 직업적으로 제작하게 됨에 따라 소년 시절에 싹을 보였던 목수일 내지는 목공예일을 본업으로 가지게 되었다.

물론 24세부터 10여 년간에 걸쳐 입암면 산해리에 살고 있을 때 부산에서 도목수로 활동하던 김동걸(金東杰)(1975년 사망)로부터 기능을 전수받기도 했지만, 오히려 무엇이든지 한번만 보면 만들어내는 남다른 눈썰미와 총명, 그리고 풍부한 상상력과 손재주를 바탕으로 전국의 오래된 곳집(상여 보관 창고)을 탐방하고 상여를 비교 연구하여 상여 제작에서 일가(一家)를 이룬 것으로 보인다.

그리하여 1995년엔 경상남도 산청의 전주 최씨 고령택(高靈宅) 상여 (1856년 제작)를 수리 복원해서 1996년 2월 9일에 문화체육부로터 중요민속자료 제230호로 지정받게 하는 데 일익을 담당했으며, 안동 시립 민속박물관과 안동대학교 박물관에 상여를 기증하는 등 상여의 복원, 제작, 보급을 위해 헌신적으로 노력하고 있다.

② 상여의 구조와 제작법

김재환씨가 제작하는 상여는 대체로 서민용이지만 비교적 화려한 것이 특징이다. 구조상으로 보면 조립식이고, 재료는 버드나무, 자작나무, 피나무 등 잡목을 사용하는데, 이들 목재는 오래되어도 터지거나 틀어지는 성질이 적고, 조각할 때 연장발을 잘 받기 때문에 특히 선호한다고 말한다.

상여는 시신을 장지로 운구하는 일종의 다인교(多人轎)이지만, 상단부인 여개(輿蓋)와 중간부인 여동(輿胴)과 한단부인 장강틀(멜채 방틀)로 삼분된다.

최상부엔 앙장(仰帳)을 치고, 중간부엔 음택(陰宅)을 짓고, 각종 장식물을 부착하는데, 상여의 부속품과 조각품이 상징하는 의미에 대해 다음과 같이 말한다.

○ 앙장은 차양의 뜻이 있고, 부운(浮雲)을 상징한다.

○ 양반은 청노새를 타고서 장군 또는 당상관의 의관을 갖추었는데, 망인(亡人)을 상징한다.

○ 방상(方相)은 반드시 칼이나 창을 들고 몰려오는 잡귀잡신을 구축하는 뜻이 있다.

○ 무사(武士)는 양반 망인의 시종으로 호위의 뜻이 있다.

○ 청룡, 황룡, 정자룡(丁字龍), 용두 등은 서수(瑞獸)로서 등천(登天) 왕생의 뜻을 지녔다.

○ 봉두(鳳頭), 황두(凰頭), 주작(朱雀)도 ⑤와 동일하며, 명운(冥運)을 기원하는 상징물이다.

○ 네 귀의 봉황수(鳳凰首) 입에 벌납매듭〔流蘇〕을 달고, 그 끝에 풍경(요령)을 매다는 이유는 상여꾼이 소리나지 않게 평형으로 잘 운구하라는 뜻과 산중의 맹수를 쫓기 위해 금속성(金屬聲)을 내는 뜻이 있다.

○ 선녀, 동자상(童子像)은 도교적 사상에 근거한 길상(吉祥)을 의미한다.

○ 청사초롱은 저승등이라는 속설도 있고, 음택을 밝히는 초롱이라고도 한다.

○ 연꽃은 불교사상에 근거해서 재생, 부활을 의미한다.

○ 떡다리는 광대를 의미하고, 이 광대는 가면을 뜻하는데, 역시 잡귀를 쫓는 귀면(鬼面)과 같은 구실을 한다.

○ 청조(靑鳥)는 도교 신선사상의 행운을 가져다 주는 새라고 믿는다.

○ 이밖의 아자(亞字), 만자(卍字), 정자(井字) 무늬와 불로초, 구름무늬, 당초문(唐草紋) 등은 화려함을 나타내기 위한 것이다.

상여는 지방에 따라, 사회 계층에 따라, 또 제작자의 취향에 따라 외형이 다르기 마련이며, 채색과 형태가 다양하다.

≪제보자 : 김재환(金載煥)(남, 영양읍, 1996.8.26)≫

(2) 미투리

미투리란 삼이나 모시 또는 노끈(실·삼껍질·헝겊·종이 따위로 가늘게 꼰 끈) 따위로 삼은 신을 가리키는데, 흔히 삼신, 마혜(麻鞋), 망혜(芒鞋), 승혜(繩鞋)라고도 부른다. 짚신이나 나막신보다는 고급품이지만 갖신이나 비단손보다는 하급품이다. 미투리는 주로 서민층에서 신었으나, 질기고 매끄러워서 양반도 원행(遠行)할 땐 신었다.

미투리는 짚신과 달리 틀과 연장이 있어야 만들 수 있는데, 삼으로 날을 만들어 허리거리와 날거리를 연결하고서, 짚신 삼듯이 삼으로 신을 삼다가 조임칼로 신을 조여 야물게 다진다. 앞총은 노끈을 꼬아서 넣고, 뒤축은 소태 껍질을 태운 재를 써서 흰색으로 표백한 삼으로 만든다.

미투리는 보통 1개월 이상을 신을 수 있다.

7. 발전 방향에 대한 제안

『영양군지』의 편찬을 계기로 영양의 민속문화의 실태를 조사하는
작업은, 보존과 육성의 방안을 강구하고, 보다 심층적인 조사와 연구를
촉발하는 계기가 돼야 할 것이다. 이같은 관점에서 몇 가지 의견을 제
시한다.

첫째 민속놀이의 경우 단오날 축제로 그네뛰기와 씨름대회를 두 개의
사회단체가 따로 주관하고 있고, 농악놀이는 해달뫼한마당잔치에 어린
이의 집단놀이로 들어가 있고, 윷놀이 대회는 1996년에 처음 시작되었
는바, 대회를 통합적으로 개최해야 할 것이다. 그리고 어른놀이로서의
농악놀이도 비록 경연대회가 아니더라도 초청공연 형식으로나마 지원하
여 보존할 필요가 있고, 각 초등학교와 고등학교에서 지도하는 교사는
외지 출신일 경우도 있고, 근무지를 몇 년마다 이동하게 되므로, 마을
의 토착적인 기능보유자가 학생들을 지도하여 예능을 전수하게 하는 것
이 영양농악의 지역적인 특성을 살릴 수 있고, 지속적인 지도도 가능할
것이다.

둘째로 영양은 고추의 명산지이고, 일월산에서 산나물을 풍성하게 채
취할 수 있어서 고추나 산나물의 요리법이 발달했으므로, 산나물과 고
추로 만든 반찬의 잔치를 열어 외지인들이 와서 먹기도 하고, 재료를
사가기도 하게 할 수도 있을 것이다.

셋째로 영양은 다른 지역에 비해 아직도 촌락신앙이 강하게 남아 있
는데, 영양읍의 무창별신굿과 청기면의 소청별신굿은 무당이 서낭대에
서낭신을 강신시키지만 지신밟기(걸립)는 농악대가 하는 점에서 동해안
별신굿과도 다르고, 일월면의 주실과 섬촌의 서낭굿은 전승이 중단되었
지만, 수비면 발리2리와 청기면 행하리 납대기의 서낭굿은 농악대가 직
접 대내림을 하고 지신밟기를 하는 점에서 학술적으로 아주 귀중한 자

료이다. 따라서 무형문화재로 지정하여 보존에 힘써야 할 것이다.

넷째로 원놀음은 영양이 자랑할만한 놀이문화인데, 원래 청소년놀이를 여자고등학생들이 하고 있으므로 가능하면 남자고등학생으로 바꾸는 것이 좋겠고, 현재대로 한다 하더라도 군민회관 같은 실내에서 가을 축제의 한 종목으로 공연하여, 외부인들이 조사차, 연구차, 관광차 와서 관람할 수 있도록 해야 할 것이다.

지방자치화 시대를 맞이하여 지역간의 무한경쟁 시대에 들어섰는데, 영양인의 문화적 정체성을 회복하고, 공동체 의식을 강화시키며, 문화전략 차원에서 특성화시켜야 할텐데, 그러기 위해선 영양의 전통 민속문화를 보존·육성하면서 동시에 심층적으로 조사·연구하여 널리 알려야 할 것이다.

결론적으로 축제와 행사를 통합·재조정해야 할 필요가 있고, 무형문화재와 유형문화재, 민속자료의 지정을 더욱 확대시켜야 하며, 산재해 있고, 인멸되어 가는 민속자료를 발굴·수집해서 민속자료관을 건립하여 보관하고, 전시해야 할 것인데, 만일 이러한 일을 향토문화재연구위원회가 맡아 추진한다면, 그에 대한 행정적·재정적 지원이 뒤따라야 할 것이다.

【부기(附記)】

경상북도 영양군은 동경 128°59′~129°19′과 북위 36°19′~36°52′에 위치하면서, 북서쪽에 태백산맥이 있고, 동편에 백암산의 줄기가 남으로 뻗어 내리기 때문에 전체적으로 분지의 형태를 이루는 산악지대인데, 그 중앙의 저지대를 반변천이 북에서 남으로 흘러내리면서 좌우의 계곡에서 흘러나오는 작은 하천들을 합류시켜 낙동강의 상류를 이룬다.

땅넓이는 813.9㎢인데, 80.7%가 임야지대이고, 경작지는 10% 정도에 지나지 않으며, 기후 또한 기온이 낮고, 강우량도 적어 농사짓기가 불편하다. 경작지의 면적은 8,240ha인데, 논은 2,032ha에 불과하고 밭이 그 세 배나 되는 6,280ha를 차지하여 쌀과 보리같은 주곡보다 잡곡류의 재배량이 월등히 많다. 특히 고추와 잎담배는 특산물로 유명하다.

영양은 신라 초기엔 고은(古隱)이라 하다가 말기에 영양(英陽)으로 불렸으며, 고려·조선 시대에 행정구역상 영해부에 귀속되거나 영양현으로 독립되거나 하는 등 우여곡절을 거친 뒤 마침내 1895년에 전국의 행정구역을 개편할 때(23부 321군) 영양군으로 개칭되었으며, 1914년에 기왕의 4개 면(영양면, 일월면, 청기면, 수비면)에 진보현의 입암면과 석보면이 통합되었고, 1963년엔 울진군 온정면의 본신리가 수비면에 흡수되었으며, 1979년에 영양면이 영양읍으로 승격되어 오늘에 이르렀다.

영양 지방은 지리적, 역사적 요인으로 말미암아 전통문화 내지 민속문화가 비교적 서서히 소멸 내지 변모되어 가는 지역 중의 하나인데, 1차(1996.7.11~13)·2차(1996.8.25~27)·3차(1996.9.20~24)·4차(1996.10.12~14)에 걸쳐 민속놀이·생활풍습·민간신앙·민속예술·민간요법·민간공예기술을 현지조사한 것을 정리한 것이다.

Ⅲ. 연구사 자료에 대한 평가
—송석하의 민속극 연구의 성과와 한계—

1. 머리말

송석하의 민속학에 대한 학사적(學史的) 관심과 평가는 최남선, 이능화, 손진태에 비해 소극적이다가 최근에 와서야 적극적으로 논의되기 시작했다.24)

송석하의 민속학은 민속극 연구가 주종을 이루는 가운데, 민속학회의 창립과 학회지 발간, 민족박물관 건립, 인류학과 설치 등 빛나는 선구자적 업적을 세웠다.

그의 민속극 연구도 민속지(民俗誌) 작성이나 이론적 체계화보다는 자료의 조사와 수집, 보존과 홍보 등 실천적이고 계몽적인 활동에 치중한 것이 특징이다.

그렇지만 민속극 연구에 있어서 현지 조사를 토대로 한 민속학적 연구의 선편을 잡아 21여 편의 논문을 남겼으며, 당시는 물론이고 후대의 민속극 연구자들에게 심대한 영향을 끼친 바, 그의 연구물을 발표 시기

---

24) 박진태, 송석하의 민속극 연구에 대한 연구사적 검토, 《구비문학 연구》 제2집, 한국구비문학회, 1995. 6. 31.
　---, 석남 송석하의 민속학과 실천적 삶, 「개관 50돌 국립민속박물관 50년」, 국립민속박물관, 1996.
　한양명, 석남 송석하의 민속연구 재론, 《한국민속인물사(1)》(제24차 전국대회 발표요지집), 민속학회, 1995. 11. 11.
　한편, 국립민속박물관에서 송석하가 1997년 1월의 문화인물로 지정된 걸 기념하여 1997. 1. 29에 "석남 송석하의 학문적 배경"이란 공통주제 아래 제31회 학술발표회를 개최했는데, 다음의 논문들이 발표되었다.
　전경수, 송석하·조선민속학회·국립민족박물관·인류학과 : 민속학에서 인류학으로.
　전신재, 민속연희에서 본 송석하의 학문적 배경.
　장철수, 민속학에서 본 송석하 평가의 문제.

순서로 면밀하게 검토하여 현재의 시점에서 성과와 한계를 구명함으로
써 연구사적 평가를 온당하게 할 수 있는 기틀을 마련하기로 한다.

(1) 朝鮮の人形芝居,《民俗藝術》제 2권 제 4호, 地平社書房, 1929. 4.
(2) 朝鮮民俗劇,《民俗學》제 4권 제 8호, 東京, 1932. 8.
(3) 朝鮮人形劇 꼭두각시,《東光》제4권 제 11호, 京城, 1932. 11.
(4) 五廣大小考,《朝鮮民俗》제 1호, 朝鮮民俗學會, 1933. 1. 18.
(5) 朝鮮の演劇(假面劇及人形劇の欄),「大百科事典」제 17권, 東京
    ; 平凡社, 1933.
(6) 朴僉知劇に 對する數三考察,《人形芝居》제 4호, 1933.
(7) 鳳山의 舞踊假面,《동아일보》, 1933.12.16~20.
(8) 南鮮假面劇의 부흥기운,《동아일보》, 1934. 4.
(9) 東萊野遊臺詞,《朝鮮民俗》제 2호, 조선민속학회, 1934. 5. 25.
(10) 沙里院民俗舞 に就いて,《ドルメン》제 3권 제 9호, 1934.
(11) 黃倡傳說劇化의 부활 -경주의 추석행사-,《조선일보》1934.
    10. 23~25.
(12) 民俗劇 東萊野遊,《동아일보》, 1935. 4. 13.
(13) 處容舞·儺禮·山臺劇의 관계를 논함,《진단학보》제 2집 제 2
    호, 1935. 4. 20.
(14) 廣大란 무슨 뜻인가,《朝光》제 2권 제 2호, 1936. 2.
(15) 新羅의 산예와 北靑獅子,《동아일보》, 1936. 3. 26~31.
(16) 假面이란 무엇인가,《朝光》4월호, 1936. 4.
(17) 봉산탈춤 좌담회,《朝光》제 3권 제 7호, 1937.
(18) 鳳山民俗舞踊考,《조선일보》, 1937. 5. 15~20.
(19) 향토예술의 보존 -봉산탈춤보존회 창립에 際하여-,《조선일
    보》, 1938. 12. 23.
(20) 海州康翎의 假面演劇舞,《동아일보》, 1939. 10. 13~14.
(21) 鳳山假面劇,《文章》제 2권 제 6호, 1940. 6~7.

이상 21편 중에서 (3)(6)(11)(17)(18)(19)를 제외한 나머지 15편
의 내용을 검토하기로 한다.

2. 민속극 연구 논문에 대한 개별적 검토[25)]

(1) "조선의 인형지거(人形芝居)" (1929)

인형극의 명칭의 어원, 놀이패, 인형의 종류와 형태, 무대, 극의 줄거리, 주제, 기원과 역사 등을 개관했다.

이 중에서 특기할 만한 사항은 박첨지놀음, 홍동지놀음, 꼭두각시의 어원에 대한 해석과 극의 줄거리에 대한 소개이다.

먼저 박첨지(朴僉知)를 인형의 재료인 '박[瓠, 瓢]'을 음이 같은 성씨인 '朴'으로 인격화하여, 노인에게 하사되던 관직 내지는 80~90세 노인의 호칭인 '첨지'를 붙인 것으로 보고, 홍동지(洪同知)는 얼굴이 붉은 연유로 '홍(紅)'과 음이 같은 성씨인 '홍(洪)'으로 인격화하고, '첨지'와 같은 유의 관직명을 붙인 것으로 본 해석은 그후 학계의 정설로 굳어졌다.[26)] 다만 꼭두각시에 대해선 '못생긴 여자'의 뜻으로 비극적인 재료를 광대화하여 웃음어린 비극을 만든다하여 인형극의 미학적 특질을 희비극으로 파악한 데 그쳤기 때문에, 어원에 대해선 나중에 김재철이 「조선연극사」(1933)에서 일본 고목(高木)의 「정유리사(淨瑠璃史)」에서 주장한 '곽독(郭禿)→꼭두→クグツ' 같은 경로설을 수용하여 해결했다.

다음으로 극의 줄거리는 상좌거리, 꼭두각시거리, 평안감사거리, 이시미거리, 절거리의 순서로 소개했는데, 첫번째 상좌거리는 상좌 1이 박첨지의 딸(2명)한테 입맞춤을 하므로 상좌 2가 때리면 기절했다가 다시 소생하고, 이에 기뻐서 춤출 때 홍동지가 등장해서 상좌들을 내쫓고 박첨지의 딸들을 희롱하는 내용이어서 상좌와 홍동지 사이의 성속(聖俗)의 대립만이 아니라 파계하는 상좌와 징계하는 상좌가 대립하는

---

25) (1)은 서연호, 「꼭두각시놀이」, 열화당, 1990, 116~119쪽에 번역문이 소개되어 있고, (2)~(15)는 송석하, 「한국민속고」(일신사, 1960)에 수록되어 있다. 나머지 3편은 자료를 입수하지 못했다.

26) 이두현, 「한국가면극」, 문화재관리국, 1969, 394쪽과 「한국의 가면극」, 일지사, 1979, 312쪽, 그리고 서연호, 「꼭두각시놀이」, 열화당, 1990, 40쪽과 46쪽에서 송석하의 견해를 그대로 수용했다.

승려 계층의 내부의 갈등과 화해를 보이는 점이 다른 이본과 다르다.

다음으로 꼭두각시거리는 박첨지가 꼭두각시의 남편으로 설정되고, 그가 첩을 얻는 이유가 꼭두각시의 추한 외모 때문이라고 한 점, 꼭두각시가 처첩 갈등과 박첨지의 불공정한 재산 분배에 불만을 품고 금강산의 여승방에 비구니가 되어 떠난 뒤 박첨지가 방자한 첩을 미워하게 되고, 동민의 권고를 받아들여 첩과의 관계를 끊고 본처를 불러들이는 점 등이 특이하다.27)

평안감사거리는 평안감사가 꿩사냥을 하다 사냥개한테 물려 죽고, 상주가 슬퍼하기는커녕 조문객의 장타령에 맞춰 어깨춤을 추므로, 사람들이 욕을 하고 흉을 보는 점에서 평안 감사와 홍동지 사이의 신분 갈등보다 평안감사와 상주(감사의 아들) 사이의 부자 갈등이 희화적으로 표출되고 비판의 대상이 된다.28)

이시미거리는 박첨지의 딸과 가족들이 이시미의 먹이가 되고, 박첨지도 위기에 빠졌다가 살아난 뒤에 홍동지가 이같은 이야기를 듣고서 이시미를 퇴치하는 식으로 사건이 전개되어, 박첨지가 이시미에게 잡아먹히려는 위기 상황에서 홍동지를 불러 생명을 건지는 다른 이본과 다소 차이를 보인다.

끝으로 절거리에 대해선 사냥개한테 물려죽은 평안감사나 이시미한테 잡혀먹힌 박첨지의 딸처럼 한을 품고 죽은 영혼을 위하여 불당을 건축하기로 하고, 소승 둘이 부처님의 대자대비하심에 기원하여 절을 짓는 데 성공한다고 기술하여, 절의 건립이 해원불사(解寃佛事)임을 분명히 밝히고 있다.

이와 같이 꼭두각시놀음에 관해 간략하게나마 개관함으로써 그 이후 김재철의 「조선연극사」(1933)를 비롯하여 한국인형극에 관해 논의할 수 있는 단초를 마련하였으며, 비록 「조선연극사」처럼 대본을 채록하여 남기지 못한 아쉬움은 있지만, 다른 이본과 비교해서 여러 면에서 상이

---

27) 김재철은 「조선연극사」에선 꼭두각시의 남편은 표생원(表生員)이고, 박첨지는 재산 분배를 판결해주는 구장으로 설정되며, 꼭두각시의 가출 장면으로 끝난다.
28) 김재철의 「조선연극사」에선 평안감사의 어머니가 죽고, 따라서 평안감사가 상주가 된다.

한 내용의 또다른 이본이 존재했음을 알려주는 점에서 연구사적 의의가 매우 크다.

(2) "조선 민속극" (1932)

집필 동기에 대해서, 자서방(자書房)에서 간행한 「국극요람(國劇要覽)」이 「일본지리풍속대계(日本地理風俗大系)」의 조선편(朝鮮篇)을 참고했다고 하면서 한국의 민속극을 ① 농군행렬(農軍行列), ② 가면극(假面劇), ③ 소흉내 거북흉내, ④ 동무(童舞), ⑤ 보름 춤놀이 등 5종을 소개하였으나 자료의 출처가 아무래도 정인섭(鄭寅燮)의 "조선의 향토무용"(《민속예술》제 1권 제 9호, 1928, 55~64쪽)과 "내 고향의 풍속습관"(《동아일보》 1927. 1. 3)로 보인다고 말하고, 그 내용이 좀더 정확하고 풍부했으면 하는 아쉬움이 있어 한국의 민속극에 대한 이해를 돕기 위하여 집필한다고 밝혔다.

그리하여 「국극요람」에서 한국의 인형극에 대한 언급이 없음을 비판하고서 ① 박첨지극(朴僉知劇), ② 망석승극(忘釋僧劇), ③ 완구인형극(玩具人形劇)을 소개하고, 가면극은 ① 산대극(山臺劇), ② 오광대(五廣大) 및 야유(野遊)로 나누어 각각 가면의 종류, 무대, 내용에 대해 개관했다.

특기할 만한 것은 꼭두각시의 어원에 대해서 '꼭두'를 일본의 'クグツ', 중국의 '곽독(郭禿)'과 결부시켜 괴뢰(傀儡)라고 본 고목(高木)의 학설을 김재철이 《동아일보》(제 3729호)에 인용한 것을 그대로 수용하고, '각시'에 대해선 "한자로 '각씨(閣氏)'라고 쓰며, '젊은 부인(婦人)'이란 뜻이며, 이는 후에 단순히 기혼녀를 지칭하게도 되고, '아씨'와 같은 뜻으로도 사용되고 있다"[29]고 하여, "조선의 인형지거(人形芝居)"(1929)에서 '박첨지(朴僉知)', '홍동지(洪同知)'의 어원만 구명하고, 꼭두각시에 대해선 '못생긴 여자' 정도로 얼버무린 한계를 극복했다.

그리고 만석중놀이[30]가 각본은 없이 망석중이 두 손으로는 가슴을,

---

29) 송석하, 「한국민속고」, 1960, 일신사, 163쪽.

두 발로는 머리를 치고, 그의 양쪽에선 사슴과 노루가 싸우고, 용과 잉어가 여의주를 상징하는 등(燈)을 다투는 인형극이라고 소개했다.

또 김재철이 《동아일보》(1931. 5월)에서 유득공의 「경도잡기(京都雜記)」에 있는 "演劇有山戲野戲　兩部屬於儺禮都監　山戲結綵下張　作獅虎曼碩僧舞　野戲扮唐女小梅舞　曼碩高麗僧名　唐女高麗時禮成江上有中國娼女來居者　小梅亦有之美女名"과 같은 기록에 대해 '작사호(作獅虎)'는 가면극을 말하며, '만석무(曼碩舞)'는 가면극에 나오는 승무(僧舞)의 일종이라 단정하고, 황진이와 지족선사(知足禪師)의 민간설화에 기인하여 망석중은 지족의 별명 '만석승(曼碩僧)'일 것이라고 주장한 데 대해 "대체로 수긍하지만 더 이상의 검토가 필요하다"고 말함으로써 '작사호만석승무(作獅虎曼碩僧舞)'를 망석중놀이로 볼 수도 있지 않겠는가 하는 반문을 은연중 제기했다. 현 시점에서 보더라도 산희는 인형극이고, 야희는 가면극으로서, 산희는 사자·호랑이·망석중이 등장하던 망석중놀이의 고형(古形)이고, 야희는 당녀(지금의 왜장녀)와 소매(지금의 애사당)가 등장하는 가면극으로 지금의 산대놀이에서 왜장녀와 애사당이 중들을 상대로 술을 팔고 어울리는 애사당놀이의 고형으로 볼 수 있기 때문에 송석하의 그같은 반문은 일리가 있는 것으로 평가된다.

산대극(山臺劇)과 오광대(五廣大)에 대한 소개는 초보적인 수준을 벗어나지 못하면서도 문헌자료와 전승자료를 연결시켜 고려 초기에 수입된 나례가 예종 때부터 연극화되기 시작해 말엽에는 산대잡극으로 불리우고, 이것이 조선에도 계승되어 세종 때에는 중국 사신에게 관람시켰으나, 인조 때 궁중 의식으로서는 폐지됨에 따라 민간사회에서 아현산대(阿峴山臺)를 성립시켰고, 그로부터 양주별산대가 파생되었다고 봄으로써 나례기원설을 제시했다.

그리고 오광대에 대해서도 낙동강이 홍수로 범람할 때 가면과 그것의 사용법이 담긴 상자가 상류에서 떠내려와 표착하였다는 유래설을 착오로 단정하고 산대극과 마찬가지로 나례 계통으로 보는 실증적인 태도를 보였다.

---

30) 만석중놀이는 사월 초파일의 여흥으로 놀았으나, 마을의 오일장(五日場) 시장에서도 공연했다고 하여, 불교적인 연극이 세속극으로 이행한 사실을 알 수 있다.

(3) "오광대소고(五廣大小考)" (1933)

경남지방의 오광대가 전승 지역에 따라 가면과 각본에 차이가 있는데, 상세한 채록본의 소개에 앞서서 계통부터 밝히겠다는 의도에서 쓰여진 송석하의 최초의 본격적인 학술 논문이다.

오광대의 유래에 대해서 현지인의 증언을 토대로 수영·동래·부산의 야유와 김해·창원·통영의 오광대가 모두 초계 율지[밤마리]의 '대광대'에서 파생된 것들이며, 이와는 별도로 의령·신반의 오광대에서 진주오광대가 분파된 것으로 추정했다.

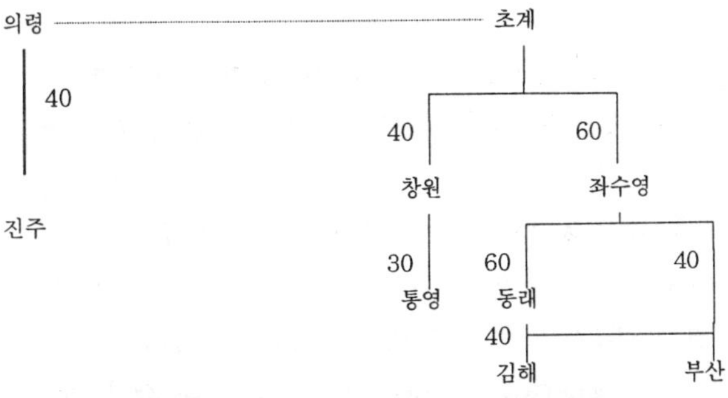

숫자는 1933년을 기준으로 한 소급 연수인데, 대체로 19세기 후반에 오광대와 야유가 성립된 것으로 보았다. 그러나 야유[들놀음]와 오광대를 동일 계통으로 본 송석하의 주장은 1980년대에 와서 정상박에 의해 비판, 수정되기에 이르렀는데, 야유는 농경의례에서, 오광대는 무속의례에서 발생했다는 이원적 계통설이 제기되었다.[31]

오광대(五廣大)의 '오(五)'는 오행사상(五行思想)에 근거하며, 진주오광대의 제 1과장과 마산오광대의 제 3과장에서 연희하는 오방신장무(五方神將舞)는 오행(五行)과 벽사관념(僻邪觀念)의 결합에 의해 형성되었으며, 이것이 극화되면서 오방색(五方色) 가면을 쓴 오양반(五兩

---

31) 정상박, 「오광대와 들놀음 연구」, 집문당, 1986, 37쪽과 87쪽 참조.

班), 오(五)문둥이가 등장하게 된 것이라고 추정했는데, 이같은 견해가 학계의 통설로 받아들여지다가 정상박이 재론하여 오방신장무과장의 형성을 무속의례와 관련지어 설명했다.32)

또 들놀음의 '들'도 연희 장소로 보았는데, 정상박은 '들'을 농경 장소로 보고, 농경의례에서 발생한 흔적이라는 반론을 제기했다.33)

다음으로 오광대와 산대의 관계에 대해선 산대가면극의 상좌무과장과 오광대의 오방신장무과장이 벽사의식무(僻邪儀式舞)인 점, 할미과장, 양반과장, 중과장이 양쪽에 다 성립되어 있으면서 주제가 동일한 점 들을 근거로 오광대는 나의(儺儀)가 연극화하는 단계에서 초기에 분파된 것으로 추정했다. 그러나 이같은 나의 기원설은 일반적으로 부인되고, 오광대를 산대도감극의 분파로 보는 관점은 이두현에 의해 계승되었다.34)

한편 양주별산대놀이가 1929년 박람회 때 흥인문(興仁門) 밖 붕어우물에서 연희되었고, 조선총독부 박물관에서 그 때의 가면을 구입했다는 증언을 남기고 있다.

오광대와 사자희(獅子戲)의 관계에 대해선 최치원의 향악잡영(鄕樂雜詠)에 나오는 산예나 북청사자놀음같은 사자희가 오광대와 마찬가지로 정월 풍속으로 연희되었기 때문에 합병된 것으로 보았다.

끝으로 오광대의 과장(科場) 종류와 내용을 다음과 같이 간추려 소개했다.

제 1 과장 : 오방신장무(진주, 마산)
제 2 과장 : 걸인(乞人;글뱅이, 글중, 노름꾼)들이 등장하여 걸식하고
　　　　　　노름한다. (포졸 또는 순사한테 잡혀가는 지방도 있다.)
제 3 과장 : 문둥광대(문둥이가 곧 걸인인 지방도 있다. 통영에선 이
　　　　　　과장 다음에 홍백가(紅白哥) 가면이 출연한다.)
제 4 과장 : 오광대, 즉 양반과 말뚝이가 출연한다.

---

32) 같은 책, 89~90쪽 참조.
33) 같은 책, 36~37쪽 참조.
34) 이두현, 「한국가면극」, 문화재관리국, 1969, 327쪽 참조.

제 5 과장 : 영감(양반)과 할멈이 서로 찾는데, 막둑이가 할멈과 통정
했다고 말한다.
제 6 과장 : (1) 남(男)소무(小巫) 2인, 여(女)소무(小巫) 4인이 등
장하여 소무끼리 연애하는데, 중이 여소무를 호린다.
(2) 영감 할멈이 상봉하여 작은 마누라 일로 영감이 할
멈을 타살한다. (첩이 분만하는 곳도 있다.) 통영에선
상주가 따로 있으나, 전원이 나와서 망자(亡者)의 영
(靈)을 위하여 오구(진오귀)굿을 한다.
제 7 과장 : 비비새가 양반을 잡아먹는다.
제 8 과장 : 사자놀음(김해, 마산, 통영).

과장의 차례와 번호는 편의상 붙였다고 한 걸로 보아 지방에 따라 차
이가 있을 수 있지만, 걸인＝노름꾼 또는 문둥이＝걸인＝노름꾼인 사실
은 걸인놀이의 존재를 확인시켜 주며, 중과장도 여느 오광대하고 판이
하게 다르다.

이상과 같이 오광대의 유래, 오광대와 산대가면극과의 관계, 오광대
와 사자희와의 관계, 오광대의 경개와 연출에 대해서 문헌자료와 전승
자료를 폭넓게 활용하면서 상당한 수준의 논의를 전개하였는데, 극의
내용에 대한 언급은 해설적 수준에 머물렀다.

(4) "조선의 연극" (1933)

신라의 연극으론 오기(五伎)와 처용무, 무검희(舞劍戱), 무애(無애)
등이 있었고, 고려의 연극으론 팔관회, 영산회(靈山會)의 연극은 불분
명하고, 고려 초에 수입된 중국 나의(儺儀)가 예종 땐 연극적 색채를
띠다가 말엽에 산대잡극(山臺雜劇)이란 가면극으로 발전했으며, 조선의
연극으론 중국 사신 관람용으로 산대극(山臺劇)이 국가적 보호를 받다
가 인조 이후 공의(公儀)가 폐지되고 민간에 그 전통을 남겼으며, 갑오
경장 이후 신문예운동이 발흥하여 연극도 의식적으로 검토하게 됐다고

한국의 연극사를 개관했는데, 고전극의 맥락을 가면극에서 찾고, 현전하는 가면극의 기원론으론 산대희기원설을 취한 점이 특기할 만하다.

이어서 정극(正劇), 가면극, 인형극 등 세 장르로 구분하여 개관했는데, 정극에 대해선 판소리와 무언무용극 한량무(閑良舞)를 비롯하여 신파극, 신극에 걸쳐 사적 전개를 개괄하고, 가면극에 대해선 산대극, 오광대, 야유를 다루었고, 인형극에 대해선 망석승극(忘釋僧劇), 완구인형극(玩具人形劇)이 있지만, 박첨지극(朴僉知劇)이 대중적이라고 보았다.

그리하여 김재철의 「조선연극사」(1933)가 체제를 제1편 가면극, 제2편 인형극, 제3편 구극과 신극으로 나누고, 판소리와 창극(唱劇)을 장르적 구분 없이 구극에 포함시킨 사실과 일맥상통한데, 양자 사이의 학문적인 영향관계는 확인할 도리가 없지만, 1930년대 초반에 한국의 고전극을 가면극과 인형극 2대 장르로 보고, 판소리와 창극은 신파극, 신극과 연계시켜 논의한 사실은 가면극과 인형극은 과거의 연극으로, 창극은 당대성을 띤 연극으로 인식했음을 의미한 것으로 보여 연극사 기술에 시사하는 바 크다.

(5) "봉산의 무용가면" (1933)

민속극의 나례기원설(儺禮起源說)을 재확인한 다음, 봉산탈춤과 산대놀이를 비교해 보면, 산대놀이엔 봉산탈춤의 남강노인과 사자가 등장하지 않고, 봉산탈춤엔 산대놀이의 연잎·눈끔적이과장(科場)과 침놀이과장이 없으며, 산대놀이는 극(劇)을 주(主)로 하고 무용을 종(從)으로 하는 데 비해, 봉산탈춤은 무용을 주로 하고 재담(才談)을 종으로 하는 차이에도 불구하고, 과장과 가면이 동일하거나 대동소이한 점에서 봉산탈춤은 산대놀이에서 파생되었다고 보았다.

그런데 부기(附記)에서 현지조사 당시에 자료를 제공해주고 협조해준 정시영(鄭時永), 이동벽(李東碧), 김경석(金景錫), 이근호(李根浩), 전무(全珷) 등에 감사했는데, 1936년 8월 31일 (음 7월 15일, 백중) 사리원의 경대산(景臺山) 아래에서 봉산탈춤을 공연했을 때 이동벽은 감독이었고, 김경석은 노승, 양반, 남강노인의 역을 맡았던 사실35)로

미루어 보건데, 신빙성 있는 제보자를 상대로 조사했음을 알 수 있다.

봉산탈춤의 발굴에 힘입어 남부의 오광대와 야유, 중부의 산대놀이, 해서의 봉산탈춤을 포괄하여 가면극이 나의(儺儀) 계통임을 명백히 할 수 있었으며, 봉산탈춤과 산대놀이의 비교를 통해 무용에서 연극으로 이행한 연극 발달의 실례를 찾았다고 봉산탈춤의 자료적 가치를 높이 평가했는데, 자료 발굴의 흥분과 감격이 자료의 채록과 연구로 이어져서, 1936년에 공연을 직접 관람하고 대본을 채록하고서 "봉산민속무용고(鳳山民俗舞踊考)"를 동아일보(1939)에 발표하고, "봉산가면극 각본"을 1940년 《문장(文章)》(제 2권 제 6호)에 게재했다.

(6) "남선가면극(南鮮假面劇)의 부흥 기운"(1934)

진주의 부인위친계(婦人爲親契), 제3야학회, 각종 신문사 지국의 성의에 의해 '오광대의 희생적 상연'을 보고, 가면극은 한국 연극의 모태라고까진 말할 수 없으나, 적어도 연극 발달의 한 단계임엔 틀림없으므로 연구할 필요가 있다고 역설했다.

그리고 가면극의 분류는 지리적 관점에서 경기지방을 중심으로 한 산대도감놀이, 봉산을 중심으로 한 관서의 탈춤, 경남의 해안지방을 중심으로 한 오광대극(동래, 부산의 야유 포함)으로 삼분할 수 있는데, 계통상으로는 모두 구나의(驅儺儀)에서 발생했으며, 연극화하는 과정에서 오광대는 초기에, 해서의 탈춤은 후기에 분파되었다고 보았다.

그리고 오광대는 오행사상(五行思想)을 수용하여 명칭조차 오광대(五廣大)가 됐다고 말하고, 그 중의 하나인 진주오광대의 줄거리를 소개했다.

정초부터 지신밟기를 하여 자금을 모집하고, 모자라면 유지의 기부를 받아 정월 보름 저녁에 연출하는데, 수정산(水晶山) 위에 달이

---

35) 김홍규, 봉산탈춤 1936년 채록본에 대하여, 「한국어문론총」, 계명대학교출판부, 1983, 501~502쪽 참조.

솟고 달집에 불이 붙기 시작하면, 징과 꽹맥이 소리에 군중이 소박한 무용에 가담하고, 그들의 호흡이 완전히 통일되면 가면극을 연출한다.

제1과장은 오방신장무이고, 제2과장은 다섯 문둥이들이 춤을 춘 뒤 노름을 할 때 무시르미가 개평을 달라고 떼를 쓰다가 순사(포졸)한테 잡혀간다.

제3과장은 막둑이가 문둥이들을 내쫓으면, 생원님, 할미, 차생원(次生員), 옹생원이 차례로 입장하여 재담을 주고받는데, 막득이가 양반에게 모욕을 준다.

제4과장은 소무 6명, 노장, 상좌가 등장한다. 남(男)소무(小巫)) 2명과 여(女)소무(小巫) 4명이 연애하면 노장이 여소무를 호린다. 생원과 할미광대가 서로 찾다가 만나 다투다가 생원이 막둑이한테 여소무 넷(영양공주, 난양공주, 진채봉, 계섬월)을 데려오라 하지만, 노장이 업어간 사실을 안다. 생원이 막득이한테 시켜 노장을 잡아들이게 하면 노장이 여소무 2명을 반환하는데, 처첩 사이에 갈등이 생겨 생원이 할미를 죽인다. 옹생원이 독경하고, 차생원이 침을 놓아도 효험이 없고, 전원이 오구굿을 하면 소생하여 한바탕 춤을 춘다.

이러한 내용은 박용근(朴龍根)의 구술(口述)에 의거하여 조사한 것인데, 정인섭(鄭寅燮)이 1928년 8월 14일 말둑이의 역을 담당하던 강석진(姜錫珍)을 상대로 조사한 진주오광대탈놀음[36]은 7경(景)으로 구분되어 있다. 그런데 강석진 구술본의 2·3·4·5경은 박용근 구술본의 제3과장에 해당되며, 강석진 구술본의 제 7경은 양반광대, 옹생원, 차생원은 팔선녀와 춤추고, 성진이는 상좌 하나를 데리고 따로 춤추다가, 할미광대가 등장한 이후엔 말뚝이가 샌님 찾으러 다닌 얘기를 양반광대한테 길게 늘어놓고, 그 틈을 타서 중은 팔선녀를 훔쳐 달아나는 내용이어서 박용근 구술본의 제4과장과 다소 차이가 있다. 그럼에도 불구하고 중과장과 양반과장과 영감할미과장이 결합되어 중(불교)과 양반(유교) 사이의 갈등을 표출시키는 점은 가산오광대와 일치한다.

이처럼 송석하는 정인섭의 채록본보다 과장의 구분을 보다 합리적으

---

36) 《조선민속》 제 1호 (1933. 1. 18)에 수록되어 있다.

로 했으며, 새로운 이본을 하나 더 추가시켜 진주오광대에 대한 본격적인 연구의 가능성을 열어놓았다. 다만 그 동안 학계에서 전승되고 있는 가면극에만 연구가 집중된 나머지 진주오광대에 대해 활발한 논의가 이루어지지 못한 게 아쉬울 따름이다.

한편 송석하는 진주오광대를 비롯한 가면극의 특징을 사상적인 측면에선 ① 특수 계급에 대한 반감, ② 파계 승려의 모욕, ③ 다각 연애의 갈등, ④ 여자 심리의 해부로 보았고, 민속학적 측면에선 ① 의식(儀式)에서 연극으로 변천한 자취, ② 샤머니즘이 민중에 뿌리 박힌 자취, ③ 음양 이원론의 취급 방법 등을 들고, 예술적인 측면에선 ① 무용에서 연극으로 발달한 상태, ② 한국문예의 외래문예 영향보다 가면극의 외래문예 영향이 그 폐해에 있어서 적은 것 등으로 보았다.

그리하여 가면극의 가치를 과대평가하는 걸 경계하면서도 우리 문화의 연구에 상당한 도움이 되리라는 믿음을 가졌었다. 그리고 서양의 근대극에서도 가면이 사용되는 예를 들어 가면극을 비롯한 민속예술을 부흥시켜 민중의 예술로 해야 한다고 역설하면서도 다음과 같은 조건을 제시하였다.

① 민속극의 외설적인 대사와 연기—양물(陽物) 노출, 계간(鷄姦), 성과 관련된 욕설—는 피하는 게 좋다.
② 오입장이만을 상대로 하거나 희극 일변도인 내용을 시정해야 한다.
③ 연중행사로 1회만 하지 말고 민속 야외극으로 발전시켜 수시로 그리고 가급적 무료로 공연하자.
④ 민속예술의 순박성을 지키고, 직업적인 연극으로 퇴보시키지 말아야 한다.

이상과 같이 송석하는 진주오광대의 공연을 계기로 시대의 변화에 발맞추어 민속극을 개조하여 현대적인 민중오락으로 만들 것을 주창하여 학문연구자보다는 문화운동가로서의 면모를 보였다.

(7) "동래야유 대사" (1934)

박길문(朴吉文)의 알선으로 입수한 순국문 필사본을 정리하여 소개했는데, 비록 양반과장에만 국한되었지만, 천재동 채록본37)과 대비해 볼 때 글자 몇 자 틀리는 정도로 동일한 점에서 자료적 가치가 크다. 또 양반과장만 기록된 걸 보면, 전승 면에서 양반과장은 비교적 고정적이고 다른 과장은 가변성이 심했으리란 추정38)을 뒷받침한다.

(8) "사리원 민속무용에 취하여" (1934)

사리원에서 봉산탈춤을 1934년 단오날에 공연했는데, 애초엔 경성대(京城大)·방송국·신문사·조선민속학회에서 채록 또는 참관할 예정이었으나 경성대의 ○○○(赤松智城)·아끼바(秋葉隆) 교수와 학회만이 참관하게 되었다고 하는 것으로 봐 방송국·신문사 측에서 총독부의 압력에 의해선지 계획의 변경이 있었던 성 싶다.

봉산탈춤은 경의선(京義線) 개통 이후 옛 봉산읍에서 사리원으로 공연 장소를 옮겼는데, 사리원역 앞의 경악산(景岳山) 아래에서 낮에는 그네뛰기와 씨름대회를 개최하고, 탈춤은 밤에 놀았다.

봉산탈춤은 연중행사로만이 아니라 동월(董越)의 조선부(朝鮮賦)에 기록된 황주(黃州)의 경우와 마찬가지로 중국 사신을 영접할 때도 연출하였으나, 사리원으로 옮겨온 이후엔 음식업자가 2층 다락을 만들어 음식을 팔았고, 조명도 모닥불 대신 전등불을 켜는 식으로 흥행화, 근대화되고 있었다.

과장의 순서에 따라 내용을 개관하여 소개했는데, 과장의 구분법과 순서가 현재의 봉산탈춤과 약간 다르다. 곧 제1과장 사상좌무, 제2과장 팔먹중춤, 제3과장 사자무, 제4과장 파계승, 제5과장 신장수와 원숭이, 제6과장 삼형제 및 말둑이, 제7과장 영감과 할미, 제8과장 남강노인의

---

37) 천재동, 동래야유 연희본,《창작과 비평》, 1934년, 여름호, 1974.
38) 정상박,「오광대와 들놀음 연구」, 집문당, 1986, 234~235쪽 참조.

순서로 소개되었는 바, 사자무과장을 양반과장의 앞이 아니라 파계승과
장의 앞에서 놀았고, 취발이의 등장이 없었으며, 제6과장은 "장형(長兄)
의 소무에 대한 연정 간절한 바 있음에 따라 말둑이의 이에 대한 건방
진 태도가 적당히 있고 최후에 포도부장이 입장하여 장형을 축출하고
같이 춤을 춘다."고 하여 양반과장에 소무와 포도부장이 등장한 사실이
현재 남한에서 전승되고 있는 봉산탈춤과 다르다.[39]
　한편 제7과장과 제8과장은 시간관계로 당시에 연행되지 못했다고 한
다.

(9) "민속극 동래야유" (1935)

　동래야유가 유영준, 곽상훈, 허영호 등 실업계, 사상계, 학계의 인물
들에 의해 부활되었지만 공연에는 참관하지 못하고, 신문 지상에 소개
한 건데, 공연장소에 "공중에 제등 28개를 다는 것은 28수(宿)에서 취
의(取意)한 것이 아닌가?"고 추정했는데, 이같은 견해는 정상박에 계승
되어 등을 달기 위한 긴 장대를 천신(天神)을 강신시키는 신간(神竿)으
로 보기에 이르렀다.[40]

(10) "처용무·나례·산대극의 관계를 논함" (1935)

　가면극과 가면무용의 관계를 논하는 것을 목적으로 하여 쓴 논문이
다.
　처용무와 산대가면극이 동체이칭(同體異稱)이라는 견해에 승복할 수
없다고 단언하고, 「삼국유사」의 "처용랑 망해사"조와 「악학궤범」의
"학·연화대·처용무 합설"과 안확의 "산대희와 처용무와 나례(儺禮)"

---

39) 김일출, 「조선민속탈놀이연구」(1958)에 수록된 봉산탈춤의 대본에도 포도부장
　　과장이 있으나, 1936년 백중날에 공연되고 그 이튿날 송석하·임석재·오청
　　(吳晴)이 공동으로 채록한 대본에는 포도부장이 등장하지 않는 걸로 보아, 봉
　　산탈춤에서 포도부장과장이 일찍부터 전승의 불안정성을 보였던 것 같다.
40) 정상박, 앞의 책, 59쪽 참조.

(《조선》 제201호)를 대조한 다음, 처용무가 구나의(驅儺儀)에서 발달하여 산대도감이라는 별명을 가졌다는 안확의 견해를 비판하고, 처용무가 나의와 동일한 관념인 것은 긍정하나 처용무와 산대도감놀음이 동종이명(同種異名)이라는 주장에는 승복할 수 없다고 했다. 다시 말해서 안확이 이색의 "구나행(驅儺行)"에 근거해서 산대극과 처용무가 동일하다고 본 데 반해서 송석하는 구나를 근원으로 하면서도 전혀 별개로 발달한 다른 종류라고 본 것이다.

그런데 이러한 견해 차이는 근본적으로 처용무의 형성에 대해 안확이 외래기원설을, 송석하가 토착기원설을 취한 데 말미암는다. 그럼에도 불구하고 처용무가 고려시대의 궁중 나의에 삽입되었고, 조선 초기에 구나에 이어 학·연화대·처용무 합설이 연행된 사실은 신라의 처용무가 당시에 유행하던 외래적인 가무백희(歌舞百戲)와 결합되면서 고려 전기(1040년 이전)에 수입된 중국 궁중의 나의에 접속되었음을 의미한다고 볼 수 있는데41), 이에 대한 보다 본격적이고 심층적인 고찰이 요망된다.

궁중의 처용무와 현대의 산대극을 비교하여 유사점과 상이점을 통해서 양자 사이의 관계를 고찰하려고 시도한 바 다음과 같은 몇 가지 사실들을 지적했다.

① 처용무의 벽사진경의 관념이 봉산탈춤의 사상좌무와 오광대의 오방신장무에도 들어 있다.
② 음악과 가요 면에선 공통점이 전연 없다.
③ 춤사위의 유사성을 찾을 수 없다.
④ 가면의 형태와 제작법이 다르다.
⑤ 문헌의 기록을 검토하여, 초기의 산대잡극은 독립적인 잡희를 총괄해서 지칭한 것으로 나례(儺禮)와 동일하게 사용되었는데, 조선 정조 이후엔 산대극이 연극화된 현재의 가면극의 명칭이 되었다.

---

41) 이두현, 「한국가면극」, 118쪽 참조.

이상과 같은 지적은 정확하고 타당성을 지니는데, 다만 산대(山臺)는 '산(山) 모양의 채붕(綵棚)'을 의미하는 걸 오해하여 '산록(山麓)인 대지(臺地)에 붕(棚)을 설(設)하고 채막(綵幕)을 에워싼 것'으로 해석한 것은 옥의 티가 된다.

그러나 고려와 조선의 산대도감(나례도감)에서 연행한 산대잡극과 현전하는 가면극을 지칭하는 산대극을 구분함으로써 용어상의 혼동을 해결했는데, 이 점은 조원경42)에 의해 거듭 정리가 되었으며, 이두현에 의해 산대잡극과 산대도감계통극의 관계43)로 재정립되었다.

결론적으로 말해서 고대와 관계를 가진 문화과학의 연구, 특히 사적(史的)인 연구에는 문헌에 의한 고증학적 방법과 민간전승에 의한 민속학적 방법을 병행시키는 것이 이상적임을 역설하고, 안확이 문헌의 검토를 엄밀히 하지 않고 민속학적 실제 사실을 무시한 채 처용무가 나례의 일부분이었으며 잡기(雜技)를 포함한 가무백희인 산대잡극과 현대의 가면극이 다른 사실들을 간과하고서 나례와 처용무와 산대극을 동일시한 것을 비판하고, 다만 처용무와 나례가 벽사진경 관념이 일치하고 나례가 산대극의 발생 동기가 된 사실만을 인정하여 탈놀이의 나례기원설을 주장한 것이다.

(11) "광대(廣大)란 무슨 뜻인가?" (1936)

함흥의 운청생(雲晴生)이 《조광(朝光)》의 '조선문화 문답실'을 통해 질문한 데 대해 대답하는 형식으로 쓰여진 글인데, 문헌고증학의 한계를 극복하기 위해 연극학적, 민속학적, 언어학적 접근법을 사용했다.

「고려사(高麗史)」(제124권) '전영보전(全英甫傳)'의 "나랏말에 가면을 쓰고 놀이를 하는 사람을 광대라고 한다(國語假面爲戱者謂之廣大)."라는 기록과 「훈몽자회」에서 "傀 광대 괴, 儡 광대 뢰, 傀儡假面戱 俗乎 鬼검兒"라고 말한 사실을 통해 광대가 탈꾼의 뜻으로 쓰이다가 탈춤과 인형

---

42) 조원경(趙元庚), 나례(儺禮)와 가면무극(假面舞劇), 《학림(學林)》 제4집, 1955.
43) 이두현, 「한국가면극」, 135쪽 참조.

극을 혼동하게 됨에 따라 예능인 전반을 총칭하는 말로 바뀐 것으로 보았다.

그러나 함경도, 평안도, 경기도에서 '외취(외取)(낯에 환칠하는 것)'를 "낯에 광대칠한다"고 말하고, 덕물산의 가면을 ○○광대(廣大), 안동하회의 가면을 ○○광대, 오광대가면을 광대라고 부르고, 또 관골을 '광대뼈'라고 하는 것으로 보아, 광대는 안면(顔面)의 전부 또는 일부를 가리키는 옛말이던 것이 가면을 가리키고, 가면을 쓰고 연극을 하는 사람을 가리키는 식으로 의미 변화를 일으킨 것이 아닌가 추정했는데, 이같은 탁견은 광대의 어원을 고유어에서 찾는 주장으로 최상수[44]와 양주동[45]이 계승했고, 이능화, 각전일랑(角田一郎)의 한어설(漢語說)과 대립된다.[46]

(12) "신라의 산예와 북청사자" (1936)

신라의 산예와 북청사자(北靑獅子)놀음에 대해 홍미를 느끼는 것은 단순한 호기심이나 지방의 기속(奇俗)의 발굴이 아니라 일본 사자춤이 한국 계통임을 입증하기 위해서라고 학문적 관심을 가지게 된 이유를 밝히고, 신라의 산예와 그 계통 및 북청사자의 민속학적 요소, 그리고 산예와 북청사자의 관계를 구명하여 문헌 자료와 전승 자료를 연관시켜 문헌학적 연구의 한계를 극복하려 했다.

먼저 최치원의 향악잡영(鄕樂雜詠)에 들어 있는 산예에 대해서 첫째로 실제의 사자냐? 제작한 사자냐? 둘째로 사자춤이냐? 사자 곡예냐? 셋째로 신라 고유의 것이냐? 외국에서 수입된 것이냐의 세 가지 의문점을 제기한 뒤 수당(隋唐)을 경유해서 전래된 서역의 사자탈춤으로 벽사사상(僻邪思想)이 포함되었다는 결론을 내렸다.

다음으로 북청사자의 민속학적 요소에 대해선 통영오광대와 수영들놀음의 사자엔 벽사진경의 사상이 보존되어 있으면서 놀이화되었고, 봉산

<hr>

44) 최상수, 광대어원고(廣大語源考), 《한국일보》 1958. 5. 12.
45) 양주동, 「여요전주(麗謠箋注)」, 을유문화사, 1948, 256쪽.
46) 이두현, 앞의 책, 43쪽 참조.

탈춤은 본연의 의미가 망각된 채 무용으로만 잔존하고 있는 데 비해 북청사자놀음이 벽사진경의 사상을 가장 농후하게 함축하고 있다고 보고, 북청군 일대의 사자놀음 중에서 대표적인 토성리(土城里)의 사례를 소상하게 보고하였다. 그러나 정월 초하루의 고제단지(故祭壇趾)와 도가(都家)에서 삼신(三神) 곧 성황신(城隍神)과 두진대역지신(痘疹大疫之神)과 사산지신(司橃之神)과 아울러 맹수와 독충에게 죽임을 당한 귀신, 위급하여 목매어 죽은 귀신, 담장이나 가옥이 무너져 압사한 귀신, 추락하여 죽은 귀신, 몰락하여 자손이 끊긴 귀신, 난산(難産)하다 죽은 귀신, 지진으로 죽은 귀신, 전쟁에서 죽은 귀신, 홍수나 화재나 도적을 만나 죽은 귀신, 남에게 재물을 빼앗기고 죽은 귀신, 남에게 처첩을 빼앗기고 죽은 귀신, 형벌을 받아 죽은 귀신, 천재지변과 질병으로 죽은 귀신 등 열 다섯 원귀들에게 지낸 유교식 동제(洞祭)와 보름날의 관원(官員)놀음과 사자놀음에 대한 본격적인 연구가 그 동안 실시되지 못한 실정이다.

끝으로 신라의 산예와 북청사자와의 관계에 대해선 공통점으로 조형미술의 면에서 "모의파진착진애(毛衣破盡着塵埃)"와 실로 짜서 만든 모의(毛衣)가 동일하지만, 관념(벽사진경)과 무용의 측면은 동일성이 불확실하고, 계통 면에서도 산예는 서역계이지만, 북청사자춤은 불확실하다고 보아, 신중한 자세를 보였다.

그리고 일본 사자춤의 기원설을 검토하여 크게 서역기원설과 토착기원설—일본 고유의 녹무(鹿舞) 또는 저무(猪舞)와 사자무의 습합설—로 나누고, 전체적인 결론으로 신라의 산예가 북청의 사자춤으로 변천했고, 일본의 사자춤도 한국을 경유해서 전래된 것으로 보았는데, 이같은 견해는 지금까지 통설로 받아들여지고 있다. 다만 탈의 제작법, 춤사위, 음악, 관념 등에 걸쳐 한국의 사자춤과 일본의 사자춤이 본격적으로 비교 연구되지 못한 점이 지금껏 과제로 남아 있다.

(13) "가면이란 무엇인가?" (1936)

이 글도 《조광》의 '조선문화 문답실'을 통해 경주의 진면학도(眞面學徒)가 질문한 데 대해 대답한 것이다.

먼저 가면의 일반적 분류를 소개하여 ① 벽사가면(Demon mask, Devil mask), ② 의술가면(Medicine mask), ③ 토템가면(Totem mask), ④ 수렵가면(Hunting mask), ⑤ 추억가면(Memorial mask), ⑥ 두개가면(頭蓋假面)(Skull mask), ⑦ 영혼가면(Spiritual mask), ⑧ 전쟁가면(War mask), ⑨ 입사가면(入社假面)(Initiation mask), ⑩ 기우가면(祈雨假面)(Rain making mask), ⑪ 연극가면(Play mask), ⑫ 무용가면(Dance mask), ⑬ 사육가면(謝肉假面)(Canival mask) 등 13가지를 제시하고, 한국 가면을 여러가지 기준에 의해 분류를 시도했는데, 관념에 의해서 연극가면, 무용가면, 벽사가면(신앙가면)으로, 재료에 의해서 목재가면, 포제가면(瓠製假面), 후지가면(厚紙假面), 박지가면(薄紙假面)으로, 채색에 의해서 유색가면(有色假面)과 소가면(素假面)으로, 사용하는 편의(便宜)면에서 무대가면(無袋假面)(탈보 없는 것)과 유대가면(有袋假面)—반대(半袋)와 전대(全袋)—으로, 지리 면에서 남선가면(南鮮假面)(오광대, 야유, 하회), 중선가면(산대가면, 덕물산 무격가면), 북선가면(봉산탈춤, 북청사자놀음)으로 크게 구분하고, 표현 대상에 따라선 인간, 새(비비새), 사자, 토끼, 호랑이, 담비, 곰, 노루, 원숭이 등으로 나누었다.

특히 지역별로 개관하면서 산대놀이는 산대도감에 예속되었던 녹번리(또는 구파발) 산대놀이가 산대도감이 폐지된 후에는 아현(阿峴)(애오개본산대)으로 본거지를 옮겼다가 양주의 별산대놀이를 파생시켰으며, 오광대와 야유는 초계(草溪) 밤마리(1856년에 시작되어 1910년 화재로 가면이 소실됨)에서 발생하여 각 지역으로 전파되었는데, 그 경로와 시기는 앞에서 언급한 바와 같이 추정하였다.

이처럼 가면의 분류에 대한 관심도 지역적 분포에 집중이 되고, 그 결과 가면의 특징보다는 가면극의 발생과 전파를 구명하는 논의로 귀결시켜버리고 말았다.

그런데 가면극에 대한 접근을 가면으로부터 시작하는 연구 방법은 이두현에 의해 계승되어 「한국가면극」(1969)에서 "가면의 시원(始原)"을 서장으로 하고, 제1장에서 가면을 수렵가면, 토오템가면, 벽사가면, 의술가면, 영혼가면으로 분류하고, 제2장에서 가면과 광대와 초란이 및 꼭두와 탈의 어원을 살핀 뒤 제3장에서 제5장에 걸쳐 대체로 가면극의 문헌자료에 대한 역사적 연구와 전승 자료에 대한 민속학적 연구를 병행시켰다.

(14) "해주 강령의 가면연극무"(1939)

봉산탈춤 이외의 황해도 탈춤으로 관심을 확대시킬 필요가 있다고 보고, 지역적 분포를 크게 해변 지대(해주와 강령)와 산간 지대(황주, 봉산, 기린)로 나누었다. 그리고 황주, 기린은 이미 전승이 중단되었고, 해주, 강령, 봉산만 보존되고 있으며, 기타 지역으로 안악, 재령, 신천, 서흥에도 탈춤이 있었다고 말했는데, 현재 남한에서 복원되어 전승력을 유지하고 있는 것이 봉산·은율·강령 세 곳의 탈춤이고, 북한에선 일찌기 서흥탈놀이의 대본이 채록되었다.[47]

가면극의 관념은 일반적으로 파계승에 대한 증오, 특수 계급에 대한 반감, 삼각 연애의 갈등 등이지만, 표현 방법은 지방에 따라 상이한데, 그같은 현상은 지방의 특징에 기인하며, 그 지역차가 연극사 연구자에겐 연극의 발생 내지 변천을 구명하는 실마리를 제공한다고 보았다. 그리고 이같은 관점은 조동일에게 계승되어 농촌탈춤에서 도시탈춤으로 발전했다는 주장이 나왔다.[48] 또 박진태도 각 지역의 탈놀이를 이본관계로 보고 진화론적 관점에서 이본적 차이를 설명하려고 시도한 바 있다.[49]

---

47) 김일출, 서흥탈놀이 대본, 《문화유산》 제 4호, 평양 : 과학원 고고학 및 민속학 연구소, 1957 ; 전경욱 역주, 「민속극」, 고려대학교 민족문화연구소, 1993, 247~281쪽.
48) 조동일, 「한국가면극의 미학」, 한국일보사, 1975, 8~97쪽 참조.
49) 박진태, 「한국가면극연구」, 새문사, 85~154쪽 참조.

송석하는 구체적으로 황해도 탈춤의 지역차에 대해서 간략히 언급했는데, 산악형인 봉산탈춤과 해변형인 해주탈춤 및 강령탈춤을 비교하여, 첫째로 가면이 봉산은 색채가 강렬하고 동적인데, 이에 비해 해주·강령은 온화한 느낌이어서 정적이며, 용모도 전자는 괴위(魁偉)하고, 후자는 아담하며, 둘째로 무용 면에서 봉산은 '뒷길깨끼춤'이라 해서 활발하고 거칠지만, 해주·강령은 부드러우며, 그밖에 연기, 분장, 소도구 면에서도 상당한 차이가 있다고 지적했다.

이같은 관점은 탈춤을 지역적 분포를 기준으로 유형화하여 지역문화의 차원에서 연구할 필요성을 제기한 것인데, 서연호[50]의 일련의 작업이나, 정상박[51]이 오광대와 들놀음의 변별성을 부각시키려 한 것이나, 박진태[52]가 영남지방의 탈놀이를 낙동강을 축으로 하여 상류, 중류, 하류로 전승권을 셋으로 구분한 것이 모두 가면극의 지역적 분포와 차이에 주목한 경우들이다.

(15) "봉산가면극 각본" (1940)

"향토예술은 그 흙이 낳은, 그 환경에 가장 적합한 예술로서 장차에 건설될 문화와 예술의 모태가 된다."라는 관념에서 향토예술을 음미함은 문화인의 의무라고 말하고, 봉산탈춤의 대사를 소개했는데, 그 형성 시기에 대해서 고려 말기에 재래의 무격계(巫覡系) 무용에 중국 고대의 나의(儺儀)와 수당(隋唐)에 유입한 서역계(西域系) 건무형(健舞型)이 융합되었다고 하여 500여 년의 역사를 지닌 것으로 보았다.

과장(科場)의 구분은 제1과장 사상좌무, 제2과장 팔목승무, 제3과장 사당무(社堂舞), 제4과장 노승무, 제5과장 사자무, 제6과장 양반무, 제7과장 미얄무로 나누었는데, 뒤에 이두현[53]은 제2과장을 제1경 목중

---

50) 서연호 교수의 「산대탈놀이」(1987) 「황해도탈놀이」(1988) 「야류·오광대탈놀이」(1988) 등의 저서가 있다.
51) 정상박, 「오광대와 들놀음 연구」, 집문당, 1986.
52) 박진태·유달선 공저, 「영남지방의 동제와 탈놀이」, 태학사, 1996, 5쪽.
53) 이두현, 「한국의 가면극」, 일지사, 1979, 209~230쪽.

춤, 제2경 법고놀이로, 제4과장은 제1경 노장춤, 제2경 신장수춤, 제3경 취발이춤으로 세분하였고, 김일출54)은 이두현의 경(景)을 과장으로 독립시키고, 양반과장 다음에 포도부장과장을 첨가시키고, 미얄춤과장에서 남극노인과장을 분리시키고, 사자춤과장은 별도로 다루었다. 이같이 과장의 구분은 채록의 시기와 채록자에 따라 유동적이었다.

3. 맺음말

송석하는 연구물을 《민속학》, 《조선민속》, 《진단학보》 같은 전문적인 학술지에도 게재하였지마는, 《동아일보》, 《조광》 같은 신문이나 잡지에도 발표하였기 때문에 형식, 분량, 수준 면에서 본격적인 학술논문으로 간주하기 어려운 글들이 상당수를 차지한다.

그의 민속극 연구는 인형극으로부터 출발하여 가면극으로 이행하면서 가면극과 인형극을 민속극의 2대 장르로 정립시켰으며, 가면극은 그의 고향인 경상남도의 오광대와 야류에서 시작하여 해서탈춤으로 영역을 확장시켜 나갔다. 반면에 산대놀이, 하회별신놀이는 현지조사를 실시했음에도 불구하고 보고서나 연구논문을 남기지 않았다.

그러나 가면극의 분포를 남부의 오광대와 야류, 중부의 산대놀이, 북부의 해서탈춤과 북청사자놀음으로 구획하는 입장을 보였으며, 봉산탈춤과 강령탈춤의 지역적 차이에도 주목하여 동일 전승권 안에서도 지리적 역사적 요인에 의해 변이를 일으켰음을 지적하여, 가면극의 지역적 분포와 이본적 양상에 대해 역사지리학적 연구의 필요성을 일찌기 제기한 셈이다.

가면극의 기원에 대해선 산대잡극 기원설을 주장하여, 그 후에 계승자도 만나지만, 기악설, 농악굿설, 무굿설의 도전을 받게 되며, 홍동지, 박첨지, 광대의 어원풀이는 지금까지도 지지를 받고 있다. 한편 오광대와 야류를 동일계통으로 본 관점은 각각 무속제의와 풍요제의에 연원을 둔 것으로 극복되었다.

---

54) 김일출, 『조선민속탈놀이연구』, 평양 : 과학원출판사, 1958. 193~229쪽 참조.

  결국 송석하는 민속극 연구에서 현지조사에 의한 민속학적 연구를 근간으로 하고, 문헌 자료를 활용하는 역사적 연구도 병행시켜, 이후의 민속극 연구에 귀감이 되었다. 그렇지만 무당굿놀이까지 민속극의 범위에 포함시켜 정밀한 민속지를 작성하고 이론적으로 체계화시키며, 외국의 연구방법론과 이론을 도입하여 논의의 수준을 심화시키는 한편 다른 민족의 민속극과도 비교 연구하여 시야를 넓히는 작업은 후학들의 몫으로 남긴 셈이다.

【부록 1】 경북 김천지방의 전설

1. 김천의 지명과 특산물

1) 삼산이수(三山二水)

　금릉(金陵)은 김천의 별호인데, 달리 삼산이수(三山二水)의 고장이라고도 했다. 1949년 김천군의 김천읍이 시로 승격되고, 나머지 지역인 김천군은 별호를 따서 금릉군으로 개칭되었다.

　금릉이란 말은 옛날(314년) 중국 동진(東晋)이 건업(建業)에 도읍하여 도성을 금릉이라 한데서 유래된다. 그 뒤 여러 번 나라가 바뀌면서도 이곳에 도읍했기 때문에 고도(古都)로서 유적이 많고 경관이 아름다워 역대 시인들이 즐겨 시제에 올렸다. 그 대표적인 예가 이태백의 〈금릉의 봉황대에 올라(登金陵鳳凰台)〉라는 작품인데, 이태백은 최경(崔頸)의 〈황학루에 올라(登黃鶴樓)〉라는 시에 감복되어 이와 겨루기 위해 지었다고 한다. 그런데 이태백의 〈登金陵鳳凰台〉 가운데 "금릉(金陵)"이니 "삼산이수(三山二水)"니 "봉황대(鳳凰台)"니 "황학산(黃鶴山; 黃岳山이라고도 한다)"이니 하는 따위의 말들이 나오는 바, 김천 지방의 여러 이름들도 모두 거기에서 따온 것들이다.

　이태백의 〈登金陵鳳凰台〉를 옮겨 보면 다음과 같다.

　　鳳凰台上鳳凰遊　봉황대 위에서 봉황이 놀더니
　　鳳凰台空江自流　봉황대는 텅 비고 강물만 흐르는구나.
　　吳宮花草埋幽徑　오궁의 화초는 유경 속에 묻혔고
　　晋代衣冠成古丘　진대의 관리도 이제는 옛 묘로만 남았다.
　　三山半落青天外　삼산은 푸른 하늘밖에 반쯤 떨어졌고

二水中分白鷺洲 이수는 백로주로 인해 둘로 나뉘었다.
總爲浮雲能蔽日 모름지기 뜬구름은 능히 해를 가리우므로
長安不見使人愁 장안은 보이지 않아 서글프게 만드는구나.

　"삼산(三山)"은 중국 금릉에 있는 산으로 세 봉우리가 있어 그리 불리었으며, "이수(二水)"는 백로주 섬을 사이에 두고 두 줄기로 갈라진 진천(秦川)과 회천(淮川)을 말한다. 이 시에서 "삼산이수"를 따서 이곳 금릉에서는 자산(鷓山)·황산(凰山)·응봉산(鷹峰山)을 '삼산'이라 하고, 직지천(直指川)과 감천(甘川)을 '이수'라 하였다. 삼산은 새(鷓 : 자고새, 凰 : 봉황새 암컷, 鷹 : 매)와 연관된 이름인데, 지금은 자산(鷓山)을 '척산(尺山)'·'자산(紫山)'으로 표기하고 성내동에 있으며, 황산(凰山)은 '황산(黃山)'으로 표기하고 지좌동에 있으며, 응봉산(鷹峰山)은 '매봉산'이라 부르고 신음동에 있다.
　이러한 삼산의 비정(比定)은 조선시대에 이루어진 것으로 현대의 김천을 상징하기에는 적절치 못하다 하여, 1975년 김천시민탑을 건립하면서 자연의 경관이 침식되지 않은 황악산(黃岳山)·고성산(高城山)·금오산(金烏山)으로 범위를 넓혀 김천의 자연환경을 상징하는 삼산으로 삼기로 김천문화원에서 결정하였으나, 금릉문화원에서는 1994년 3월 16일 정기총회에서 황악산·금오산·대덕산(大德山)을 삼산으로 결정하고 시군 통합 후에는 이를 김천시의회에서 양해하는 형식으로 굳어졌다.

2) 김천의 지형

　① 김천은 서남북이 산으로 둘러싸고 감천이 흐르는 동북만이 열린 소쿠리형으로 소쿠리 안이 물건으로 차면 반드시 비워지기 때문에 이곳에서 재산을 모은 부자는 대를 잇지 못하고 당대에 타처로 떠난다고 한다.
　② 김천 북쪽에는 사모바위가 있고 남쪽에는 할미바위가 있다. 사모바위는 신랑이고 할미바위는 신부인데, 이 남녀의 혼례에서는 양천동

곧 하로(賀老)가 상방(上房)이 되고, 지좌동의 황산은 신방의 병풍이
다. 그리고 사모바위와 할미바위 중간에 가마바위(고성산에 있다는데
그 위치를 알 수 없다)가 있고, 비녀바위(고성산에 있는 촛대바위를 말
한다)가 있다. 이처럼 김천은 풍수지리적으로 혼인형(婚姻形)이기 때문
에 남녀간의 애정문제가 잦다고 한다.

3) 여산·아산·김산(余山·牙山·金山)

「여산이 망하고 아산이 되고, 아산이 망하고 김산이 되었다」는 말
이 구전되고 있다. 여산은 지금의 감문면 문무동인데, 윗마을은 상여
(上余), 아랫마을은 하여(下余)이고, 합쳐서 여산(余山)이라 한다. 구전
으로는 이곳은 옛날 문무국(文武國)의 도읍지라 한다.
아산은 지금의 아천(牙川)으로 중왕리인데, 옛날 어모국(禦侮國)의
도읍지라 한다. 즉 문무국이 망하고 어모국이 서고, 어모국이 망하고
김산이 섰다는 것이다.

4) 김천 유기(鍮器)

옛날에는 빈부를 가리지 않고 여름에는 사기그릇, 겨울에는 놋쇠그
릇 즉 유기를 사용하였다. 근래에는 스텐레스 그릇에 밀려나 자취를 감
추었다.
김천의 유기는 안성의 유기와 더불어 전국에서도 명산지로 이름이
높았는데, 그 가운데 징과 꽹과리만이 특산품으로 명맥을 잇고 있다.
김천의 유기가 번성한데는 그 까닭이 있다. 즉, 모암산의 사모바위는
신랑이고, 황금동 약물내기에 있는 바위는 할미바위라 하여 신부에 해
당한다. 이 신랑 신부의 혼례에는 지좌동에 있는 황산이 차일(遮日)이
되고 하로(賀老)는 상객이 되어 마좌산(馬佐山)의 말을 몰아 용두방축
동자상(童子床)을 차리고 약수동 술잔에 과하주(過夏酒)를 가득 부어
교배례를 지냈는지라 혼인 잔치에 쓰일 그릇이 모자란다는 것이다.

5) 과하주천(過夏酒泉)

김천시 남산동에 "과하주샘"이란 샘이 있었는데, 그 뒤편 암석에는 "금릉주천(金陵酒泉)"이라 새겨져 있다. 이 샘물로 술을 빚으면 그 술맛과 향기가 몹시 좋아서 여산(礪山·익산)·호산춘(湖山春·문경)과 더불어 김천의 과하주는 국내 3대 명주의 하나로 이름이 높았다.

다른 지방의 사람들이 이곳에 와서 술 빚는 방법을 배워가서 아무리 똑같이 빚어도 과하주와 같은 술맛이 나지 않았다고 하는데, 이는 물이 다르기 때문이라는 것이었다. 이런 이유로 과하주샘을 "주천(酒泉)"이라고도 하였다.

한편 아주 옛날에 이곳에 금이 나는 샘이 있어 "금지천(金之泉)"이라 했는데, 김천(金泉)이란 지명도 이에서 연유했다고 한다. "금지천"에서 나는 금을 해마다 나라에 공물로 바쳤는데, 해가 갈수록 공물의 양이 늘어나 주민들의 노역이 과중해져 견딜 수 없게 되자 주민들이 그 샘을 메워 없앴다고 한다.

지금의 과하주샘은 금이 나던 샘과는 다르다고 하는데, 그 위치는 알지 못한다.

2. 용암동의 전설

1) 사모바위

김천시가의 중앙에 자리한 자산의 동쪽을 일명 모암산이라고도 한다. 옛날 모암산 동남쪽 꼭대기에 사모와 흡사한 바위가 있었는데, 이것을 사모바위〔冠帽岩〕라 하였다.

조선조 초기 영남사림파의 종주(宗主) 김종직(金宗直)이 이곳 배천 마을에 살 때 김천은 문향(文鄕)으로 이름이 높았다. 그때 하로(賀老 : 陽川洞)에는 일시에 3판서 6좌랑이 났다고 할만큼 고관대작과 학자들이 많이 배출되었다. 이들 고관대작의 출입과 김종직을 찾아오는 선비들을 뒷바라지하는 김천역(金泉驛)의 역리들은 밤낮 없이 하루도 편히 지낼 날이 없어 괴롭기만 하였다. 그때 한 역리가 꿈을 꾸니 한 도승이 나타나 "괴로워 할 것 없느니라. 사모바위만 없애면 편히 지낼 수 있으리라." 하거늘 동료들에게 꿈 이야기를 했더니, 모두 그 바위를 없애자고 하여 몰래 산 아래로 굴려 떨어뜨렸다.

과연 그 이후로 이 지방에서 과거에 급제하는 사람이 나지 않았다고 한다. 하로 사람들은 원통히 여기고 산밑에 떨어진 사모바위를 마을 어귀에 옮겨 놓고, 정월이면 "하로의 옛 영화를 되찾도록 정기를 내려 주소서."하고 동제를 지냈는데, 근래까지 동제가 계속되어 왔다고 한다. 지금도 마을 어귀의 산밑에 금줄이 쳐진 채 있으며, 촛불을 켜고 소원을 빌기도 한다.

2) 모암산의 이적(異蹟)

김천시 모암동에 있는 모암산(帽岩山) 동쪽 산마루에 사모바위가 있었는데, 그 아래는 온통 암석으로 되어 있어 예전부터 신비경(神秘境)으로 여겨졌고, 아이 못 낳는 여자와 시집 못 가는 처녀들이 가서 빌었으며, 구한말까지만 해도 목욕재계하고 동제를 지냈던 곳이다.

1921년 남산공원에 일본신사(日本神社)를 지으면서 구라나리 구마쓰께(倉成熊助)란 일본인이 석재(石材)로 쓰려고 이곳의 바위를 깨뜨리다가 그날로 급사하였다. 모두가 그곳의 바위를 건드리면 해를 본다 하여 만류했지만, 그는 고집을 부려 채석을 감행하다 변을 당한 것이다. 그 전부터도 집안에서 쓰려고 그곳의 바위를 건드렸다가 작고 큰 원인모를 병으로 여러 사람이 고생했다고 한다.

구라나리가 죽은 뒤 김천의 일본인들은 그곳에 "암금수명신(岩金穗明神)"이란 일본신을 모신다 하고 신사를 지었으며, 한국의 신을 달랜다 하여 무당들을 한 자리에 불러모아 굿판을 벌이기도 하였다.

3. 남산동(南山洞)의 전설

1) 지계동

남산동에서 황금동 일부에 걸친 남산공원 뒤 서쪽 언덕빼기 일대를 '지계동'이라 부른다.

옛날 이곳은 송림이 울창한 골짜기로 개운사 있는 곳은 밤이면 호랑이가 서성대던 곳이라 한다. 장사들이 담력을 시험할 때 밤에 혼자서 지금 개운사 있는 곳까지 갔다 오는 내기를 했다고 한다.

그 산 아래에 사는 사람들 중에는 울창한 나무를 베거나 숯을 구워 지게에 지고 장에 나가 파는 일을 직업으로 하는 이가 많아서 이곳을 지계동이라 불러왔다.

4. 양금동(陽金洞)의 전설

1) 할미바위

김천에서 거창으로 가는 국도를 따라 황금동과 양천동의 경계지점, 산밑 도로변에 높이 2m 정도 꾸부러진 바위가 있다. 바위 뒤에 솟아 있는 산은 할미산 〔姑城山・高城山〕으로 이어지는데, 이 산은 김천을 지켜주는 진산(鎭山)이다. 수호신인 이 할미가 때때로 할미바위에 내려와 깃들기 때문에 이곳을 지나는 길손들은 여행 중에 만날지도 모르는 액운을 막아 달라고 절을 하고 빌었으며, 아이 못 낳는 부녀는 득남을 빌기도 하였다. 또 바위 위에 돌을 던져 없혀지면 길사를 만나고, 떨어지면 흉사를 만난다 하여 길흉을 점쳤기 때문에 바위 위에는 돌이 수북히 쌓여 있으며, 음력 정월이면 금줄이 쳐지기도 하였다.

이와는 다른 또하나의 전설이 있는데, 옛날 동방에서 남신이 날아와 모암산에 있는 사모(紗帽)바위에서 춤을 추고 노닐면, 황악산에서 여신이 할미바위에 날아와 둘이서 교합했다고 한다. 이 두 남녀신이 혼인하게 되면, 하로(賀老)는 상객방(上客房)이 되고, 감천 건너 황산은 병풍 구실을 했으며, 혼례잔치에는 하객이 많아 유기그릇을 많이 만들어 내어도 모자랐고, 아랫장터의 진어물골목(건어물골목)에는 잔치에 쓸 건어물이 모자랐다고 한다.

근래까지도 할미바위에 금줄이 쳐져 있었는데, 과거보러 가는 선비나 아이를 못 낳는 부인들이 이곳을 지날 때는 반드시 절을 하고 소원을 빌었다 한다.

2) 학사대(學士臺)

김천의 남산공원 뒤쪽 황금동에서 남산동으로 넘어가는 길 부근에 있는 개운사 앞을 '학사대'라 부른다. 이곳은 신라 학자 고운 최치원(孤雲 崔致遠)이 학문을 강론하고 소요하던 곳이라 전해지고 있다.

함양에도 학사루(學士樓)가 있는데, 『동국여지승람』에는 최치원이 함양태수로 있으면서 등림(登臨)하던 곳이라 하여 후세에 학사루를 지었다고 했는데, 경주·함양 그리고 이곳 김천에 최치원과 관계되는 학사대가 있다. 김천 학사대는 함양과 같이 최치원이 어떤 관직으로 머물렀던 것인지, 또는 지나는 길에 일시 머물며 강론했던 것인지는 알 수 없다.

3) 한옹의 묘터

한옹(韓雍)은 조선 초기 이조판서(吏曹判書)를 거쳐 좌찬성(左贊成)에 올랐다가 관직에서 물러나 하로(賀老)에서 살다가 74세로 별세하였다. 세종(世宗)이 예관을 보내어 장례식을 올릴 때 하로의 동쪽 안산(案山)에 잡은 묘지를 향하여 상여를 운구하는데, 묘자리에 이르자 난데없는 회오리바람이 세차게 일고 상여를 덮은 차일막(遮日幕)이 훨훨 날아가 동쪽 건너편 산의 안정개 남쪽 배밭골 〔梨谷〕 중허리에 떨어졌다. 하늘이 찾아준 명당이라 하여 차일막이 떨어진 곳으로 장지를 옮겨 안장했다고 한다.

4) 이여송이 단기(斷氣)한 아래고개

김천시 양천동 중리마을에서 동쪽 산너머 새마을로 넘어가는 고개가 아래고개인데, 임진왜란 때 명나라 장수 이여송(李如松)이 하로(賀老)의 지세가 너무 좋아 장차 큰 인재가 나서 중국을 괴롭힐 것을 염려하여 이 고개를 끊어 하로의 정기(精氣)를 꺾어버렸다고 한다.

5) 괘편암(掛鞭岩)과 투갑연(投甲淵)

하로(賀老)에 살던 평정공(平靖公) 이약동(李約東)이 제주목사 임기를 마치고 돌아올 때의 이야기이다. 재임 기간에 쓰던 관물(官物)인 관복이나 물건들을 정리하여 모두 관청에 두고 떠났는데, 말을 타고 나루터까지 오다가 문득 손에 쥐고 있는 말채찍이 제주도의 관물임을 깨닫고 되돌아가 그 채찍을 성벽바위에 걸어놓고 다시 떠났다.

공이 수행원들과 배를 타고 바다를 건너는데, 바다 중간쯤에 이르러 갑자기 회오리바람이 크게 일어 곧 배가 뒤집힐 지경에 이르렀다. 배에 탄 일행은 어쩔 줄을 모르는데, 공은 태연히 "우리 일행 가운데 혹시 섬 물건을 가져오는 사람이 없냐?"고 물었다. 만약 섬 물건을 가져오다가 여기서 불행한 일이라도 생기면 뒷날 섬사람들이 탐관오리라고 죽은 뒤에도 욕하지 않겠느냐고 생각했던 것이다. 한 비장이 아뢰기를, "섬에서 떠나올 때 섬사람들이 금갑옷 한 벌을 주면서 배를 타기 전에 사또님께 바치면 물리치실 것이니 배에서 내린 다음에 드리라고 하여 가져왔습니다." 하였다. 공은 웃으면서 그 정성은 고맙지만 갑옷을 바다에 던지라고 명령하였다. 곧 풍랑이 가라앉고 무사히 건너왔다.

제주도 사람들은 공의 청렴결백과 선정을 기념하여 성벽에 걸어 둔 말채찍을 그대로 걸어 두고 보존하였더니, 오래되어 썩은지라 그 자리에 채찍모양을 돌에 새기고 그 바위를 '괘편암(掛鞭岩)'이라 부르고, 또 갑옷을 던진 바다를 '투갑연(投甲淵)'이라 이름하였다. 공의 청렴함을 기리기 위하여 제주도민은 '생사단(生祠堂)'을 지었는데, 산 사람을 위해서는 사당을 짓는 일은 좀처럼 없는 일이다.

그런데 후손이 바르게 받들지 못하고 공의 청렴결백에 오류를 끼쳤다. 숙종 원년에 부호군 이선(李選)이 제주를 순무하고 돌아와 제주 40폐단을 왕에게 보고한 가운데, 3현(金淨·金尙憲·鄭蘊)을 제사하는 서원에 제주목사 이연이 그의 조부 이약동의 위패를 사람들과 상의도 하지 않고 3현 윗자리에 배향하여 3현을 욕되게 하였다고 고했다. 왕이 철거하도록 했는데, 만약 이약동이 지하에서나마 알았다면 청렴의 정신을 이어받지 못했다고 크게 꾸지람하였을 것이다.

5. 대신동의 전설

1) 부채바위

김천시 신음동 금음(수픔·琴픔) 마을 입구에 차돌바위가 있는데, 대부분이 땅속에 묻히고 윗부분만 조금 노출되어 부채모양을 하고 있었기 때문에 부채바위라고 불렀다.

옛날 이 마을은 부촌으로 모두가 잘 살았는데, 광대가 줄타기할 때 부채로써 바람을 잡아 몸을 가누듯 금음마을도 이 부채의 바람으로 인하여 부자마을이 되었던 것이다. 그런데 이 마을에는 큰 고민거리가 하나 있었다. 다름 아니고 화적떼들이 한 달이 멀다하고 침입하여 동민을 괴롭혔던 것이다. 하루는 도사가 마을을 찾아왔기에 화적떼를 막을 방법을 물었더니, 도사는 말하기를 화적떼가 자주 드는 까닭은 부채바위 탓이라 하고 이것을 없애버리면 들지 않는다고 하였다. 마을 사람들은 도사가 시키는 대로 부채바위를 깨뜨리고 땅에 묻어버렸다. 그 뒤로는 과연 화적떼가 없어지기는 했지만, 동민은 모두 가난에 빠지고 말았다. 마을이 가난해지니 자연 화적떼가 들지 않았던 것이다.

2) 봉황대(鳳凰臺)의 건립

김항주(金恒柱)가 1776년 김산 군수로 있을 때 하루는 꿈을 꾸었더니, 봉황이 구화산 밑에서 날아가는지라 그곳이 길지라 하여 어느 건물을 헐어다가 정자를 짓고 이름을 '봉황대(鳳凰台)'라 하였다고 한다. 지금의 연화지에 있는 봉황대는 1838년에 김산군수 이능연(李能淵)이 구화산 밑에서 이곳으로 옮긴 것이다.

3) 이여송이 끊은 서낭골의 정기(精氣)

금산동 당골 뒤에 자리한 구봉산(九鳳山)에 서낭당이 있었는데, 이곳에서 6.25전까지 당골의 동제를 지냈다. 임진왜란 때 명나라 장수 이여송(李如松)이 서낭골을 바라보고 장차 큰 인물이 나서 명나라를 괴롭힐 것이라 하여 서낭골의 산맥을 끊어버렸다. 그 후로는 당골이 쇠퇴하고 구읍이 성해졌다 한다.

4) 여제만(厲祭壇)의 기자제(祈子祭)

문산못 동쪽 뒤 산마루는 떠돌이 귀신의 한을 달래는 제사를 지내던 곳인데, 이곳에서는 아들을 얻으려고도 제사를 지냈다. 아들 없는 남자가 제수를 차리고 제사 지낼 때 촛불을 끄고 "무자(無子)요."를 세 번 외우고 절을 했다 한다.

5) 앗골

아곡(衙谷)에서 온 말인데 삼락동 구화산 들어가는 긴 골짜기를 말한다.

이곳 사람이 서울에서 나그네와 만나 수인사를 하는데, "댁은 어디 사시오?" "앗골 삽니다." "앗골이 어디오?" "앗골은 계삼골, 동성골, 허대샘골…"하고 앗골에 있는 아홉 골짜기 이름을 늘어놓았다. 나그네는 앗골을 '아홉 고을'로 알아듣고, "당신 많은 고을을 살았소."라 했다 한다. '고을살이'란 '군수직 역임'을 말한다.

6. 아포읍(牙浦邑)의 전설

1) 제지(祭地)

옛날 장씨(蔣氏), 장씨(壯氏) 두 장사가 천근이 넘는 바위를 들어다 마을 복판에 놓고 돌방아를 만들어 이웃 사람까지 방아를 찧게 하였기 때문에 그 방앗간 앞에 공덕비를 세워 죽은 뒤에도 해마다 제사를 지냈다. 그래서 그 자리를 지금도 제지(祭地)라고 부른다.

2) 정록(鄭錄)골

왕세자에게 글을 가르치던 정세마라는 사람이 늙어서 관직에서 물러나 묘자리를 찾았는데, 나라에서 띄운 연이 떨어진 곳이 명당이라 하여 그곳이 구암(九岩)마을 앞 정씨의 산소가 되었다. 그리고, 지동(智洞)마을 북쪽들은 그에게 녹(祿)으로 내린 땅이라 "정록골"이라고 불렀다.

3) 길지(吉池)

제석리에 사는 길운절(吉云節)이 제주도에 건너가 역적모의 하다가 잡혀 그가 살던 집을 헐고 못을 팠다. 그때 길운절이 모의를 하면서 탄로날 것을 염려해서 모의와 고변(告變)을 두고 양다리를 걸치고 있다가 탄로 직전에 고변 쪽으로 기울어 고변했다. 고변의 공로를 인정받고 연좌죄(連坐罪)만은 면했지만, 나라에서 길운절이 살던 집을 헐고 못을 팠기 때문에 길지(吉池)라 불렀다. 이 때문에 개령현(현재의 개령면)이 폐지되기도 했다.

4) 한지(韓池)

송천 3리 대지마을은 큰못인 한지(韓池)가 있어 이것이 마을이름이 되었다. 옛날 이곳에 한판서(韓判書)의 아들 8형제가 모두 과거에 급제하여 나라 안에 명성이 높아지자 아들들이 역적모의나 할까 두려워 한판서는 자기 집을 헐고 못을 팠다 한다. 지금은 매립되어 아파트 단지가 되었다.

5) 석상(石像)

송천 3리 숭산(崇山)마을 앞 못둑에 홀(笏)을 안은 2기의 석상이 있다. 경상도 어딘가에 있는 숭산이란 곳으로 이 석상을 운반해 가다가 숭산이 아니었던 이곳을 숭산이라 하는 바람에 운반하던 인부들이 이곳에 두고 갔다 한다.

6) 앞숲

송천 3리 금계(金鷄)마을 앞에 노송나무가 우거진 1정보 가량의 숲이 있다. 이 마을은 닭이 알을 품은 형상인데, 앞이 트여 알을 깔 수 없으므로 우환이 잦다고 해서, 3백 년 전에 마을 사람들이 공동으로 땅을 사들여 숲을 만들어 알을 순조롭게 깔 수 있게 했다고 한다.

7) 삼자암(三者岩)

대성 1리 마을 앞에 넓고 편편한 바위가 있다. 옛날 개령·선산·인동 세 고을의 수령들이 이곳에 모여 강론하고 회합한 곳이라 하여 삼자암이라 하고, 성자들이 모였다 하여 마을 이름은 회성(會聖)이라 했다 한다.

7. 농소면(農所面)의 전설

1) 40호(戶)

용암 2리 대방은 옛날이나 지금이나 항상 39 가구만 산다. 옛날에는 도적이 자주 들어 이를 집단으로 막기 위해 다른 곳 이주를 서로 막았고, 사십 호가 넘으면 '사자수(四·死字數)'는 불길하다 하여 외지인의 입주를 막았다고 한다. 아마도 좁은 농토 탓으로 풀이된다.

8. 남면(南面)의 전설

1) 날개가 달린 아이

옛날 정씨 집안에 날개가 달린 아이가 났는데, 장차 장사가 되어 역모할 것이라 하여 그 아이를 바위 밑에 생매장했다 한다.

2) 바위남산

남쪽 영암산(鈴岩山)과 북쪽 금오산 꼭대기의 같은 높이에 양쪽 다 바위남산이 있다. 옛날 천지개벽이 있었을 때 온 세상이 물이 잠기고 꼭대기의 바위만큼 남았다고 한다.

3) 쇠마당

오봉 2리 우장(牛場)마을은 옛날 금오산성 군사들의 군량미를 각 지방에서 이곳까지 소로 운반하여 온 뒤 가파른 산에는 사람이 지고 올라가면서 소를 이곳에 두고 갔다 한다.

4) 시미기고개

오봉 2리에 있는 고개로 금오산성에 군량미를 운반하는 소를 잠시 쉬게 하고 풀을 뜯어먹게 한 곳이라 쇠먹이(시미기)고개라 했다 한다.

5) 봉우재(逢友峰)

봉천 2리 천동마을 뒤 비봉산(飛峰山)은 봉우재라고도 한다. 인근 마을에서 시집간 색시가 음력 3월 삼짇날이 되면 곱게 차려입고 갖은 음식을 장만하여 이 산에 올라 지난날의 동무들과 회포를 풀면서 하루를 지냈다. 이 풍습은 6.25전란 전까지 이어져 왔었는데, 엿장수 등 남자들이 오르게 되자 이 풍습은 없어졌다.

9. 개령면(開寧面)의 전설

1) 라(羅)벌들

신룡 1리 마을 동쪽에 있는 들인데, 옛날 나씨 성의 장수가 나서 국적을 잡아 그를 기리어 붙여진 이름이라 한다.

2) 취적봉(吹笛峰)

동부 1리 마을 뒤 감문산 북쪽에 솟은 취적봉은 옛날 감문국 시절에 나라에 큰 변이 일어나면 이곳에서 나팔을 불어 급변을 알려 군사를 모이게 했다 한다.

3) 내황골(內皇谷)

광천 1리 양천마을 뒤 골짜기에 내항곡이 있는데, 감문국의 내황실(內皇室)이 있었던 곳이라 한다.

4) 당고산(撞鼓山)

광천 1리 양천마을 뒷산인데, 감문국 시절에 큰일이 있으면 이곳에서

북을 쳐서 알렸다 한다.

5) 원룡장군수(元龍將軍水)와 바위배기

광천 2리 빗내(橫川)마을 남쪽에 있는 산언덕에 '원룡장군수'라는 우물이 있다. 옛날 진동(秦童)이란 총각이 밤에 여묘(廬墓)살이를 하고 있는데, 두 소년이 우물물을 마시며 하는 말이 "내일까지만 마시면 승천한다."하기에, 이튿날 진총각이 이 물을 마시고 힘센 장사가 되었다. 천하장사가 된 진총각은 마침 마을 앞을 흐르는 냇가에 다리가 없으므로 이곳에 징검다리를 놓으려고 큰 바위덩이를 메고 오다가 멜방이 끊어져서 바위가 땅에 박혔는데, 그 바위는 아무도 움직일 수가 없어서 지금도 그 자리에 박혀 있다 한다. 그후 마을 사람들은 바위가 박혀 있는 자리를 '바위배기'라 불렀다.

10. 감문면(甘文面)의 전설

1) 공개바위

감문면 금라리 마을 서쪽 봉화산 아래에 있는 공개바위는 감문국의 한 장수와 군사를 거느리고 온 외국 장수가 공개바위로 쌓기놀이를 했는데, 다섯 개를 쌓으면서 감문국 장수가 늦게 쌓자 외국 장수가 조롱했다. 이에 화가 난 감문국 장수가 바위로 외국 장수를 쳐죽여 외침을 막았다고 한다.

2) 여우우물

옛날 광덕 1리 탄동에 사는 유씨 집에 딸이 있어 서른 살이 되어도 시집을 못 가고 있었는데, 양산골에 사는 바보스런 총각과 정을 나누게 되었다. 그러나 처녀의 아버지는 바보에게는 딸을 줄 수 없다 하고 총각을 유인하여 낫으로 등을 쳐서 우물에 빠뜨려 죽였다. 그후 비만 오면 그 우물에서 여우의 울음소리가 들려서 "여우우물"이라 했다고 한다. 광덕저수지가 그 당시에는 우물이었다고 한다.

3) 탄동(炭洞) 반석(盤石)의 꿈

옛날 단천교도(端川敎導)를 지낸 해주 정씨 유공(由恭)이, 임달(林達)이 살고 있는 감문면 광덕 2리 탄동마을로 이사를 와서 이웃하여 살았다. 임달은 기운이 세고 학문이 높았으며 풍수지리 또한 능통했다. 임달이 탄동의 산세가 좋은 까닭에 명당자리를 찾아나선 어느 날 온 산을 종일토록 찾아 헤매다 지쳐서 문수봉(文修峰)에 있는 반반한 바위에 누웠다가 잠이 들었다. 꿈에 황룡과 흑룡 두 마리가 계곡에서 나오더니 흑룡은 서쪽 산봉우리로 들어가고 황룡은 동쪽에 있는 한벽정(寒碧亭) 위로 숨어들었다. 꿈을 깨고 일어나 생각하니 기이하기 짝이 없었다.

산을 내려온 임달은 유공을 찾아가 꿈 얘기를 했더니, 그는 흑룡은 임달이며 황룡은 자신을 의미한다고 말했다. 꿈대로 임달은 서쪽 봉우리 밑에 자리잡고, 정유공은 한벽정 아래에 자리를 잡았더니, 과연 두 집안이 번성하였다.

4) 왁사골

해촌 2리 완동(完洞)은 감천(甘川)의 홍수로 인근은 수침이 잦았으나 이곳은 안전하다 하여 완동으로 불려졌다 하는데, 이 마을은 왁사골이라고도 한다. 옛날 탑산(塔山) 아래에 있는 굴레고개에 주막이 있었는데, 보부상들이 숙식하면서 매일처럼 왁자지껄 떠들었기 때문에 왁사골이라 했다는 것이다.

5) 설대(舌大)

성촌마을 앞 한길 가에 옛날 설대라는 마을이 있었는데, 지금은 없어졌다. 개령 원님이 민정을 살피러 이 마을에 들렀더니, 동민들이 한결같이 능변으로 마을자랑을 늘어놓아 '설대(舌大)'라 불렀다 한다.

11. 어모면(禦侮面)의 전설

1) 오파산(五波山)

남산 1리에 있는 오파산은 성산 김씨 입향조의 명당 묘자리를 이곳에 잡았는데, 그의 아들들이 5형제로 파를 이루어 오파산으로 불렀다 한다. 지금은 구화산(九華山)이라 한다.

2) 미륵바우

군자리 하덕마을 북쪽 용강산(龍岡山)에 미륵바위가 있는데, 덕림마을에서 미륵바위가 보이면 마을이 가난에 빠진다 하고, 감문면 상군에서 보이면 이 마을의 처녀가 미친다고 하여 토성을 쌓아 보이지 않게 했다 한다.

3) 도치랑

능치 2리 도치랑은 옛날부터 옻의 명산지로 '옻칠하는 행랑' 즉 '도칠랑(塗漆廊)'에서 온 마을이름인데, 1779년 박치라는 유생이 도치랑(道治郎)으로 고쳤다 한다.

4) 짚은지이

동좌리 동리마을은 옛날에는 짚은지이(깊은지이)라 했는데, 동리의 앞들이 낮은 곳이다. 옛날 금오산에서 한 도사가 찾아와 이곳에 금붕어 천 마리가 있다 하여 아무리 찾아도 없었는데, 지금에 와서 생각해보니 두 학교(어모중학교, 어모초등학교)의 학생들을 두고 말한 것이었다 하여 기이하게 여기고 있다.

12. 봉산면(鳳山面)의 전설

1) 정승바위

옛날 봉산면 예지 2리(內立石)에 살던 광주 이씨가 한양에서 정승을 하고 있을 때 이곳에서 홀로 집을 지키며 살던 김씨 부인은 남편과 오래 떨어져 살았기에 몹시 그리워했다. 어느 날 찾아온 노승에게 쌀 한 말을 시주하면서 일찍 남편이 돌아오도록 하는 방법을 묻자, 노승은 마당 한 가운데 있는 연못을 가리키며 저 연못에 소금 석 섬을 뿌리고, 동네 입구에 불쑥 나온 바위를 깨뜨려 길을 넓히면 소원을 이룰 수 있다고 말했다. 다음날 부인은 노승이 시키는 대로 못에다 소금을 석 섬 뿌리고 마을 입구에 있는 바위를 깨버렸다.

그때까지 수양버들이 늘어진 못에서 평화롭게 놀던 세 마리의 학이 날아서 한 마리는 봉계(鳳溪) 쪽으로, 한 마리는 창촌 쪽으로 날아갔고, 또 한 마리는 어디로 날아갔는지 모른다고 하는데, 이런 일이 있은 지 사흘 후에 남편은 시체로 돌아왔고, 그 뒤로 이 마을에는 벼슬길이 끊겼다고 한다. 반면에 학이 날아간 봉계와 창촌은 차츰 번창하여 오늘날까지 많은 인물이 나오고 있다고 한다.

당시 김씨 부인이 살았던 집 일대의 전답을 "이층 논, 이층 밭"이라 부르며, 학이 놀았던 못 또한 조그맣게 남아 있으며, 정승바위도 마을 어귀에 있다. 이 마을 사람들은 이 정승을 '이극돈(李克墩)'이라 하기도 하고, 그의 형 '이극배(李克培)'라 하기도 하는데, 예로부터 이 고장의 향지(鄉誌)에는 이극배가 산 것으로 되어 있으며, 그의 며느리부터 시작해서 그의 후손들의 묘가 이곳에 있다.

2) 2층들

예지 2리 내립석 뒤에 있는 들인데, 옛날 이수공(李守恭; 大司憲의 벼슬을 했다.)이 살던 곳이라 하고, 그곳에 못이 있었다. 동냥 온 중에게 인색하게 굴고 못에 소금을 뿌리면 집안이 흥한다 하거늘 시키는 대로 하였더니 못에서 학이 날아갔다는 것이다. 그 후로 집안이 내리막길을 걸었다 한다.

3) 조신(曹伸)의 시재(詩才)

조신(曹伸)은 성종 때 시인으로 봉계 출신이다. 성종이 그를 불러 다섯 제목을 내어 시를 짓게 하고, 또 여섯 승지를 시켜 각각 어려운 운을 내게 하여 시험했으나 운에 맞추어 척척 시를 짓는지라 과연 제1인자라 칭찬했다 한다.

4) 용화사 석불

덕천 1리 용화사에 있는 석불은 길가에 방치되어 있었는데, 백란준이 불공을 드리던 중 우로(雨露)를 막아 달라는 계시를 받아 보호각을 지었다고 한다.

5) 영일 정씨 묘터

옛날에 봉산면 예지 2리 선돌마을에는 본관은 알 수 없으나 황씨들이 대성(大姓)을 이루고 살았고, 가까운 봉계에는 영일 정씨들이 집단으로 살았다.

문관 집안인 정씨 집안과 무관 측인 황씨들은 능 하나를 사이에 두고 으르렁대면서 살았는데, 어느 날 영일 정씨의 교리공 만취당(晩翠堂)의 장모가 만취당의 집에서 함께 살다가 세상을 떠났다. 때를 같이하여 황씨 집안에도 초상이 났다. 당시 이곳에서 좀 떨어진 태평사(太平寺) 뒷산의 재궁(齋宮)골은 명당으로 알려져 양측에서는 서로 이곳을 차지해 묘를 쓰려고 벼르던 참이라, 정씨 측에서 꾀를 썼다. 새벽부터 마을 뒷

산을 넘어 상여를 운구하면서 또 하나의 가짜 상여를 메고 선돌 앞을 지나가게 했다. 때마침 황씨 측에서도 출상을 하여 두 집안의 상여는 서로 앞을 가로막으며 실랑이가 벌어졌다. 이때 황씨 집안에는 천하장사인 울산이란 사람이 있었는데, 그가 나서서 한 손으로 정씨 집안의 상여를 잡고 버티자 정씨들의 가짜 상여는 얼어붙은 듯 꼼짝도 못하고 제자리에 멈춰 서자 기세가 등등해진 황씨 측의 상여는 신나게 산을 향했다.

그들이 산턱에 다다르자, 산 위에서 장례를 마친 정씨들이 "달고."하는 소리가 들렸다. 화가 난 울산이 단숨에 산 위에 올라가 장례를 마치고 세워놓은 비석을 주먹으로 내리쳐서 두 동강이를 냈기 때문에 지금도 그 비석은 반 토막만 서 있다는 것이다. 그 이후 황울산이 살던 집터—용배마을에서 고속도로를 지나가면 있는 남쪽 도로변에 있었다고 한다—는 헐어 못이 되었고, 황씨들은 그 마을에는 한 집도 남김없이 망하였다고 한다.

6) 태평재

태평 2리 재실 자리에 옛날 큰 절 태평사(太平寺)가 있었는데, 영일 정씨가 절에서 소가 우는 소리가 들리면 절이 망한다고 소문을 퍼뜨린 뒤 하루는 밤에 도포자락에 송아지를 싸안고 절 지붕에 올려놓았다. 송아지가 슬피 울어대자, 중들은 스스로 절을 떠났고, 영일 정씨는 그 절을 차지하고 재실로 삼았다고 한다.

7) 재궁골

태평 2리의 태평재(太平齋)가 있는 곳인데, 옛날 단종의 비 송씨가 폐위되고 피신하면서 이곳에 하룻밤을 머물렀다고 전한다.

8) 다락골(多樂谷)

광천 1리 추풍령 휴게소가 있는 곳은 정감록 비결에서 백년 뒤에는 뭇 사람이 모여 논다는 곳으로 예언하여 다락곡(多樂谷)이라 했는데, 과연 고속도로 휴게소가 되었다 한다.

9) 죽막(竹幕)

광천 1리 죽막은 임진왜란 때 조경방어사·정기룡·장지현 등이 이곳에 진을 치고 추풍령 전투작전을 짰던 곳이라 전해진다.

10) 분통골

옛날 봉산면 봉계 일대에는 서산 정씨들이 많이 살았다. 어느 날 집안에 초상이 났는데, 풍수의 말이 분통골에 명당이 있다고 하며 묘를 쓸 적에는 반드시 관을 11개를 묻으라고 하였다. 그래서 시체를 넣은 진짜 관을 먼저 묻고, 차례로 빈 관을 묻어 나가다 열 개째 관을 묻은 사람들은 한 개쯤 덜 묻었다고 무슨 일이 생기겠느냐 하며 마지막 한 개를 포기한 채 봉분을 만들고 말았다. 이런 일이 있은 후로 서산 정씨들은 날로 번창해져서 벼슬아치가 많이 났고, 모두 부자가 되어 잘살게 되었다.

한편 조정에서는 서산 정씨들의 세력이 날로 번창해지자 역적 모의라도 할까봐 두렵게 생각하여 정씨들이 번창하는 이유를 알아보도록 했다. 뒤로는 극락산과 앞으로는 금오산을 끼고 자리잡은 선조의 묏자리 덕이라는 얘기를 들은 왕은 당장 묘를 파도록 어명을 내렸다. 묘를 파헤쳐 관을 열어보니 빈 관이었다. 그 다음 관이 또 나와 열어 보니 역시 빈 관이 나왔고, 또 빈 관이 무려 아홉 개가 나왔다. 관아에서 나와 묘를 파헤치던 관리들은 빈 관만 거듭 나오자 지쳐서 파기를 중단하기로 하였다. 그러나 한 관리가 기왕에 팠으니 꼭 한번만 더 파보고 또다시 빈 관이 나오면 그만 두자고 우겨서 마지막으로 삽질을 하여 나온 관의 뚜껑을 열어보니 뽀얀 김과 함께 학 한 마리가 날아갔다.

이렇게 되자 서산 정씨들의 가문은 차츰 망하였다. 만일 당초에 풍수의 말대로 관을 열 한 개를 모두 묻었더라면, 끝까지 진짜 관은 보존되고 집안은 영광을 계속해 누렸을 것이다. 마지막 한 개를 묻지 않은 일을 생각하면 분통이 터질 지경이라 하여 이곳을 후세 사람들은 '분통골'로 부른다. 분통골은 봉산면 인의리(仁義里) 율수재 뒷골을 일컫는다.

13. 대항면(代項面)의 전설

1) 직지사

아도화상이 선산에 도리사를 짓고 황악산을 손가락으로 가리키면서 좋은 절터가 있다 하므로 제자들이 이곳에 절을 지어서 직지사(直指寺)라 했다 한다.

2) 직지사 금강문

옛날 떠돌이 승려가 전국을 돌아다니다가 경상남도 합천 어느 곳에 도착하였는데, 그 마을은 예로부터 대처승 마을로 촌장은 그를 보는 순간 사람 됨됨이가 예사 사람이 아니라고 여겨 사위로 삼기로 했다. 그렇지만 그는 비구승이라며 한사코 결혼하기를 반대했으나, 바랑과 승복을 빼앗고 강제로 결혼시킨 뒤 신랑 승려가 도망칠까봐 장삼과 바랑을 깊숙이 숨겨두었다.

아들을 낳고 살기를 삼 년이 지난 어느 날 아내는 장삼과 바랑이 있는 곳을 가르쳐 주었더니, 다음날 아침 부인이 눈을 떴을 때 옆자리에는 남편이 이미 없었다. 그 후 부인은 남편을 찾아 전국의 사찰을 모조리 찾아 다녔으나 헛탕이었는데, 어디선가 그와 비슷한 승려가 직지사로 갔다는 소문을 듣고 이곳에 찾아와, 그가 장계다리 아래 방앗간 집에 묵고 있음을 알고 그 집에서 기다렸다. 그러나 사흘이 지나도록 오지 않으므로 남편을 찾아 직지사로 들어가다가 일주문을 지나 지금의 금강문 자리에 이르렀을 때 갑자기 피를 토하고 죽어버렸다.

　그후 매년 부인이 죽은 날이 되면, 직지사의 승려들이 누가 부른 듯이 쫓아나가 부인이 죽은 자리에서 피를 토하고 죽어갔다. 이에 직지사에선 부인의 원귀를 위로하고자 그 옆에 사당을 짓고, 그녀의 원혼을 달래기 위해 매년 제사를 올렸다.

　어느 해 이름 있는 고승이 찾아와 사찰 안에 사당이 웬 말이냐고 나무라니, 승려들은 사당을 세우게 된 사유를 얘기했던 바, "그러면 이곳에 금강문(金剛門)을 지어 금강역사(金剛力士)로 하여금 여인의 원혼을 막도록 하라."고 하여 지금의 금강문이 세워졌다고 한다.

3) 황악산의 호랑이

　황악산 직지사 아래 마을에 장생(張生)이라는 사람이 살고 있었다. 이 사람은 오래 전부터 호랑이 잡는 일을 계속해 왔는데, 하루는 함정을 파고 덫을 놓아 큰 호랑이 한 마리를 잡았다. 그 뒤에 아들이 갑자기 고함을 지르며 땅에 넘어지더니 한참 있다가 일어나서 말하기를 "웬 사람이 나타나 내 등을 심히 매질하면서 '왜 내 말을 죽였나?'고 하더라."고 말하였다. 아들이 매 맞았다는 곳이 자꾸 헐어터지고, 그 아들은 미친 사람이 되고 말아, 장생은 그 후부터는 다시는 함정을 파서 호랑이를 잡는 일을 하지 않았다고 한다.

4) 장수바위

　대항면 복전 2리의 들 가운데 돌무지가 있다. 이 돌무지에 있는 커다란 바위에는 나막신 발자국이 선명하게 새겨져 있다. 옛날 이곳에는 승려들이 많이 다니던 길이 있었는데, 어느 날 이곳을 지나던 승려 하나가 발이 땅에 붙은 듯 꼼짝 못하고 서 있을 때 당시 충주 박씨 집안에 힘이 센 장사가 있어서 승려의 팔을 잡아당기며 힘을 주었다. 그때 박장사의 발자국이 바위에 새겨졌다고 한다.

　이곳을 '넘바우' 혹은 '장수바우'라고 부른다.

5) 매계(梅溪)의 점괘(占卦)

대항면 마암동(폐동되었음)에 매계(梅溪) 조위(曺偉)의 무덤이 있는데, 갑자사화 때 부관참시(剖棺斬屍)의 화를 입었다. 사화가 일어났을 때 매계는 사신으로 중국에서 돌아오고 있었는데, 국내 소식을 듣고 신변을 염려하여 점술가에게 점을 쳤더니, 점괘에 "千層浪裏飜身出, 馬岩山下宿三宵"라 나왔다. 앞 구절 즉 "깊은 물 속에서 헤어날 수는 있지만"의 뜻은 알았지만, "마암산 아래에서 3일간을 잠잔다."는 뒷 구절의 뜻을 몰랐다가, 뒷날 그가 병으로 죽 은 뒤 부관참시해서 시신을 무덤 밖에 사흘동안 흩으려 놓은 일이 있은 뒤에서야 마침내 그 점괘의 뜻을 알았다고 한다.

6) 세송(細松)

임진란 당시 왜군은 이여송(李如松)을 두려워 한 나머지 송자(松字)가 붙은 곳은 피한 탓으로 이곳 세송은 자연히 피난처가 되었다 한다.

14. 감천면(甘川面)의 전설

1) 배설(光平)

용호 2리 입암(立岩)과 하평(下平) 중간에 있는 들은 "개양지들"이라고도 하는데, 그 들의 동쪽은 정군뜸이고 서쪽은 돛대골이라 하여 이 일대가 배설이다. 제방 너머에서 물소리가 들리면 배 안에 물이 고여 배가 침몰했다 하는데, 과연 이곳에 있던 광평(光平)이란 마을은 폐동되고 들로 바뀌었다고 한다.

2) 의마총(義馬塚)

도평 1리 마을 옆에 말무덤이 있다. 이언의(李彦儀)가 병자호란에 창의하여 쌍령에서 전사하자 그가 탔던 말이 의관을 물고 홀로 집에 돌아와서 슬피 울면서 먹지도 않고 죽으니 이곳에 묻고 비를 세웠다.

3) 문랑과 효랑

도평 2리에 옛날 죽산 박씨 집안에 아들은 없고 두 자매가 있었다. 아버지는 조부의 묘를 권력가에게 빼앗기고 이를 찾으려다가 오히려 옥사했다. 언니 문랑이 권력가에게 빼앗긴 묘를 파헤쳤다가 창에 찔려 죽으니 동생 효랑은 단신으로 상경하여 고관들에게 호소한 끝에 마침내 피살된 언니의 시신을 검시하게 되었다. 그러나 권력가의 압력 때문에 허사로 돌아갔다. 그렇지만 검시할 때 시신이 썩지 않은 이변이 일어나 세상에 알려지게 되자 전국 유림이 일어났고, 이로 인해 모든 사실이 바로잡히고, 언니을 위해 정려(旌閭)가 세워졌다. 동생도 25세에 죽자 나라에서는 언니에게는 문랑(文娘), 동생에게는 효랑(孝娘)이라는 시명(諡名)을 내렸다.

15. 조마면(助馬面)의 전설

1) 장바우 손자욱

장암 1리 아랫장바우 들머리에 3층으로 포개진 바위가 있다. 마을 이름도 이에서 연유하는데, 옛날 어느 장사가 손으로 들어서 포개 놓으면서 손자욱(손자국)을 남겼다고 한다. 또 이곳에서 진짜 김일성이 태어났다고도 한다. 북한의 김일성은 가짜라는 뜻이다.

2) 김해 김씨 묘

강곡 1리 구곡에 옛날에 김해 김씨가 집단으로 살았는데, 하루는 시

주 온 중을 박대하자 그 중이 앙갚음으로 묘를 이장토록 해서, 김해 김
씨는 세를 잃고 마을을 떠났다고 한다.

3) 이세간(李世幹)과 의호(義虎)

신곡 3리 백화동에 사는 농서인 이세간은 효자로 유명한데, 부친의
상을 당하고 시묘(侍墓) 할 때 호랑이가 그를 감싸안아 주어 엄동설한
에 동사를 면할 수 있었다. 그후 함께 집에서 살았는데, 하루는 호랑이
가 없어졌다. 성주에서 덫에 걸린 호랑이가 있다는 소문을 듣고 가서
사람들이 해치지 못하도록 막고 구해서 돌아왔다. 이세간이 죽자 호랑
이는 음식을 먹지 않고 울면서 굶어죽어 주인의 뒤를 따랐다.
　훗날 효자를 모시는 상친사(尙親祠)를 짓고, 대문채 벽에 호랑이 화
상을 그리고, 집 뒤에는 의호비(義虎碑)를 세웠다.

4) 유천(乳泉)

신곡 3리 상친사(尙親祠) 아래에 있는 샘이다. 효자 이주룡(李周龍)
이 네 살에 어머니를 여의고 동생을 길렀는데, 배가 고파 몇 날을 울고
보채는 동생을 업고 뜰에 나가 통곡했다. 그러자 지진이 일듯 땅이 흔
들리며 뜰 아래에 샘물이 솟아나서 동생에게 그 물을 먹였더니 울음을
그치는지라 그 뒤로도 동생이 울면 그 샘물을 계속 먹여서 키웠다. 그
때부터 이 샘물을 유천(乳泉)이라 불렀다.

5) 백화동(百花洞)

신곡 3리 백화동은 아홉 집이 사는 작은 마을인데, 효자 이세간의 손
자인 이주룡 또한 효자여서 효자동으로 불려졌다. 상친사(尙親祠)를 짓
고 백 가지 화초를 심어 아름답게 가꾸자 "백화동(百花洞)"으로 불리게
되었다고 한다.

16. 구성면(龜城面)의 전설

1) 최씨담(崔氏潭)

상원리 방초정(芳草亭) 앞에 있는 못이라고도 하고, 상원리 남쪽 산 밑에 있었던 못이라고도 한다. 임진왜란 때 화순 최씨(李廷馥의 妻)가 친정(양천동)에서 시가로 오다가 왜병에게 쫓길 때 정절을 지키려고 이 못에 투신했다. 노비 석이(石伊)도 뒤를 따라 투신했는데, 석이의 비석이 근래 이 못에서 발견되었다.

2) 치마바우

하강 2리 강성마을에 옛날 박씨 집에 남녀 쌍둥이가 태어났는데, 가난에 쪼들리는 형편이어서 여자아이를 치마로 싸서 바위에 버렸다. 한 마을에 살다가 이사간 정씨가 고향에 돌아오다가 바위에 무늬가 나도록 울어대고 있는 계집아이를 데려가 길렀다. 이 여자아이가 성장하여 박씨 집 총각과 혼인을 맺었는데, 하늘이 오누이간의 혼인을 벌주어 벼락이 바위에 떨어졌다고 한다.

3) 덕대산 산성싸움

홍평 2리의 이야기로 고려말 정몽주의 문하 안동장군 이미고(李美嵩)와 진서장군(鎭西將軍) 최신(崔信)이 이성계 등극에 반대하여 관군과 충청도 미산(尾山)에서 접전했다가 패했다. 그래서 덕대산에 들어와 성을 쌓고 싸웠으나, 다시 전세가 불리해지자 성주를 거쳐 원산(元山·가야산맥)에 가서 싸우다 전사했다고 한다.

임진왜란 때에는 주민들이 이곳에 피난하여 성을 수축하고 전쟁에 대비했으나 접전은 없었다고 한다.

4) 서씨묘의 사두혈(蛇頭穴)

옛날 홍평 2리 고로실 부자 서씨 집에 머슴 사는 최씨가 부자가 되어 보고 싶어 국토봉에 풍수를 데리고 가서 명당 묘터를 잡아 놓았다. 뒤에 시주 온 중에게 주인 서씨는 박대를 하고 머슴 최씨는 후대했는데, 서씨의 박대를 못 이겨 도망 갈 방도를 물은 최씨한테 중이 묘터를 호미로 세 번 긁으라고 일러주었다. 그대로 했더니 그 묘터는 사두혈(蛇頭穴)이라 비가 왔으며, 묘터는 허물어지고 서씨는 망했다. 그리하여 최씨는 그 집을 떠나게 되었다고 한다.

5) 시묘(侍墓)골

홍평 2리 진홍에서 4㎞ 떨어진 골짜기에 경주 최씨 산소가 있다. 효성이 지극하여 이곳에서 시묘하는 동안 호랑이가 항상 보호했다고 한다.

6) 월입평전(月立平田)

성산 여씨가 임진왜란 때 뒷골에서 피난살이를 할 때 계집종 월립(月立)이 양식을 구해 오면서 굶주리는 상전을 위해 자신은 구해 온 양식을 먹지 않고 돌아오다가 이곳에서 쓰러져 죽고 말았다. 그래서 그곳을 월입평전이라고 한다.

7) 집터

미평 남쪽 산밑에 있는데 성산 여씨가 많은 노비를 거느리고 살던 곳이라 한다. 여씨가 노인을 학대하므로 도사가 도술을 써서 여씨를 멸망케 했다. 그후 영천 이씨와 은진 송씨가 들어왔는데, 송씨만이 번창했다고 한다.

8) 상원 연안 이씨 역장묘

구성면 상원 마을 뒤 매봉산 기슭에 연안 이씨 말정(末丁·연성부원군)의 묘가 아랫쪽에 있고, 그의 후손들의 묘가 윗쪽에 있어 역장(逆葬)인데, 보편적으로 기피하는 현상에 해당한다. 그 유래는 말정의 현손 이호민(李好閔)의 주장으로 역장했다는 것이다. 호민은 좌찬성을 지내고 부원군으로 봉군된 인물로 임진왜란 때 청원사(請援使)로 중국에 가서 이여송에게 원군을 청하였다. 이때 이여송이 압록강을 건널 다리를 조선의 관목(棺木)으로 놓으라고 요구하였는데, 이는 조선에 인물이 많이 나서 중국을 넘보는 것을 막기 위해 명당의 혈을 끊으려는 심산에서였다고 한다.

나라가 위난에 처한지라 조정에서는 굴총대감(掘塚大監)을 임명하고 전국의 묘를 파서 얻은 관목으로 압록강 다리를 놓았다는 것이다. 이때 매봉산 연안 이씨의 묘는 금채락처(金釵落處)의 명당이지만 역장인지라 명당에 들지 못하여 굴묘의 수난을 면할 수 있었다. 이호민의 주장은 어린 손자가 할아버지 어깨에 올라앉는 것은 사랑의 교감이지 망발이 아니라는 이유를 근거로 들었지만, 이는 어디까지나 그럴듯한 핑계였고, 굴묘의 수난을 예측한 일로 전해지고 있다.

17. 지례면(知禮面)의 전설

1) 장지도(張志道)의 제자

교 1리에서 있었던 일로 고려 충혜왕 때 장지도란 이름난 학자가 있었다. 그에겐 아들이 없었는데, 제자 중에 윤은보(尹殷保)와 서질(徐隲)이 스승을 친부모처럼 극진히 모셨다. 스승이 죽자 윤은보는 스승의 무덤 앞에서 3년간 시묘를 했는데, 어느 날 꿈자리가 이상해 집으로 돌아오니 아버지가 돌아가셨다. 장례를 마치고 제사를 올리는데, 갑자기 회오리바람이 불어와 제상 앞에 놓인 향로가 날아가버렸다. 몇 달 후

까마귀가 그 향로를 물고 와서 묘 앞에 두고 갔다. 윤은보는 아버지 때문에 스승에 대한 제자의 도리를 다하지 못해 신령이 내린 계시라 생각하고, 삭망(朔望) 때 그 향로를 스승의 묘에 가져가서 썼다고 한다.

2) 똥재

교 1리에서 성주로 넘어가는 고개는 원래 동산재〔東山峙〕 또는 동치(東峙)였다. 옛날 지례현이 경산부 산하에 있을 때 성주목사의 부름을 받고 성주로 가는 현감은 가마를 타고 갔는데, 가마꾼이 높은 재를 넘을 때는 힘이 들어 똥 쌀 지경이라 하여 똥재라 했다고 한다.

18. 부항면(釜項面)의 전설

1) 뱃들의 석문

뱃들 마을 입구에 마치 문과 같이 생긴 바위가 있다.

옛날 이곳 상두대에 권세를 가진 병사 가족이 살았는데, 이 병사가 불교를 매우 탄압하였다. 이 때 고승이 도사로 변장해 나타나 병사 가족에게 석문 바위를 깨뜨리면 가정이 번창한다고 속여 석문을 깨뜨리게 하니, 바위 속에서 붉은 피가 쏟아지고 병사 가족도 사라지고 말았다고 한다.

2) 중평

하대리 중평은 원래 뱃들〔舟坪〕인데, 마을 형상이 풍수지리설에 의하면 바다에 뜬 배와 같아서 배가 가라앉지 않도록 마을 가운데에 돛대를 세워 놓았다고 한다.

3) 성재

옛날 하대와 중평이 싸움을 일삼아 왔기에 가운데에 성을 쌓아 경계선을 만들었다고 하는데, 그 성을 성재라 한다.

4) 홍심동(紅心洞)

대야리 남쪽 골짜기에 몇 집 있었던 마을이다. 구한말 이곳에 살던 이용강(李龍岡)—경상도 관찰사를 파직당하고 이곳에 은거했다—이 저택을 짓고 살면서 부녀자를 농락하는 등 횡포를 부렸지마는, 항일독립군 김산장의군(金山杖義軍)에게는 군량미 80석을 순순히 내 놓았다고 한다.

19. 대덕면(大德面)의 전설

1) 강필수의 신당(神堂)

연화리 마을에 살던 "강필수"의 신위에게 정월 초이튿날 제를 올린다. 강필수는 총각으로 평생을 살았는데, 위풍이 당당하였다. 그래서 거만스런 사람이 말을 타고 마을 앞을 지날 때 강필수가 마주 쳐다보기만 해도 말이 제자리걸음을 했다고 한다. 마을 가운데에 있던 그 신당을 50년 전에 지금의 자리로 옮겼더니, 옮긴 사람의 가족이 몰살당하고, 지금도 제수로 쓰는 벼를 말릴 때는 새도 먹지 않는다고 한다.

마을에서는 그를 수호신으로 받들고 있는데, 6·25전란 때에도 그의 덕분으로 이 마을에는 아무 탈이 없었다 한다.

2) 장군봉

외감리 동쪽에 솟은 산이다. 임진왜란 때 조정에서 송국영 장군에게

문경 새재를 지켜 왜병을 막으라고 보냈는데, 이곳이 새재인 줄 잘못 알고 왜병을 기다렸으나 오지 않고, 서울은 이미 함락된지라, 뒤늦게 자신의 판단이 잘못된 것을 깨닫고 자결하여 이 산에 묻혔다. 그후부터 장군봉으로 불려지고 있다고 한다.

3) 큰가례골

큰가례골은 가례 앞 한들 남쪽 끝인데, 이곳에 가례마을이 있었다. 옛날 마을의 부자가 인색해서 탁발 온 중을 박대했더니, 중이 도사를 시켜 마을 앞에 있는 가마바위를 깨뜨리도록 시켰다. 석공으로 하여금 깨뜨리게 하였더니 바위 속에서 학이 날아갔다. 그후로 마을에 재앙이 끊이지 않아 지금의 마을로 옮겼다고 한다.

4) 봉곡사(鳳谷寺)의 터

조룡 2리에 봉곡사가 있다. 원래 산너머 부항면 갯절마을에 절터를 잡고 목수일을 시작하였는데, 까마귀가 자꾸만 자귀밥을 물고 산너머로 가므로 따라가 보았더니 지금의 절자리에 자귀밥을 떨구었다. 살펴보니 명당이어서 이곳으로 옮겨 봉곡사를 지었다고 한다.

5) 여성재 · 치마성 · 성재

문의리 기릿마의 남서쪽에 있는 성재(산이름)에 임진왜란 때 왜적을 막기 위해 성을 쌓았는데, 남녀노소가 일체가 되어 헌신적으로 일했다. 그 중에 어느 남매가 있어 누이동생은 돌을 나르고 오빠는 그 돌로 성을 쌓았는데, 성을 다 쌓았다는 오라비의 기별을 듣고 누이가 치마에 싼 돌을 중도에 버렸더니 커다란 돌무덤이 되었다. 그 돌무덤을 사람들은 "돌녀들"이라고 부르고, 그 성을 "여성(女城)" 또는 "치마성", "성재"라고도 부른다고 한다.

6) 관기리 앞산의 청석

대덕면 관기리 앞 화전천과 덕산천의 합류 지점에 있는 산에 옛날 서산 정씨가 묘를 쓰려고 열두 길 깊이로 땅을 팠더니 청석이 있었다. 이를 일으키니 학 한 마리가 날아가고 또 다른 한 마리가 날려고 하자 급히 청석을 덮었더니 학이 다리를 다쳤다. 그 자리에 묘를 쓴 후로 그 가문에 불구자가 많이 났다고 한다.

7) 호미금계(虎尾禁鷄)

대덕면 관기 3리 홈마을(호미)은 뒷산이 풍수지리로 호랑이 형상이라 하여 호미산(虎尾山)이라고 부른다. 산아래 마을에서 닭소리가 나면 호랑이가 새벽이 된 줄 알고 도망가게 되어 마을 운세가 쇠퇴한다 하여 이 마을에서는 예전부터 닭을 기르지 않는다고 한다.

8) 원가래 마을

조선시대에 이 마을에 중이 탁발 온 것을 욕설로 조롱하였다. 그 뒤 그 중은 이 마을의 큰 바위를 가리키며 이것을 깨뜨리면 마을에 큰 부자와 벼슬할 인물이 많이 나올 것이라 했다. 마을 사람들은 석수를 불러 그 바위를 깨뜨렸더니 그 속에서 학이 한 마리 나와 날아갔다. 그후 이 마을에는 질병과 재난이 심하여 원가래 마을은 폐동이 되고 말았다고 한다. 바위는 모양이 귀인이 타는 가마와 같다 하여 "가마바위"라고 부른다.

20. 증산면(甑山面)의 전설

1) 용바우

① 황정리 이전부락 동쪽에 있는 바위로 이곳에 전(田)씨 성을 가진 사람이 묘를 쓴 뒤 그 집안에 장사가 태어났다. 그러나 역적모의를 할까 두려워 산소의 혈을 끊었더니, 용마가 나와서 울고 갔다고 한다. 이로 인하여 이전부락을 '요암(龍岩)'이라고도 한다.

② 황정리 고무실 안골짜기에 있는 바위인데, 이 마을 금(琴)씨가 스님을 박대하자 노승이 찾아와 이 바위를 깨뜨리면 금씨 집안이 홍한다고 하였다. 시키는 대로 했더니 바위 속에서 붉은 피가 사흘동안 흘러 나왔고, 그 뒤 금씨는 망했다고 한다.

2) 고무실(鼓舞室)

황정리 고무실은 전에는 고동(鼓洞)이었는데, 정승을 지냈던 금(琴)씨가 낙향하여 살면서 항상 노래와 춤으로 세월을 보냈기 때문에 붙여진 마을 이름이라고 한다.

3) 수도암 약광전의 석불

이 석불은 거창의 부처골에서 다듬어져 이곳으로 옮겨졌다고 한다. 부처골에서 불상이 완성되어 운반하는 방법을 의논하는데, 난데없이 수염이 하얀 노승이 나타나 운반하기를 청했다. 노승은 돌로 된 불상을 등에 업고 쏜살 같이 달려갔는데, 아무도 그를 따를 수가 없었다. 노승은 고개를 넘어 수도암 입구(대적광전 자리)까지 왔을 때 그만 칡넝쿨에 걸려 넘어졌다. 노승은 화를 내고 수도산 산신을 불러놓고, "부처님을 모시고 오는데, 칡넝쿨에 걸려 넘어지게 하였으니, 앞으로 이 절 주위에는 칡이 일체 서식하지 못하게 하라."고 호령하고는 어디론지 사라져버렸다. 뒤따라오던 사람들은 어찌된 영문인지 몰라 멍하니 서로의 얼굴들만 바라보다가 누군가 먼저 "부처님의 화신(化身)이다."고 말하니, 모두들 노승이 떠난 곳을 향해 절을 하고, 이 사찰을 짓는데 아무런 어려움이 없도록 해 달라고 빌었다고 한다.

그 후로 이곳 수도암에는 모든 초목들은 서식하고 있으나, 칡은 절 주위 300m 이내에는 일절 없어졌다고 한다.

4) 수도암 나한(1)

옛날 한 사도가 공양미를 메고 거창읍에서 이곳까지 산을 넘어 오는데, 한 동자가 나타나 "수도암에 있는 사람인데, 스님께서 저에게 짐을 받아 오라 해서 왔습니다."하고 쌀가마니를 받아 어깨에 메고 나는 듯이 산을 넘어 갔다. 뒤를 따라 절에 도착해 보니, 쌀가마니는 마루에 있었고 사람은 아무도 없었다. 큰 소리로 부르자 그때서야 스님이 선실에서 나왔다. 고맙다는 인사를 했으나 영문을 모르는 스님이 연유를 되묻자 노인은 자초지종을 얘기했다. 스님이 눈을 감고 잠시 생각한 후 나한전으로 들어가 살펴보니 나한의 어깨에 지푸라기가 묻어 있지 않은가? 이렇듯 수도암은 나한의 신통력에 의한 기적이 자주 일어난다고 한다.

5) 수도암 나한(2)

수도암에 대적광전을 덮을 만큼 거대한 괴목이 법당의 기와를 상하게 해서 비가 새므로 스님들의 걱정거리가 되었다. 어느 날 노승 한 분만 절을 지키고 있었는데, 갑자기 여러 사람들의 웅성거리는 소리가 있어 선실에서 정진하다 밖을 내다보았으나 아무 기척이 없었다. 다시 참선을 계속하는데, 이번에는 크게 "영차! 영차!" 하는 소리가 나서, 노승이 방문을 열고 나가려고 하는 순간에 "쿵."하는 소리가 났다.

법당 쪽을 돌아보았더니, 이게 웬 일인가? 법당 뒤의 거목이 뿌리째 뽑혀서 법당 탑 있는 곳에 거꾸로 쳐박혀 있는 게 아닌가. 노승이 곰곰이 생각하다가 문득 떠오르는 것이 있어서 16나한을 모신 나한전에 가 보았다. 아니나 다를까 나한들의 어깨와 손에 잎새와 나무껍질이 묻어 있었던 것이다. 그 거목은 법당 쪽으로 무게가 실려서 법당을 헐지 않고는 도저히 베어낼 수 없는 것이었다. 그 후 대중스님들은 그 나무를 베어다가 화목으로 사용했으며, 밑둥치는 남아 있다가 1969년 선원(禪

院)을 지으면서 치웠다고 한다.

6) 마고실(麻姑室)

장전리 마고실은 마구실이라고도 하는데, 마고할미가 성만재에 내려와 사람을 괴롭혔다 하고, 또 천태성 마고할미가 만리장성을 쌓을 때 이곳의 돌을 치마에 싸서 날랐다고도 한다.

7) 황점(黃店)

황점은 옛날 유황을 끓여 정제하던 곳이다. 박문수 어사가 목통령을 넘다가 허기져 쓰려져 있는 것을 지나가는 한 부인이 젖을 먹여 살렸는데, 뒤에 어사가 부인을 찾아와 소원을 물었을 때 제발 유황일을 그만두게 해달라고 애원했더니, 그후 유황의 상납이 중단되었다고 한다.

【부록 2】 서평 :
이 두현(李杜鉉)의 『한국무속과 연희』

고희를 넘긴 연세임에도 불구하고, 갑년에 내놓은 『한국민속학논고』(학연사, 1984)에 이어 두 번째의 논문집으로 『한국무속과 연희』(서울대학교출판부, 1996)를 상재한 저자는 『한국신극사연구』(서울대학교출판부, 1966), 『한국가면극』(문화재관리국, 1969), 『한국연극사』(1973), 『한국민속학개설』(공저, 1974) 등과 같은 일련의 저서들을 통해 알 수 있듯이 연극사에 대한 관심이 근대극에서 전통극으로 바뀌면서 가면극의 대본을 채록하고, 그것의 유래를 설명하였다. 그리고 '현장에 나가는 데서부터 학문이 시작되고, 야첩(野帖, field note)의 축적에서 학문의 골격을 갖추게 되는 실증주의적 방법'을 기본으로 하고, 역사적 문헌과 고고학적 성과를 활용하는 역사민속학적 연구방법을 취하였다.

이같이 현지답사에 기초한 민속극 연구는 연극학과 민속학의 접점을 이룩하였으며, 필연적으로 극본에 의해 무대에서 상연되는 고전극과 구분해서 용어가 민속연희로 수정되었고, 그것의 배경이 되는 민간신앙, 민속의례, 세시풍속, 무속으로 조사와 연구의 영역을 확대시키는 결과를 가져온 바, 『한국민속학논고』에는 동제(洞祭)나 장례 및 세시풍속에 관련된 논문들을 싣고, 이번의 『한국무속과 연희』에서는 〈무속편(제1부)〉에는 내림무당과 단골무당에 대한 논문 2편과 무속지(巫俗誌) 2편을, 〈연희편(제2부)〉에는 마을굿과 장례에 관련된 연희에 대한 민속지(民俗誌)와 논문 8편을 수록하였다.

먼저 〈무속편〉을 보면, "내림무당과 쇠걸립"에서는 황해도의 만신 김금화의 무병(巫病)과 내림굿과 무구(巫具)의 무속지를 정리하고, 거울·칼·방울을 중심으로 시베리아와 동북아시아 및 동아시아의 샤머니즘 콤플렉스의 동종의 무구들과 비교함으로써 한국 무속이 이들 샤머니즘과 맥락을 같이함을 밝혔고, "단골무와 야장(冶匠)"에서는 남부의 세습무(단골무) 집안의 남자들이 악사만이 아니라 대장장이가 되어 단골판과 마찬가지로 대장판을 소유하고, 또 야장이 광대의 노릇도 한 사실을 민속자료와 문헌기록을 통하여 밝혔다. 그리고 민족지(民族誌)를 통해서는 야장과 시베리아 샤먼의 관계를 살피고, 돌궐과 몽골의 시조설화에 나타나는 무왕(巫王)과 야왕(冶王)의 모티프를 찾음으로써 한국의 야장과 시베리아 샤머니즘 및 철기문화와의 관계를 밝혔다. 또 신라의 석탈해같은 야왕이 현재의 대장장이로 신분이 격하되고, 신라의 야장신(冶匠神)인 두두리(豆豆里)가 도깨비신이라는 사실을 제주도의 도깨비 당본풀이 무가를 가지고 입증하여, 무교가 쇠퇴해 온 역사를 밝혔다. 그뿐만 아니라 일본에서 풀무의 고어인 다다라의 어원을 신라의 "두두리 [打]"에서 찾아 양국이 샤머니즘문화권 안에서 야장과 철기문화를 교류한 사실을 확인했다.

이 두 논문은 현지답사를 통한 민속지를 토대로 민족지, 역사학, 고고학, 신화학, 어원학을 원용하면서 역사민속학적 방법에 의해 부제(副題)를 통해 명시하였듯이 동북아시아 샤머니즘과 한국무속을 비교 연구하려는 원대한 구상을 보여주었다.

다음으로 〈연희편〉을 보면, "전남 영암의 무속"은 단골무당의 넋굿(씻김굿)에 대해, "황해도 평산소놀이굿"은 양주소놀이굿과 이본관계인 내림무당의 소놀이굿에 대해 참여 관찰하거나 무녀의 구술을 기록한 민속지인데, 이러한 일련의 작업은 한강 이남의 세습무를 남방계의 비샤먼계로 보지 않고, 북방계의 강신무가 분화 변천된 것으로 보는 관점 위에서 이루어진 것이다.

그리고 "장례와 연희고(演戲考)", "경기도당굿의 연희적 측면", "영광농악 잡색놀이", "중국 화남지방의 나희답사기", "한국축제의 향방" 등은 굿(의식)에서 놀이(연희)로 이행해온 연극사적 사실과 관련된 민속지들이고, "한국의 전통목우(傳統木偶)", "무애희(無㝵戲)와 공야염불(空也念佛)", "연극의 한일 교류"는 비교적 관점에서 영향관계를 고찰했다.

결국 『한국신극사연구』(1966)와 『한국가면극』(1969)을 통합하

여 『한국연극사』(1973)를 기술하고, 가면극에 대한 연구를 계기로
국문학자·연극학자에서 민속학자로 변신하여 민속공연예술의 민속지를
작성하고, 문헌과 고고학적 자료를 활용하는 역사민속학적 연구방법을
일관되게 고수해온 저자는 실증주의 민속학의 전범(典範)을 보여주었다
고 해도 과언이 아니며, 이에 따라 민속지의 작성이나 민속이 고대문화
의 잔존물인 사실을 확인하는 단계를 뛰어넘어 분석과 해석을 통해 일
반화하고 이론화하는 작업은 미흡한 감이 없지 않다. 또 무속과 연희의
발생론적 관계를 구명하기 위해서는 무속의례에 대한 집중적이고 체계
적인 연구가 필요한데, 물질문화 중심으로 연구함으로써 연구방향의 산
만성을 초래하기도 했다. 그럼에도 불구하고 동북아시아의 샤머니즘문
화권 속에서 한·중·일의 무속과 연희를 통합적으로 연구하고 상호 비
교해야 할 과제와 방향을 실천적으로 제시한 역저이며, 세계화 시대에
한국문화의 보편성과 특수성을 제대로 이해시켜 줄 길잡이로 평가할 수
있을 것이다. (1996년 5월 31일자 서울대학교 《대학신문》에 게재한
서평문을 일부 보완했다.)

박진태(朴鎭泰)

이 책을 쓴 박진태 교수는 1948년에 출생하여 1968년에 서울대학교 사범대학 국어교육학과에 입학하여 연극사학자이면서 민속학자인 이두현(李杜鉉)박사(서울대학교 명예교수)의 가르침을 받았고, 고려대학교 대학원 국어국문학과(박사과정 수료)에서 인권환(印權煥) 교수의 지도 아래 1988년에 「하회별신굿탈놀이의 형성과 구조 연구」로 문학박사 학위를 취득하였는데, 1981년부터 대구대학교 사범대학 국어교육과 전임강사, 조교수, 부교수를 거쳐 현재 교수로 재직하고 있다.

그리고   민속학회·비교민속학회·역사민속학회·한국문화인류학회와 같은 민속학·인류학 관련 학회 및 국어국문학회·한국어문학회·한국고전문학회·판소리학회·한국구비문학회·우리말글학회·동방문학비교연구회·한국문학교육학회·한국국어교육연구회·청관고전문학회와 같은 국문학·구비문학·국어교육 관련 학회의 회원으로 활동하면서, 특히 민속극과 굿에 연구력을 집중시켜 국내의 울타리를 벗어나 중국 귀주성의 지희(地戱)·나당희(儺堂戱)·변인희(變人戱)와 티베트의 참(法舞)을 현지답사하여 비교 연구한 저서를 내기도 했다.

민속학 관계 저서로 『한국가면극연구』(새문사, 1985), 『탈놀이의 기원과 구조』(새문사, 1990), 『영남지방의 동제와 탈놀이』(공저, 태학사, 1996), 『한국민속극연구』(새문사, 1998), 『동아시아 샤머니즘연극과 탈』(박이정, 1999), 『한국민속극의 실천』(역락, 1999), 『민속학 자료의 세 가지 문제』(역락, 2000) 등이 있으며, 이밖에도 『한국시가의 재조명』(공저, 형설출판사, 1984), 『한국고전가요의 구조와 역사』(형설출판사, 1998), 『동양고전극의 재발견』(편저, 박이정, 2000) 등 국문학과 연극학 관련 저서들이 있다.

민속학 자료의 세 가지 문제

초판 인쇄 2000년 2월 20일
초판 발행 2000년 2월 29일

지은이 박 진 태
펴낸이 이 대 현
펴낸곳 도서출판 역락
　　　　서울시 중구 필동3가 28-19
　　　　진성빌딩 306호
TEL　　2268-8656
FAX　　2264-2774

등 록 1999년 4월 19일 제2-2803호
　　　　ISBN 88906-14-4-93380
정 가 10,000원